『啓蒙の弁証法』を読む

『啓蒙の弁証法』を読む

上野成利
高幣秀知
細見和之
編

Dialektik der Aufklärung: Philosophische Fragmente

岩波書店

まえがき

『啓蒙の弁証法』は、フランクフルト学派の第一世代を代表するアドルノとホルクハイマーが、アメリカ合衆国への亡命期間中の一九三九年から一九四四年にかけて、カリフォルニアでの緊密な共同作業にもとづいて書き上げた、記念碑的な著作である。一九四四年に『哲学的断想』のタイトルで少部数の仮綴じ本が出回り、いくらかの改訂と追補をくわえて書物としては一九四七年にアムステルダムで刊行された。「啓蒙の概念」と題された巻頭論文に続いて、それぞれ「補論Ⅰ」「補論Ⅱ」としてオデュッセウス論、ジュリエット論、さらに文化産業論、反ユダヤ主義についての論考が収められ、最後に「手記と草案」として二四の断章群がまとめられている。

『啓蒙の弁証法』の中心部分は、ナチスの崩壊以前、したがってホロコーストについての事実関係が世界に明らかになる以前に書かれている。とはいえ、ナチズムとスターリニズムを生み、二度の世界大戦に行き着いた二〇世紀という時代、さらにはそういう局面にいたった人類の歴史を問ううえで、『啓蒙の弁証法』は欠くことのできない書物である。むしろ、ホロコーストの事実関係が明らかになり、アメリカ合衆国によって日本への原爆投下がなされるといった事態の推移のなかで、いっそうその重い意味が問いなおされることとなった書物と言える。

とはいえ、戦前・戦中をつうじて、著者たちは、世間的にけっして華々しく活躍できていたのではなかった。彼らが依拠していたフランクフルト社会研究所は、ナチスによってマルクス主義的ユダヤ系知識人の巣窟と見なされていて、一九三三年一月のヒトラーの政権獲得を受けて、同年三月にはいち早く閉鎖に追いやられたのだった。社会研究所自体、スイスのジュネーヴを経て、最終的にニューヨークのコロンビア大学に移転する。亡命途中、自死してしまうヴァルター・ベンヤミンの痛ましい事例なども含みながら、研究所のメンバーのそれぞれも困難な亡命生活を忍ばねばならなかった。大半がユダヤ系であった社会研究所のメンバーは、亡命しなければ間違いなくガス室などで殺されていた人々だった。

アドルノとホルクハイマーが戦後、ドイツ(当時は西ドイツ)に帰国し、社会研究所を再建したとき、彼らの属するフランクフルト学派は一九三〇年代からナチズムに対して果敢な批判を展開していた思想家集団として一躍脚光をあびることになる。戦前・戦中のフランクフルト学派の中心はホルクハイマーであり、戦後の中心はアドルノである。

『啓蒙の弁証法』はそういうアドルノとホルクハイマーの共著だが、それぞれが単独で書いた論文をまとめたものではない。お互いが書いたメモを持ち寄り、それにもとづいてなされた討議が各論考の基礎となっている。ただし、それぞれの論考ではどちらかがやはり主導的な役割を果たしていたことが知られている。巻頭の「啓蒙の概念」と補論Ⅱのジュリエット論ではホルクハイマーが、補論Ⅰのオデュッセウス論と文化産業論ではアドルノが、それぞれ主導的な役割を果たした。また、反ユダヤ主義についての論考では、ホルクハイマーが書いたものにアドルノが大幅に手を入れたとされる。さらに最後の「手記と草案」は両者の最初期のメモに由来するという(これらの点について、さらに詳しくは岩波文庫版の「訳者あとがき」を参照いただきたい)。

本書では、全体を二部構成とし、第Ⅰ部「テクストを読む」では『啓蒙の弁証法』を形づくっている五つの論考と最後の断章群を各論者が解説し、第Ⅱ部「コンテクストを読む」では『啓蒙の弁証法』の前史と後史、フランスにおける思想動向、アメリカ合衆国における思想動向に照らして『啓蒙の弁証法』を考察した論考、さらに『啓蒙の弁証法』の訳者である徳永恂による論考を配している。ここでは、それらに先立って、『啓蒙の弁証法』の「序文」にそくした解説を以下で提示しておきたい。

「序文」の最初には、『啓蒙の弁証法』を貫く問いかけが以下のように痛切に語られている。

なぜ人類は、真に人間的な状態に踏み入っていく代わりに、一種の新しい野蛮状態へ落ち込んでいくのか。（七）

ここで「一種の新しい野蛮状態」と著者たちが受けとめていたのはまずもって、彼らに亡命を強いたナチズムの台頭であっただろう。それ以降、社会研究所それ自体が亡命の途につくことになったのだ。しかも、ナチズム的な全体主義は当時、フランスをも事実上支配下に収め、ムッソリーニのイタリア、フランコのスペインともども、ヨーロッパ全土を制圧するかのような勢いを示していたのである。

当初著者たちは、従来の伝統的な学問（社会学、心理学、認識論）に依拠して、ナチズムの全体主義をはじめとした「新しい野蛮状態」に対抗することが可能であると考えていたようだ。しかし、著者たちは、考察を深めるにつれて、もはや伝統的な学問を復活させることに期待を寄せることはできない、と考えるようになっていった。そういう事情を著者たちはつぎのように述べている。

筋金入りのファシストたちがしたり顔に喧伝し、順応力に富むヒューマニティのエキスパートたちが無邪気に推し進めている事態、すなわち啓蒙の自己崩壊に直面しては、思想はもはや、時代精神の習性や方向に、どこまでもいい気でついていくことを、きっぱりと拒否せざるをえない。(八)

ここでは「啓蒙の自己崩壊」を推し進めている者として、「筋金入りのファシストたち」だけでなく、「順応力に富むヒューマニティのエキスパートたち」が名指されている。一見、対極にあるように思われる人々である。ただし、「ヒューマニティのエキスパート」という言葉がここでは皮肉な意味合いで用いられていることは疑いがない。具体的には、合衆国の文化産業のもとで、顧客や消費者の好悪やニーズを考慮して、ひたすら売れる商品を開発する専門家、それに沿って小説も映画も内外の厳しい検閲にかけられるような事態を指しているだろう(出版社や映画会社が自分たちの製品に施す検閲もあれば、著者や映画監督自体が課す、いわば内的な検閲もある)。著者たちが合衆国で目の当たりにしたのは、第一級の芸術作品と彼らが見なすものですら、その商品価値にしたがって判断されるような社会だった。したがって著者たちは、ファシストの跋扈するヨーロッパはもとより、民主主義の砦であるはずの合衆国にももはや期待を寄せることができなかったのだ。

それでは、ソ連の社会主義はどうだったか。ロシア革命をつうじて実現された人類の新たな社会体制として、ソ連には当時一方で大きな期待が寄せられていた。アドルノもホルクハイマーもマルクスの資本主義批判を大切にしていた。フランクフルト学派の代名詞とも言うべき「批判理論」において、ホルクハイマーがそのモデルとしていたのは、ほかでもないマルクスの思想だった。「利子」や「地代」を自明の前提としていた経済学に対して、マルクスはその概念そのものを廃棄していくような経済理論・社会理論を展開したと、ホルクハイマーは高く評価していた。しかしソ連の社会主義体制にたいして同じような評価を下していたわけではない。ホルクハイマーは一九四〇年代の初頭、「権威主義的国家」という概念を打ち出し、ヒトラー支配下のドイツよりもスターリン支配下のソ連のほうが権威主義的国家の首尾一貫した形態ではないかと見なすようになっていた。個人の自由など見向きもされず、国家の都合によって誰もがつぎつぎと収容所送りとなってもおかしくないような社会体制である。つまり、ソ連もまた著者たちが期待できるような社会ではとうていなかったのだ。

そのようなまさしく四面楚歌のような事態のなかで、著者たちは「序文」であらためてこう綴っている。

> 啓蒙が神話へと逆行していく原因は、ことさら逆行することを目的として考え出された、国家主義的、異教的等々の近代的神話のもとに求められるべきではなく、むしろ真理に直面する恐怖に立ちすくんでいる啓蒙そのもののうちに求められなければならない。（一二）

つまり、マルクスであれなんであれ、安心して頼ることのできる思想を持ち出すのではなく、「啓蒙の自己崩壊」を恐れることなく敢然とまずは見据えることが肝心である、ということだ。こういう著者たちの立場はいかにもペシミスティックなものと映るかもしれない。しかし、一方で著者たちは「社会における自由が、啓蒙的思想と不可分のものであることを、いささかも疑うものではない」(一一)とも記している。『啓蒙の弁証法』における著者たちの苛酷な批判的視点の意味は、「序文」のつぎの一節に明瞭に示されているだろう。

進歩の持つ破壊的側面への省察が進歩の敵方の手に委ねられているかぎり、思想は盲目的に実用主義化していくままに、矛盾を止揚するという本性を喪失し、ひいては真理への関わりをも失うに至るであろう。(一一)

すなわち、「進歩の持つ破壊的側面への省察」をけっして「進歩の敵方の手」に委ねないこと、そのことによって、あくまで矛盾を止揚していく方途を手離さないこと、著者たちは基本的にそういう方向を求めているのである。ここで「矛盾」と呼ばれているのは、理論が記述する現実の矛盾であるとともに、社会理論とそれが置かれている社会状況のあいだの「矛盾」でもある。社会理論はたんなる理論であることを超えて自らを実践的に実現していかねばならないのだ。こういう一節に照らして、そもそも著者たちは「進歩」の敵なのか味方なのかと問うならば、明らかに「味方」ということになるだろう。しかし、まさしくその「進歩」が「啓蒙の自己崩壊」に直面している、というのが著者たちの痛切な認識である。したがって、著者たちが目指しているのは単純な進歩ではなく、その進歩そのものを根本的に問いなおすことで達成されるような、いわばメタレベルでの「進歩」ということになるだろう。

そういう著者たちの立場は、「序文」のつぎの一節にさらに明瞭に示されている。

もしも人間が完全に裏切られるべきではないとするならば、啓蒙は自己自身について省察をくわえなければならない。〔…〕過去の保存ではなくて、過ぎ去った希望を請け戻すことこそが肝心なのである。(一四)

オデュッセウスの神話的伝説が語り継がれていた太古の時代からサド、ニーチェにいたるまで、そこには数々の「過ぎ去った希望」が埋《うず》もれている。矛盾の止揚によって実現されるべきだった現実と言ってもよい。その一つ一つに目を向けること、しかもその実現が無残に挫折したことにも欺瞞なく目を向けながらそうすること、そのことによって、いわば啓蒙それ自体を啓蒙すること、そこに『啓蒙の弁証法』の眼目が置かれているのである。

これ以降、「序文」の末尾(一五―一八)では、各論考について、著者たち自身によって簡潔な紹介がなされている。その部分については、本書第Ⅰ部の各論考で触れられているので、ここでは略すことにする。以下、『啓蒙の弁証法』のテクストにそくした第Ⅰ部、そのコンテクストにそくした第Ⅱ部を、できれば岩波文庫版『啓蒙の弁証法』を傍らにおいて、読み進めていただきたい。

なお、『啓蒙の弁証法』には blind ないしそれに類する表現がしばしば登場する。これを現在では差別語とされる「盲目的」という言葉で翻訳するのにはためらいを感じるが、歴史的な著作であることと、また、西洋思想が「見ること」を認識の基本としていることから、あえてそのままにしている場合がある。そもそも「啓蒙」という言葉自体、ドイツ語の Aufklärung でも、フランス語の lumière でも、「明るいこと」や「光」をベースに置いた表現である。日本語でも「希望の光がさす」などといった慣用語、あるいは「事態が明らかになる」「問題の所在が見えてくる」「ゆたかな味わいが感じられる」などといった表現にうかがえるように、五感が基礎になったものが膨大に存在している。同様に、日本語の「啓蒙」の「蒙」は、「無知蒙昧」「童蒙」「蒙稚」といった表現にうかがえるように、「曖昧なこと」「幼いこと」を指すとともに「暗いこと」を意味する言葉である。要するに、明暗の対照性を抜きに語りえないことが存在しているのだ。そういった問題と「差別語」はあくまで次元の違う話なのか、あるいは根深い問題として考え抜くべきことなのか。執筆者のあいだでは表現の改変をもとめる意見もあったが、編者としては、少なくとも言葉のたんなる置き換えによって問題の所在をかえって消し去ることには賛成できないと考えた。むしろこうした表現の細部にも注意を払いながら『啓蒙の弁証法』を、そして本書の読解の試みを読んでいただければと思う。

編　者

凡例

- 本書において『啓蒙の弁証法』からの引用は、原則として徳永恂訳の岩波文庫版(二〇〇七年)に拠ったが、原書に基づいて訳文を変更した場合もある。
- 『啓蒙の弁証法』から引用する場合、岩波文庫版の対応頁を丸括弧( )に入れて漢数字で示した。また、『啓蒙の弁証法』以外の文献から引用する場合には、その書誌情報を章末の「引用文献」で示したうえで、本文中の引用箇所で書名と対応頁を( )に入れて示した。
- 引用内の角括弧[ ]は、岩波文庫版『啓蒙の弁証法』における訳者による補足、引用内の亀甲括弧〔 〕は、引用者による補足・注記であり、部分的に引用を省略する場合には〔…〕のように示した。
- 人名・地名などの固有名詞については、今日最も人口に膾炙していると思われる表記で統一した。その結果、『啓蒙の弁証法』からの引用において岩波文庫版と異なる表記に変更した場合もある。

目　次

目　次

第I部　テクストを読む

Ⅰ　啓蒙の概念――理性の自己省察を求めて

細見和之

はじめに

第一論文「啓蒙の概念」は、『啓蒙の弁証法』という書物の中心をなす論考である。そのことは、『啓蒙の弁証法』が一九四四年に『哲学的断想』というタイトルのもと仮綴本で刊行された際、この論文自体が「啓蒙の弁証法」と題されていたことからも明らかだ。それだけに、この論文の展開が錯綜していることも確かである。『啓蒙の弁証法』を読み通すのに挫折したというひとの多くは、この論文「啓蒙の概念」を読み通すのに挫折したのではないか。これに続く論考は、ホメロス、サドとカント、文化産業、反ユダヤ主義と、具体的な対象が照準されているのに対して、「啓蒙の概念」では参照の対象が唐突に現われ、なにに関してどのような水準で議論が進められているのか、読者は戸惑うことになる。したがって、ここではできるだけ太いラインでこの錯綜した論考の展開を追いかけていきたい。

この論文について「序文」ではこう語られている。「大まかに言えば、第一論文の批判的部分は次の二つのテーゼに要約されよう。(一)すでに神話は啓蒙である。(二)啓蒙は神話に退化する」(一五)。「神話」と「啓蒙」は通常、対立的に考えられている。民族や国家の起源において語られていたのが「神話」であり、そこでは神々のしばしば荒唐無稽な活躍が描かれる。それに対して「啓蒙」は、合理的な根拠にもとづいて世界を科学的かつ客観的に捉えようとする態度である。

しかし著者たちは、この二つは人類の歴史のなかでたんに対立する関係にあるのではなく、むしろ絡まり合って存在してきたと考える。そのことを根本的に示しているのが、「すでに神話は啓蒙である」と「啓蒙は神話に退化する」という二つのテーゼである。「神話」はたんに荒唐無稽な物語なのではなく、世界を認識し説明しようとする人間の態度がそこには刻み込まれている。一方、神話的世界を克服し、科学的かつ客観的に世界を認識しようとしてきたはずの「啓蒙」は、人類を幸福に導くどころか、二〇世紀にいたっては第一次世界大戦、第二次世界大戦をつうじて夥《おびただ》しい死者たちを生み出した。そういう「啓蒙」の持つ合理性、科学性、客観性それ自体がむしろ悪い意味で「神話的」だったのではないか。このように「神話」と「啓蒙」という通常は対立的に考えられる概念を錯綜した関係において捉えようとするところに、この論考の難しさの大きな理由がある。[1]

さらに『啓蒙の概念』という論文、ひいては『啓蒙の弁証法』という書物それ自体を読みにくくし

(1)「すでに神話は啓蒙である」というテーゼの根底には、ヴィーコの『新しい学』での神話の捉え方がある。

ている一因として、どのような思想家の立場も、あるいは「ミメーシス」や「マナ」といった重要な概念さえも、一義的な肯定・否定の対象としては扱われていない、という点をあげることができる。たとえばフランシス・ベーコンは「実験的哲学の父」(一三)として、近代の自然支配の元凶に位置する思想家であるかのように、「啓蒙の概念」の冒頭でいったん長く引用されている。しかし、「啓蒙の概念」の末尾においてふたたびベーコンが参照される際には、彼の思想は一義的な否定的対象ではなく、むしろユートピア的な可能性に開かれたものとして引き寄せられている。

このように、肯定と否定、善と悪といった二元論的な線引きをたえず揺さぶる書き方がここでは貫かれている。そのようにして二元論的な線引きが揺さぶられるなかで、ユートピア的な可能性がしばしば裏返しの形で示唆されることになる。総じて、啓蒙を啓蒙すること、いわばメタレベルで啓蒙を捉え返すことによって啓蒙の自己省察を追求することがこの論文の目的なのである。

この論文は明示的に三つの節に区分されている(邦訳では「一」「二」「三」の数字が入れられているが、原文ではそれぞれ一行空き)。その第三節では、著者たちの考えが『オデュッセイア』の一節のアレゴリー解釈としてきわめて魅力的な形で提示されている。そこにいたることをこの論文読解の一つの目標と考えていただきたい。

1 「脱呪術化」の弁証法

第一論文「啓蒙の概念」の錯綜した記述の通奏低音となっているのが、マックス・ウェーバーの説いた「脱呪術化」という事態の両義性である。呪術的な世界では、たとえば激しい雷雨を神々の怒りと捉え、儀礼や犠牲をつうじて神々を宥《なだ》めて雷雨を停止させることができると考えられていた。そのようなまさしく非合理な世界観を合理的な思考によって克服することが脱呪術化であり、それは人類の進歩の証そのものだった。しかし、脱呪術化＝合理化の進展によって、客体である自然の側でも、また主体である人間の側でも、画一化、質の喪失という致命的な事態が帰結することになる。その諸相が、現代にまでいたる哲学的な世界観の進展と神話的世界、さらにはその両者への相互的な往還にそくして、この節では論じられている。

アニミズムの根絶による世界の統一化

第一論文「啓蒙の概念」はつぎの一節とともにはじまっている。

> 古来、進歩的思想という、もっとも広い意味での啓蒙が追求してきた目標は、人間から恐怖を除き、人間を支配者の地位につけるということであった。しかるに、あます所なく啓蒙された地表は、今、勝ち誇った凶徴に輝いている。啓蒙のプログラムは、世界を呪術から解放することであった。神話を解体し、知識によって空想の権威を失墜させることこそ、啓蒙の意図したことであった。（一二三）

さきに述べたとおり、このあとにフランシス・ベーコンの「知識を讃えて」という文章からの長い引用が置かれている。「知は力なり」の言葉で知られるベーコンは、正しい自然認識を妨げている四つのイドラ(偶像＝誤謬)を解体することによって、実証的な自然観察と実験、それによる新たな発明の意義を力強く説いた。そこにはやはり両義的な意味がある。ベーコンからの長い引用の末尾はこうである。「われわれは、発明にあたって自然の導きに従っていけば、それによって実践の上では、自然に命令することになろう」(二四)。「自然の導きに従う」とは、ある意味で「自然に従属すること」である。そこにはベーコンによる自然の優位の基本的な承認がある(この点がユートピア的可能性につうじていく)。しかしベーコンにとって、それはあくまで最終的に「自然に命令する」ための従属なのだ。

とはいえ、著者たちの説く「啓蒙」はけっしてベーコンからはじまるのではない。「啓蒙」は、さきの引用のとおり、「もっとも広い意味」において、すなわち、「世界を呪術から解放」し、「人間から恐怖を除き、人間を支配者の地位につける」ことをめざすものとして、人類の歩みそのものとして捉えられている。ベーコンの思想は人類のそういう長い歩みの一つの結節点であって、著者たちはベーコンの思想を足場として、太古から著者たちにとっての現在にいたるまでを眺めわたそうとするのだ。

また、さきの引用に見られた「勝ち誇った凶徴」という言葉から、ナチスをはじめ全体主義的な政治体制がヨーロッパを覆い尽くすかのような当時の状況を私たちは思わないわけにはいかない。しかし、問題なのはファシズム的な全体主義だけでなく、ソビエトの社会主義、またアメリカ合衆国の現実も、「あます所なく啓蒙された地表」の一つとして、著者たちにとっては「勝ち誇った凶徴」にほかならなかった。だからこそ、具体的な政治体制ではなく、それを根底で支えている原理がまずもって批判的に考察されねばならないのだ。

著者たちによれば、自然支配をめざす啓蒙は世界からアニミズムを根絶しようとする。「世界の呪術からの解放とは、アニミズムの根絶である」（二六）。アニミズムとは、動植物はもとより、風や火にさえアニマ（霊魂）の作用を認める態度であって、神話にはそういうアニミズム的な語りが沈殿している。これに対して、ソクラテス以前の古代ギリシアの哲学者クセノパネスは神話のなかの神々をすでに否定して、絶対の不動者としての唯一神を説いた。著者たちによれば、そういうアニミズムの根絶という姿勢は「最近の論理学」（二六）にいたるまで貫かれている。

啓蒙がそのような立場で神話の解体を企てるとき、神話のほうでは抵抗ができない。なぜなら「すでに神話は啓蒙である」からだ。その意味において、「神話」にはアニミズム的な要素とともに、すでにしてのちの啓蒙が発揮することになる働きが内在している。そのことによって、啓蒙は神話のなかのアニミズム的要素と痕跡をどんどん削ぎ落としていくことができた。その際、啓蒙が依拠するのは「意味」ではなく、「計算可能性や有用性という基準」（二八）である。この基準を武器にして、神話をふくめて「啓蒙はすべてを呑み込む[2]」（二八）。

神話においては人間という主体の姿が自然に投影されている、と啓蒙の立場は考える。「超自然的

（2）このあたりの記述には、ヘーゲル『精神現象学』における「啓蒙」の解釈がたっぷり組み込まれている。

なもの、精霊やデーモンたち」(二八)といったアニミズム的な存在は、「自然的なものにおびえる人間の鏡像」(二八)にほかならないと啓蒙は見なす。啓蒙はそれらをすべて人間に還元しようとする。そのことによって啓蒙は、さきの「計算可能性や有用性」を基準にして、世界を統一的に把握しようとする。「さまざまな形象の持つ多様性は位置と配列へ、歴史は事実へ、諸事物は物質へと、抽象される」(二九)。「形式論理学は、統一化を教える偉大な学校だった」(二九)と著者たちは述べている。もちろん「偉大な」というのはここではしたたかな皮肉である。

さらに、この統一化による「世界の計算可能性」(二九)が、市民社会においては市場における商品の等価交換の原理、司法における正義の原理ともなった、と著者たちは確認している。商品の等価交換も司法における正義もどこが悪いのかと問われるかもしれない。しかし、交換される商品は元来、異質のものであるし(まったく同じ商品なら交換する意味がない)、たとえば司法の場で犯罪と刑罰のあいだにどういう等式関係が成立しうるのかは、そうとうにやっかいな問題である。にもかかわらず、脱呪術化をつうじて啓蒙された市民社会においては、それらの「計算可能性」がまるで自明の前提とされているのである。

主体と客体における質の喪失

ここまでの議論の大枠は、啓蒙が脱呪術化＝合理化をつうじて神話を解体していく流れを大きな歴史的な視点でなぞることに置かれていた。その際、「すでに神話は啓蒙である」ということが、啓蒙が神話を解体していくうえで大事な攻撃点にもなっていた。ここから議論の大枠は、その啓蒙が逆に神話に反転していくという局面に向けられている。

そういう局面を確認するために、ここではまず神話がすでに啓蒙であった側面、すなわち神話と啓蒙の連続する側面が、ギリシア神話とユダヤ教の創世記の記述などにそくして指摘されている。ギリシア神話も創世記も人間による自然支配の正当性を太古の昔から説いているからだ。自然を秩序づけ、自然に命令を下す啓蒙的精神は、「創造する神」(三二)にも等しい。しかし著者たちは、そのような「主体の覚醒」は「一切の関係の原理として、権力を承認することによって購《あがな》われている」と述べる(三二)。ここにすでに啓蒙が神話へと反転していく理路を私たちは認めることができるだろう。自然の支配者となる啓蒙はすべてが権力関係、力関係であることをすでに「承認」しているのである。

そして、もっぱら啓蒙の支配対象となることで「自然はたんなる客体となる」(三二)。自然はそれ自体として存在しているものから「人間のために存在しているもの」(三三。邦訳では「彼にとって対自的なもの」)となる。しかしそのことによって、人間はあきらかに自然から疎外される。このような過程をつうじて、自然は固有の質を失う形で統一され、一方人間もまた「目に見えない力の似姿」として同一性を獲得するが、それはいわば抽象的で空虚な同一性である。以下は、このあたりの事情を綴った部分である(「見えない力」とはさきほどの「権力」と言い換えてもよいだろう)。

そういう見えない力の似姿として、人間は初めて自己の同一性を獲得する。そして自己は、他のものと同一化することによって喪われることのない侵しがたいマスクとして、しっかりと所有される。これこそ精神の同一性であり、それに対応するのが、質の充実の放棄を代償として得られた自然の統一である。質を喪失した自然は、たんに分割されるだけの混沌とした素材になり、全能の自己は、たんなる所有に、抽象的な同一性になる。（三三―三四）

このようにして、自然の側も人間の側もともにかけがえのない質を喪失してしまう。そこに著者たちは啓蒙が神話に反転してしまった決定的な姿を見る。「抽象的な同一性」である人間が「質を喪失した自然」、その意味で同じく「抽象的な同一性」である自然を支配している。そこにおいては本質的に新しい出来事は生起しない。そこでは同じことがらの反復が生じるに過ぎない。それこそは、啓蒙が抜け出てきたはずの神話的世界そのものではないか、と著者たちは指摘する。こうして「啓蒙は神話を破壊するために、あらゆる素材を神話から受け取る。そして神話を裁く者でありながら神話の勢力圏内に落ち込んでいく」（三七）。さらに著者たちはこう述べる。「自然を破壊することによって自然の強制力を打破しようとする試みは、いずれもいっそう深く自然の強制力の中に落ち込んでいくだけである。ヨーロッパ文明が辿ってきた軌跡は、まさしくそのことを示している」（三九）。

「すでに神話は啓蒙である」という事態は、啓蒙が神話を解体していく際の大事な武器だった。しかしそれは、啓蒙が神話とあくまで地続きであることをも意味している。そのかぎりで、啓蒙はどれだけ神話を解体しようと神話の勢力圏を逃れることはできず、神話を解体すればするほどいっそう神話の淵に呑まれていくのである。著者たちは、現に二〇世紀にいたってファシストたちによって新たな「神話」が告知されたことにもその証を見ている。ヨーロッパの歴史をつうじて神話と啓蒙はいわば相互に呪縛し合っており、そこから逃れる術はないように思われる。しかし、そのような自縄自縛のような神話と啓蒙の絡まり合いのなかで、著者たちはそれを超え出るかすかな可能性を手探りしていく。

マナとミメーシスの両義性

ここから「マナ」と「ミメーシス」という概念が大事な役割を果たすことになる（のちに確認するように「ミメーシス」はすでに三五頁に登場していたが）。ここでは「マナ」はフランスの社会学者マルセル・モースとアンリ・ユベールの共著論文「呪術の一般理論」にもとづいて導入されている。モースらがメラネシアなどの呪術的儀礼の文化人類学的研究のなかで注目していた「超自然的力・超人間的力」（九五、訳者注）を指す観念である。一方「ミメーシス」は、プラトン、アリストテレス以来、芸術を自然の「模倣」として論じる際に用いられてきた概念である。ただしフランスの社会学者ガブリエル・タルドの模倣理論などとともに、とくにアドルノにとってはヴァルター・ベンヤミンが探究していた「ミメーシス」の概念が重要だった[3]。そして、アドルノ、ホルクハイマーはともに『啓蒙の弁証法』以降もこの概念にこだわり続けることになる。

とはいえ、すでに記したとおり、『啓蒙の弁証法』において「マナ」も「ミメーシス」も一面的に肯定されているのではない。たとえば「マナ」については、「マナによってあます所なく支配された

（3）　ベンヤミンにおけるミメーシスの概念については、ベンヤミン「模倣の能力について」内村博信訳、『ベンヤミン・コレクション2』浅井健二郎編訳、ちくま学芸文庫、一九九六年、七五―八一頁を参照。

世界、そしてさらにインドやギリシア神話の世界は、いずれも抜け道のない永遠に同一の世界である」(四四)と記されている。しかし、以下のような「マナ」の記述には、そういう否定的な要素には還元できないものが裏返しの形で語られている。

マナとは、もともとの未分化の形では、あらゆる見知らぬもの、異様なもの、つまり経験の範囲を超えているもの、これまで知られていた事物のあり方を超えているものの総称である。(四一)

活動する霊としてのマナは、投影ではなく、自然の持つ現実的な優越した力が、未開人の無力感のうちへ呼び起こす反響なのである。(四二)

どちらの引用も、「マナ」は著者たちによってどこまでも否定的に捉えられているのではないか、という印象を与えるかもしれない。しかし、そうではない。むしろ「マナ」のうちには、さきほど確認した「質を喪失した自然」とはまったく異なった「自然」が告げられているのだ。「あらゆる見知らぬもの、異様なもの、つまり経験の範囲を超えているもの、これまで知られていた事物のあり方を超えているもの」には、主体と客体のそれぞれにおける同一性を超え出たもの、アドルノがのちの『否定弁証法』と『美の理論』で中心に置く概念を借りると「非同一的なもの」が指し示されてもいるのである。

モースらの「呪術の一般理論」では、そういう「マナ」の充溢した世界における呪術師たちによる

「共感儀礼」が詳細に分析されている。その「共感儀礼」のありかたが「啓蒙の概念」ではミメーシスと重ねられている。ミメーシスが積極的に語られている箇所として、すこし遡る形で三五頁の以下の記述を少々長く見ておきたい。

> 存在者の間に成り立っていた多様な親和関係は、意味を付与する主体と意味を持たない対象、合理的意味と偶然的意味の担い手、この間に成り立つ一つの関係によって押しやられてしまう。呪術の段階では、夢や映像も、事物を指示するたんなる指標というわけではなく、類似性や名称をつうじて事物と結びついたものと見なされていた。夢や映像と事物との関係は、志向的関係ではなく類縁関係である。呪術は科学と同じく目的を志向しはするが、その目的の追求の仕方はミメーシスをつうじてであって、客体との距離を拡げていくことによってではない。（三五）

ここで語られている「存在者の間に成り立っていた多様な親和関係」は、質を喪失する以前の自然のあり方であって、呪術はその自然に「ミメーシス」をつうじて近づいていくのである。さらに四一頁にはこう記されている。「自己はミメーシス的な呪術をタブー視することによって、ものの真相にふれる認識をもタブー化してしまった」。この一節は、著者たちが「ミメーシス」を「ものの真相にふれる認識」という方向で積極的に捉えようとしていることを明瞭に示している。

とはいえ、ふたたび確認しておくと「ミメーシス」は『啓蒙の弁証法』においてけっして一面的に美化されているのではない。むしろ、反ユダヤ主義者たちが「ユダヤ人」の真似をしてみせる模倣行動として、否定的に描かれている場合も多い(たとえば、三八〇)。その際著者たちは、反ユダヤ主義者たちがユダヤ人に対して抱いている「病的憎悪《イディオジンクラジー》」について繰り返し語り、「抑圧されたミメーシス」(三八六)という表現も用いている。したがって、著者たちにとって、抑圧されたミメーシスが病的なミメーシス衝動として発露している事態のなかで、「ものの真相にふれる認識」としてのミメーシスをどのようにして救出しうるか、それが大事なテーマの一つとなるのである。

2　言語・芸術・宗教の可能性

このように「すでに神話は啓蒙である」と「啓蒙は神話に退化する」という二つのテーゼを軸にして、一見対立する概念や事態を錯綜する関係において考察し、否定的な記述のなかで裏返しの形で肯定的な事態の可能性をかすかに見通そうとする大枠は、以下の記述においても変わらない。変化があるとすれば、その振り幅が次第に大きくなっていくことである。以下の第2節として扱う箇所では、神話と啓蒙をめぐる関係が言語、芸術、宗教という人類の文明の歩みを考えるうえで不可欠のものにそくして考察されていく。

啓蒙の弁証法の渦のなかの言語と芸術

ここではまず、古代の言語が象形文字として、対象を認識し他人に伝達する機能だけでなく、対象と類似した形象という側面をも有していたことが確認されている。前節で出てきた表現を借りると、言語が本来そなえていたミメーシス的な働きである。しかし、文明の進展とともに、二つの機能は、記号としての言語と形象としての言語へと分化していったと著者たちは述べる。そして、記号としての言語は科学へと発展し、一方、形象としての言語は芸術へと展開していくことになる。しかしそのことによって、記号としての言語も、形象としての言語も、言語が元来有していた機能を喪失することになる。

記号としては、言語は、自然を認識するために計算に従事することに甘んじ、自然と相似のものであるという要求を取り下げなければならない。形象としては、言語は、自然そのままになりきるために、模造であることに甘んじ、自然を認識するという要求を取り下げなければならない。（四六―四七）

さらに著者たちは、科学へと発展した記号としての言語が「新実証主義的解釈」（四七）において逆説的にもあたかも芸術流派のような「唯美主義」（四七）へといたり、一方、形象としての言語が、実証主義的な技術を駆使してもう一つの世界そのものとなるような、反転した事態をも捉えている。前者についてはヴィトゲンシュタインの『論理哲学論考』（一九二一年）の描き出している、世界の事象をすべて命題として捉える発想を考えると分かりやすい。『論理哲学論考』におけるヴィトゲンシュタインの姿勢はきわめて審美的である。一方、後者については、やはり映画を念頭におけばよいだろう。

最新の撮影技術、あの手この手の音響効果を用いて、映画はもう一つの世界を観客のまえに映し出す。とはいえ、いずれにおいても、元来言語が象形文字の形で体現していたような、対象についての認識でありつつ対象と類似したものでもあるというあり方は、壊されてしまっている。「新実証主義的解釈」において、言語が認識する世界は最初から命題へと還元されてしまっており、映画の映し出す世界は、現実の世界とは異なった、まさしく別世界にほかならないからだ。記号としての側面と形象としての側面を合わせ持っていた言語が捉えようとしていたのは世界そのものだった。それに対して、記号としてのみの言語、形象としてのみの言語は、現実の世界に対して身を閉ざしている。このような事態にいたったのは、そもそも言語が記号と形象という二つの側面を有していたからだが、この二つを実体的に切り離してはならないと著者たちは考える。

記号と形象の区別は不可避的である。しかしながらこの区別が、何のためらいもなく自己満足的にふたたび実体化されるとすれば、二つの孤立した原理のおのおのは、真理の破壊へと突き進んでいく。（四七）

言語の記号としての側面と形象としての側面が切り離されていくことの必然を見きわめつつも、それが当然のごとく実体化されていくならば「真理の破壊」へといたるというのである。したがって、あくまで二つが本来切り離されるべきではないという立場を堅持しつつ、この分離に耐えていくような態度が求められることになる。その際、著者たちが芸術にかすかな可能性を認めていることがつぎの一節にはうかがえる。

啓蒙が進展してくるにつれて、どのみちすでに存在するもののたんなるイミテーションから免れることができたのは、真正の芸術作品のみであった。（四七）

「真正の芸術作品」ということで著者たちがなにを念頭に置いているのか、ここでは明示的に語られてはいない。しかし、とくにアドルノの遺著『美の理論』（一九七〇年）にいたるまでの論考を参照するならば、文学であれば、カフカ、ベケット、ツェラン、音楽であればマーラー、シェーンベルク、ベルク、絵画であればクレー、ピカソといった名を具体的にあげることができる。著者たちからすると、彼らの作品は、言語の形象的側面を担いながら、同時に独特な現実認識でもあろうとしているのである。著者たちはそういう作品にかつての見慣れないもの、「マナの表出」（四九）をも見て取ろうとする。かつてマナはそれを感受する人間に激烈な恐怖を体験させたが、「真正の芸術作品」はそういうマナをかつてのような肉体的な不安を抜きに、体験させるのである。

ユダヤ教と「限定的否定」の可能性

著者たちは「真正の芸術」に希望を託すとともに、ユダヤ教の古代からの思想的態度にも可能性を見ようとする。ただし、母親がカトリックであったアドルノはもとより、ホルクハイマーもまた敬虔なユダヤ教徒であったのではない。とはいえ、ユダヤ教のいわゆる十戒のなかの、偶像崇拝の禁止、また神の名をみだりに唱えることの禁止は、著者たちにとって、「図像化禁止」という形で重要な思考原理と見なされることになる。著者たちにとって、ユダヤ教における偶像崇拝の禁止は、たんに異教崇拝の禁止ではなく、本来絶対者である神を具体的な形で表象してはならないという禁令を意味していた。神の名前をみだりに唱えることの禁止も、同じ文脈のなかで捉えられている。

ユダヤ的宗教は、死すべきもののすべての絶望に慰めを保証するような、いかなる言葉をも容赦しない。この宗教においては、希望はただ一つ、偽神を神と、有限なものを無限なものと、偽を真と呼んではならないという戒律につながれている。（五六）

ヨーロッパの思想史のなかでは、愛の宗教であるキリスト教に対してユダヤ教の酷薄さがもっぱら強調されてきた。それに対して著者たちは、一見酷薄に思われるユダヤ教の姿のうちにこそ、絶対者である神、無限なものとしての神、さらには真理との関係が保存されていると考えるのだ。一九世紀の後半からはじまってナチスの台頭によって頂点に達した反ユダヤ主義のうちに、ユダヤ教が太古から保持してきたこの真正性に対する怖れないし反発を、著者たちは感じ取ってもいたに違いない。

ユダヤ教が古代から保持してきたこの態度を哲学的に体現したものとして「限定的否定」という概念を著者たちは重視する。邦訳では「限定された否定」とも訳されているこの概念は、ヘーゲルに由来している。特定の文脈で、特定の対象にそくしてなされるのが「限定的否定」であって、その否定は無に行き着くのではなく新たな対象を生み出す、とヘーゲルは考える。懐疑主義に陥ってしまう

「抽象的否定」に対して弁証法を具体的に進めていく要に置かれているのが「限定的否定」である。この「限定的否定」を著者たちは随所で行っている。『啓蒙の弁証法』を構成しているオデュッセウス論、ジュリエット論(サド論、カント論)、文化産業論、反ユダヤ主義論は、それぞれに対する当時の文脈にそくした「限定的否定」であって、その否定以前とは異なったオデュッセウス、サド、カント、さらには文化産業、反ユダヤ主義の相貌が浮かび上がってくる。総じて『啓蒙の弁証法』という著作それ自体がそのような「限定的否定」の集積なのである。

この節の先では、そのような「限定的否定」の具体的な積み重ねを無意味にするものとして「数学的方法」(五八)が繰り返し批判されている。そして、そういう「数学的方法」にもとづいて「巨大な分析判断としての世界」(六二)を理想とする啓蒙のありかたに対して、やはり「限定的否定」がなされている。

希望がないのは現存在ではなく、映像としてのシンボルないし数学的シンボルのうちに、現存在を図式として我がものにし、永遠化する知識である。(六二)

ここで「現存在」と訳されている原語はDasein。これには「生存、生活」という意味もある。もっと平たく「現在のありかた」と訳してもよいかもしれない。また「映像」の原語はBildで、「形象」とか「像」と訳してよいかもしれない。いずれにしろ、著者たちにとっては、「現存在」そのものに希望がないわけではないのだ。それではその「希望」はどこにあるか。やはり「限定的否定」にあるということになるが、ここでは遡って、難解なつぎの一文を見ておきたい。「むしろ弁証法は、いかなる映像をもテキストとして開示する」(五七)。これは簡潔な分、この節で扱ってきた箇所でもいちばん読み取りにくい一文かもしれない。「映像」と訳されている原語はやはりBildで「形象」ないし「像」のことであり、「テキスト」と訳されている原語はSchriftで、字義どおりには「文書」である。平たくいえば、弁証法はどんな「形象・像」をもあくまで「文書」として読み取ろうとする、ということである。どのような「形象・像」をも固定的、実体的に捉えるのではなく、たえず解釈を必要としている「文書」として受け取ること——ここにはかすかな希望のありかとして、さきほどの「図像化禁止」と「限定的否定」が圧縮されて組み込まれている。

3　『オデュッセイア』のアレゴリー解釈

さて、ホメロス『オデュッセイア』のアレゴリー解釈を中心とした箇所を第3節として説明する。『オデュッセイア』は主人公であり語り手でもあるオデュッセウスが、トロイア戦争を終えて、故郷のイタケーという島へ帰りつく物語である。そのなかには、当時のさまざまな伝承(神話)が下敷きとなって組み込まれている。そのオデュッセウスの帰郷譚のエピソードの一つ一つに詳しく立ち入ったものが「補論Ⅰ　オデュッセウスあるいは神話と啓蒙」にほかならないが、この「啓蒙の概念」という論考ではとくにセイレーンのエピソードに焦点が置かれている。そこで確認されているのは、古代の神話的世界から近代的な主体がどのようにして成立したかという問題である。

さらに、そのような主体の成立の前提として、「自己保存」の原理が強調されている。人間はさまざまな危険に取り囲まれている。そのなかで人間は、生命体の一つとして、まずもって自らの生命を維持しようとする。そのために人間はさまざまな知恵を働かせる。とはいえ、自己保存を脅かす危険は、外部からのみやって来るのではない。自己保存に専心するのではなく怠惰に過ごしたいという思いから、酒や麻薬のようなもので我を忘れたいという欲望にいたるまで、ときに人間は駆られる。セイレーンの甘美な歌声もオデュッセウスに自己保存を不可能にさせる危険な罠である。その罠をオデュッセウスはどのようにして乗り切ったのか。その結果、彼はどのような「主体」となったのか。

「自己保存」と文明

「自己保存」の原理について語る際、著者たちが念頭に置いているのは、スピノザである。スピノザ『エチカ』の一節を引いて、著者たちはまずこう述べている。

「自己を保存しようとする努力は、徳の第一の、そして唯一の基礎である」というスピノザの命題は、全西欧文明にとって正しい格率を含んでおり、この格率にかんしては、市民層のうちにある宗教上、哲学上の論争は収まる。（六六）

どんな宗派、哲学上の立場であっても、およそ西欧文明の内部にいるかぎり、「自己保存」は否定しようのない原理である、と著者たちは認める。啓蒙による神話の克服という局面で捉えるならば、啓蒙は自己保存に役立たないものをすべて「神話」と見なす。著者たちはそれを、啓蒙が神話に対して抱いている「神話的恐怖」(六六)と呼んでいる。とにかく効率よく確実に自己保存を遂げるために、啓蒙はいっさいの無駄を省こうとする。娯楽に耽ることはもとより、躊躇うこと、逡巡すること、さらには考えることさえも、余計なこととなる。こうして人間の自己保存は「自動的な秩序のメカニズム」(六七)と化してしまう。それを著者たちは「工場や事務室における人間の物象化」(六八)とも呼んでいる。

このような物象化による精神の侵害を強く批判する際、著者たちが以下のようにも述べている点には注意を払っておく必要がある。

しかしそれ(物象化による精神の侵害)とともに、真の自己保存としての自然は、自然を放逐することを約束した過程によって解放される。それは恐慌や戦争という集団的運命においても、また個人においても異なるところはない。(六八)

ここでは「真の自己保存としての自然」について語られ、それが「自然を放逐することを約束した過程によって解放される」と綴られている。これはいったいどういうことか。おおよそ以下のように考えることができる。啓蒙の過程は自己保存のために効率のよい近代化、産業化を遂げていったが、それはいまにいたるまで経済恐慌、さらには戦争という人間の自己保存にとって対極にある事態を逃れることができない。そこに著者たちは制御できない自然の荒々しいエネルギーの噴出を見て、そういう姿のうちに自然のエネルギーの保持（自己保存）を認めているのである。個人にそくしていうと、効率のよい自己保存のためにはじめられたはずの労働がしばしば私たちを疲弊させる。それは肉体的な異変から鬱病などの精神疾患、さらには過労死という事態をもたらしていることは、日々のニュースが伝えるとおりである。それは個人に現われた「恐慌」であり「戦争」である。そこにおいても個人のうちの制御できない自然のエネルギーが荒々しく立ち現われている、と見なすことができるのだ。

とはいえ、それが自然の「真なる自己保存」であるとしても、個人の場合に顕著であるように、現象的には病的に歪められた噴出である。そのことは、経済恐慌と戦争についても語りうることかもしれない。つまり、経済恐慌も戦争もともに自然の自己保存の病的に歪められた噴出であると。しかもそれは、啓蒙による自己保存の追求（「自然を放逐することを約束した過程」）の結果生じているものである。だとすると、啓蒙の自己保存と自然の自己保存が対峙し合っていて、恐慌や戦争、身体の病変や精神疾患をつうじて、自然が啓蒙にあたかも報復を遂げているかのような関係にあることになる。そして、これも個人にそくした場合明らかなように、その際の「自然」はけっして私たちの外部にあるものではなく内部にあるもの（内的な自然）なのである。

ここから「自然と文明の宥和」という『啓蒙の弁証法』を貫く大きなテーマが浮かびあがってくることになるが、以下ではセイレーンのエピソードのアレゴリー解釈の部分をいよいよ確認しておきたい。

セイレーンの一節の意味するもの

このように啓蒙と神話の絡まり合いについて、「すでに神話は啓蒙である」と「啓蒙は神話に退化する」という二つのテーゼを柱に、錯綜した記述を続けてきた著者たちは、一転して『オデュッセイア』の解釈に向かう。とくにセイレーンのエピソードは先史世界(神話的世界)からの近代的な主体の離脱、「啓蒙の弁証法の予感にみちたアレゴリー」(七六)を、すでに古代において表わしていると見なされるからである。

オデュッセウスは故郷の島イタケーへ帰る途中、ある島の脇を通らねばならない。その島には女神セイレーンたちが住んでいて、通りすがりの船人に甘い歌声で誘いかける。彼女たちのまわりには白骨と干乾びた皮が堆《うずたか》く積もっている。彼女たちの歌声に魅せられた者たちは、帰るべき故郷のことを忘れ果てて、没落していくのである。ここでオデュッセウスは策略を用いる。彼は、セイレーンの歌がどれほど恐ろしいものかを言い含めて仲間の耳に蜜の蠟を詰めて栓をし、自分の体をマストに縛らせる。その島が近づき、セイレーンたちが呼びかけると彼はたちまちその虜となって、縄を解くよう仲間たちに懸命に目配せする。けれども仲間たちは、危険な歌から逃れようと一心に櫂を漕ぐ。オデュッセウスはむしろ仲間たちの手によって、さらに何重にもきつく縛りなおされる……。

著者たちは、このエピソードは西欧文明のその後の展開をありありと先取りしていると考える。またこのエピソードに、外的な自然の支配と内的な自然の支配、そして人間による人間の社会的支配(身分制と分業)の絡まり合いのなかで自律化を遂げていく芸術の姿をも、著者たちは読み取る。以下は『啓蒙の弁証法』という著作全体のなかでもとくに印象深い一節として、少々長く引用しておきたい。

彼〔オデュッセウス〕はセイレーンの歌を聞く。ただし彼は帆柱に縛りつけられたままどうすることもできない。誘惑が強まるにつれて、彼はいっそうしっかりと自分を縛りつけさせる。それはちょうど後代の市民たちが、自分たちの力の増大とともに身近なものとなった幸福を、それが近づいてくればくるほど、いっそうかたくなに自らのものにするのを拒んだのと似ている。〔…〕自分では歌声を聞くことのない同行者たちは、ただ歌の危険を知るだけで、その美を知らない。彼らはオデュッセウスを帆柱に縛りつけたままにしておく――彼と自分たちとを救けるために。彼らは抑圧者の生命を自分たちの生命と一つのものとして再生産する。そして抑圧者の方は、もはや彼の社会的役割から脱出することはできない。彼が自分を実生活に取り消しようもなく縛りつけた縛《いまし》めは、同時にセイレーンたちを実生活から遠ざけている。つまり、彼女たちの誘惑は中和されて、たんなる瞑想の対象に、芸術になる。縛りつけられている者は、いわば演奏会の席に坐っている。後代の演奏会の聴衆のように、身じろぎもせずにじっと耳を澄ませながら。そして縛めを解いて自由にしてくれという彼の昂《たかぶ》った叫び声は、拍手喝采の響きと同じく、たちまち消え去っていく。こうして先史世界からの訣別にあたって、芸術の享受と手仕事とは別々の道を辿る。

（七四―七五）

精神労働（オデュッセウス）と肉体労働（船の漕ぎ手たち）への分割（社会的支配）に依拠して、オデュッセウスは歌を聞きつつ生き延びていく。彼は歌に没入したいという自らの欲望（内的自然）を抑圧することによって、セイレーンの誘惑という外的自然の危険を克服する。それは「人間の自己同一的、目的志向的、男性的性格」（七三）が作り上げられていく過程だった。しかし、オデュッセウスがともあれ歌を耳にしたという事実によって、同時にセイレーンたちの歌声は無力化されつつも「芸術」として文明の世界に持ち越されていくことになる。著者たちのこのアレゴリー解釈はやはり見事というほかない。

ところで、さきの引用に「幸福」という言葉が登場したが、それはたんに生産力の増大とだけ関わっているのではない。セイレーンの歌の誘惑に著者たちはさらに「幸福の約束」を結びつけてこう述べている。

> 自己を喪失しはしまいかという不安、自分と他の生とを隔てる境界を自己もろともに廃棄してしまうのではないかという不安、死や破壊に対する危惧、そういったものが、文明を不断に脅かしてきた幸福への約束と一つに結びあっている。（七三―七四）

作家スタンダールによる芸術の定義として、アドルノは『美の理論』にいたるまで「幸福の約束」について語ることになる。啓蒙は自己保存のためには「幸福」などという余計なものを退けようとする。啓蒙にとって「幸福」はむしろ文明の歩みを脅かすものなのだ。しかも「幸福の約束」となると、それはあくまで約束であって現実ではない。しかし、自己目的と化した自己保存の彼方にこそ、真の幸福があるのではないかという憧れを、私たちは断念することができない。セイレーンの歌声が無力な芸術と化すことによって、そのような「幸福の約束」もまた文明世界に持ち越されたのである。

自然との「宥和」にむけて

こうして、文明の歩みとしての「啓蒙」と外的な自然と内なる自然との関係の問いなおしが、「啓蒙の概念」という論考、ひいては『啓蒙の弁証法』という著作のいちばん大きなテーマとなる。文明と自然が宥和を遂げるためには、「啓蒙」が内なる自然はもとより外なる自然をも自己自身として再認識することが不可欠となる。著者たちはそのかぎりで、啓蒙はじつは啓蒙以上のものであると述べる。

> 啓蒙は啓蒙以上のもの、つまりその疎外態において認識された自然である。自己自身と分裂した自然としての精神の自己認識のうちで、昔と同じく、自然は自己自身に呼びかける。しかしその場合自然は、もはや全能を意味する僭称でもって、マナとして、直接に呼びかけられるのではない。盲目のもの、不具にされたものとして呼びかけられるのである。(八四)

さきには自然の「真なる自己保存」という表現が「恐慌や戦争」とともに語られていた。その際、個人にそくした場合には身体の変調や精神疾患と重ねることができることを確認した。著者たちによれば、それは自然が自己自身に呼びかけている姿、しかも、「盲目のもの、不具にされたものとして」の自然が自己自身に呼びかけている姿なのである。確かに、無力化されながらも文明世界に持ち越された「芸術」に、そのような自然の自己自身への呼びかけを感得することは不可能でないかもしれない。しかし著者たちは、芸術だけではなく哲学的な「概念」にも同様の可能性を見て取ろうとする。

支配を緩和するというこの見通しの実現は、ひとえに概念の働きに依存している。なぜなら概念は、ただたんに科学として、人間を自然から引き離すばかりではない。科学という形で盲目の経済的発展傾向に繋がれている他ならぬ思考自身の自己省察として、概念は、不正を永遠化する道のりの距離を見究めさせる。主体の内にある自然へのそういう追想、その遂行のうちにあらゆる文化の隠された真理がひそんでいるのだが、そういう追想によって、啓蒙は支配一般に対立する。（八五）

ここでは、「概念」の持っている「自己省察」の契機と自然への「追想」が重ねられている。そして、「自然へのそういう追想」に「あらゆる文化の隠された真理がひそんでいる」と語られている。この一節のさらにさきでは「思考そのものの内部にまで入り込んだ支配を、宥和されざる自然として認識すること」（八六）とも記されている。そのような認識こそが概念による思考の「自己省察」なのだ。

こういう文章を引き出して並べると、いかにも楽天的な見通しが綴られていると思われるかもしれない。しかし、著者たちによってこれらの文章にポジティヴな可能性が込められていることは疑いがないとしても、あくまでぎりぎりのところで語られている可能性である。「啓蒙の弁証法」という事態、あるいは自然と文明の関係を考えるうえで、著者たちの一連の主張はかけがえのない思考の場を提示しているといえる。

おわりに

論考「啓蒙の概念」はベーコンにはじまってベーコンで結ばれている。さきに述べたとおり、最初ベーコンは自然支配の権化のようなイメージで登場するが、支配それ自体が「宥和されざる自然」として語られたいまや、そのベーコンの「実験的哲学」は新たな相貌のもとに浮かびあがる。ベーコンは「知識」を讃えて、知識にこそ「王侯たちのスパイや密偵たちも何の情報さえもたらさない」貴重な財宝が抱え込まれているとした(八八)。著者たちは結びでは、ベーコンにおいて自然支配と直結していると思われた「知識」それ自体を「自然」として再認識しようとする。以下は論考「啓蒙の概念」の結びである。

支配を原理とする科学の目には蔽われている自然が、根源の国々として想起される時に、啓蒙は自己を完成し、自己を止揚する。〔…〕ベーコンによれば、「人間の優越性」が疑いもなくそこにあった知識は、今や支配の解消へと移行することができる。その可能性を眼前にしながら、しかし啓蒙は、現代に奉仕して、大衆に対する全体的な欺瞞へと転身する。（八八―八九）

以上を「啓蒙の弁証法」の大枠として、『啓蒙の弁証法』という著作では、「啓蒙」の持っている可能性とそれが「大衆に対する全体的な欺瞞へと転身する」事態が、さまざまな局面で深く掘り下げられることになる。(4)

（4）　なお、「啓蒙の概念」という論考、ひいては『啓蒙の弁証法』という著作全体を読み解くうえで、以下の著作の参照を勧めておきたい。徳永恂『現代批判の哲学――ルカーチ、ホルクハイマー、アドルノ、フロムの思想像』（東京大学出版会、一九七九年）。これは、のちの『啓蒙の弁証法』の翻訳者がいち早くホルクハイマーとアドルノの思想を丁寧に読み解いたものである。続いて、マーティン・ジェイ『弁証法的想像力――フランクフルト学派と社会研究所の歴史 1923-1950』（荒川幾男訳、みすず書房、一九七五年）。こちらは、『啓蒙の弁証法』に至るまでのフランクフルト学派の成立過程をたどった大著。また、フランクフルト学派の全体像を簡潔に紹介したものとして細見和之『フランクフルト学派――ホルクハイマー、アドルノから二一世紀の「批判理論」へ』（中公新書、二〇一四年）、アドルノの思想を全体として捉えたものとして細見和之『アドルノ――非同一性の哲学』（講談社、一九九六年）がある。

Ⅱ　オデュッセウス論
――主体性の原史と神話

麻生博之

はじめに

第一論文に続く本論考（オデュッセウス論）は、「補論Ⅰ　オデュッセウスあるいは神話と啓蒙」と題されている。はじめにこのタイトルの意味を考えながら、本論考の主題を確認しておこう。

まずそもそも「オデュッセウス」とは何か。いうまでもなくそれは、直接には古代ギリシアの叙事詩『オデュッセイア』の主人公の名である。ただし、それだけを指しているのではない。幾多の困難をのり越え帰郷するオデュッセウスを、ホルクハイマーとアドルノは「市民的個人の原像」（一〇二）として把握する。いわば合理的に考え行動する主体、確固たるアイデンティティをもつ「自己」、そうしたものの明確な原型が、オデュッセウスのもとに見いだされるのである。本論考の一つの主題は、この理性的で確固たる主体の始原的な成り立ちを、つまりそうした主体が確立されるに至る、じつは苦渋に満ちたプロセスを批判的に見きわめる点にある。ひと言でいうなら、「主体性の原史」（一五五）

——いわば主体性の原初的で原型的な成り立ち(1)——、それを「神話と啓蒙」の錯綜した関係にそくして明らかにすることが、まず本論考の主題をなしている。

ところで、本論考のタイトルには「補論」という言葉が付されている。つまり本論考はあくまで、第一論文「啓蒙の概念」の内容を補い、展開するものとして位置づけられているのである。それでは、本論考は「啓蒙の概念」のいかなる点を、どのように補うものなのだろうか。「序文」の一節を引く。

大まかに言えば、第一論文の批判的部分は、次の二つのテーゼに要約されよう。すでに神話が啓蒙である、そして、啓蒙は神話に退化する。これらのテーゼは、二つの補論のうちでそれぞれ特殊な題材にそくして展開されている。第一補論は、市民的‐西欧的な文明の最初期の代表的証言の一つである『オデュッセイア』にそくして、神話と啓蒙との弁証法を追求する。その核心に位置するのは、犠牲と断念の概念であり、それらを手がかりにして、神話的自然と啓蒙された自然支配との差異と統一とが浮き彫りにされる。（一五―一六）

ここでまず確認されるべきは、「補論Ⅰ」として本論考が補い、展開しようとするのが、第一論文の主題にかかわる二つのテーゼのうち、「すでに神話が啓蒙である」という第一のテーゼなのだ、という点である。つまり、「神話」、あるいは非合理的で暗い神話的な思考や世界は、じつはそのものが、それと対立しているかに思われる「啓蒙」の要素を伴っているということ、そのことを『オデュッセイア』にそくして明らかにする点に「補論Ⅰ」としての本論考の課題がある。

とはいえ、ここで疑問が生じるかもしれない。というのも、「すでに神話が啓蒙である」という事態を明らかにすることは、「主体性の原史」をめぐる課題、つまり（神話的なものから離脱することでこそ可能になるとも思われる）合理的な主体の成り立ちを明らかにすることと、どのように結びつくのかが、あまり見やすくはないからである。しかし、じつはこの二つの課題は重なりあったものなのであり、その点をめぐる考察にこそ本論考の主題の中心がある。すなわち、神話が有していた要素を受け継ぎ展開したものとして、ほかならぬ啓蒙の合理的な主体の成り立ちを解き明かす、ということがそれである。「神話と啓蒙との弁証法」ともいうべき入りくんだプロセスに目を向け、「主体性の原史」をまさに「神話」との関連のうちに見通すことが本論考の課題となるのである。

そしてこの点と関連して、もう一つ確認されておくべきことがある。それは、そのプロセスの「核心に位置する」ものが、先の「序文」の一節で、明確に「犠牲」と「断念」と名ざされていることである。詳しくは後論するが、ひとまず犠牲とは、神話的世界ないし過酷な自然環境のなかで、人間が生き続けるために必要となるかに思われるある種の代償のことである。そして断念とは、多様な衝動、

（1）「原史」の原語は Urgeschichte で、Geschichte（歴史）に接頭辞 ur-（原始・原初・根源・起源などの意味を加える）がついた言葉である。一般には「原始時代・先史時代」を指すこの語は、ベンヤミン（『ドイツ悲劇の根源』「パサージュ論」など）に由来する意味でも用いられ、一義的ではない。『啓蒙の弁証法』の範囲でも、（本章第3節で言及するような）「原初」「太古」といった歴史の始原にかかわる意味と、ものごとの基層・基底をなすようなある種の「根源」や「原型」を表わす意味との両方で――ときにそれらを重ねあわせたかたちで――用いられている。

とりわけ現在の幸福に向かう衝動を、未来の存続のためにおし殺し、放棄してしまうことを意味する（なお原語の Entsagung は、諦め・諦念とも節制とも訳せる）。『オデュッセイア』を題材として、この「犠牲」と「断念」ということがらを手がかりとしつつ、「啓蒙された自然支配」の主体の成り立ちを、神話ないし「神話的自然」を引き継ぐものとして明らかにすること、そのことが本論考の主たる課題である。ただしひとこと付言しておくなら、本論考は神話と連続した主体のあり方を描きだすことだけに尽きるものではない。むしろそのことを通じ、啓蒙のある積極的な可能性に目を向けることが主題の一端をなしていることも銘記しておきたい。

なお、本論考には節などの区切りがいっさいない。そのためこの章では、テクストを内容ごとに三つに区切り、それにそくして節を立てることとする（一：第一―三段落、二：第四―一二段落、三：第一三―最終段落）。まず次節では、あらためて『オデュッセイア』の内容をふまえつつ、神話と叙事詩の関係をめぐる冒頭部の議論を確認しておくことにしたい。

1　叙事詩『オデュッセイア』と神話

叙事詩と神話との差異

紀元前八世紀後半頃に成立した『オデュッセイア』は、それと並び二大叙事詩と呼ばれる『イーリアス』とともに、ホメロスの作といわれている（ただしこの点には異論も存在する）。『オデュッセイア』

は複数のプロットからなる壮大な叙事詩であるが、その中心をなすのは、トロイア戦争に従軍したイタケーの領主オデュッセウスの苦難に満ちた帰郷譚である。漂泊を重ね、行く手を阻む怪物や神々と対峙するなかで、オデュッセウスは幾度も従者たちを犠牲とし、自らの生命を危険にさらしながら、女神アテネの助力により、また自らの機知によって困難にうち克ち、故郷へと辿り着く。そして、自らの不在のあいだに妻への強引な求婚を続け、息子の殺害を企てた男たちとその追従者をことごとく誅殺し、ようやく妻との再会をはたす。このように、神々の世界、異形のものの世界、人間たちの世界を縦横に架橋しながら展開されるのが、『オデュッセイア』という叙事詩である。

ところで『オデュッセイア』は、『イーリアス』とともに古代ギリシア文学の始源をなすものであり、そのうちには、人々に口承されてきた多様な神話が無尽に織り込まれている。その意味で「この叙事詩、とりわけその最古の層は、神話への結びつきを示している」(一〇三)。そしてまた、これらの叙事詩はときに神話と「同一視」されてもきたのであって(一〇三)、(アドルノによる本論考の草稿[2]にそくしていえば、)そうした両者の同一視は「ルカーチの『小説の理論』の根底にもまだある」ように、「伝統的な」ものであった。

しかし本論考の冒頭部でホルクハイマーとアドルノは、『オデュッセイア』というこの叙事詩が、じつは「反神話的・啓蒙的な性格」(一〇六)をもち、神話とむしろ対立するものであることを強く主

(2)　Theodor W. Adorno, »Geschichtsphilosophischer Exkurs zur *Odyssee*«, in *Frankfurter Adorno Blätter*, Bd. V, Müinchen: edition text + kritik, 1998, S. 37–88.

張する。なぜだろうか。その理由の一つは、『オデュッセイア』が「叙事詩」であること、いわば一つのまとまりをもった言語表現であることにかかわっている。つまり、たとえその素材として多くの神話が採り入れられているとしても、叙事詩はそれらを言語によって書きとめ、統一をもった物語として組織だてている。この意味でそれは、多様な仕方で伝承されてきた諸々の神話のとりとめのなさ、不分明さをとり除き、解体しているのである。

そしてまた、この叙事詩の反神話的・啓蒙的な性格は、その内容にも関係している。というのもまず、そこで展開される物語は、オデュッセウスという人間が神々や怪物、「神話的諸力」や「神話的自然」と対峙し、その世界から脱出してゆく旅程を描いたものだからである。そしてまたその点には、とくにオデュッセウスその人のあり方がかかわっている。たとえば、この叙事詩のなかで、オデュッセウスの名にはくり返し「知略に富む」「智謀豊かな」といった言葉が冠されている。彼が自分より強力な相手にうち克ち、神話的世界から脱出するのは、まさに「知略」や「智謀」によって、つまり合理的に考え、冷徹に策略をめぐらすという啓蒙的要素によってなのである。こうした意味で『オデュッセイア』は、神話と明確に区別され、むしろ（ルカーチにより叙事詩との「敵対関係」のもとに把握される）「小説」に接近したものともみなされるのである（一〇四）。

神話と啓蒙の連続性

『オデュッセイア』の啓蒙的性格をこのように指摘することは、しかしじつは、それだけでは十分なものといえない。つまり、それが「偏狭な洞察に止まるかぎり、けっして真実のものにはならない」(一〇六)。というのも、そうした点を指摘することは、それ自体としては、何か純粋に神話的なもの、いわば啓蒙によって汚染されていない神話といったものを仮構し、称揚することにも結びつきうるからである。

ホルクハイマーとアドルノは、ホメロスの叙事詩にそのようなかたちで神話を対置する視点を、「新ロマン主義の反動」もしくは「文化ファシスト」たち(一〇五—一〇六)、とりわけ文学者ルードルフ・ボルヒャルトのもとに見いだす。ボルヒャルトは、ホメロスの反神話的・啓蒙的性格を正しく洞察しながらも、「早々にその分析を切り上げ」、神話的な「根源的諸力」を賞讃することに向かうのである[3](一〇六)。もっとも、神話的なものを真正なものとして賛美する傾向そのものは、現実のファシズムのなかで、より直截に見いだされるものであった。たとえばナチスのイデオローグの一人、アルフレート・ローゼンベルクは『二〇世紀の神話』において、人びとがそのために生き、自らを「犠牲」に捧げるような「古くて新しい神話」——「血の神話」——をうち立てるべきこと、しかもその

(3)　ボルヒャルトは叙事詩と神話の差異を強調し、ヨーロッパ文学の始原にふさわしいのはホメロスの作品でなく、ピンダロスの詩であるとする(Rudolf Borchardt, „Einleitung in das Verständnis der Pindarischen Poesie,“ in *Prosa II* (*Gesammelte Werke in Einzelbänden*, Bd. 6), Stuttgart: E. Klett, 1959, bes. S. 170 ff., 204 ff.)。アドルノによる草稿ではその立論が詳しく検討されていた。なお、ボルヒャルトに対するアドルノの評価はじつは両面的であり、その作品についてはかなり積極的な評価を行ってもいる(アドルノ「喚起された言葉」圓子修平訳、『文学ノート2』三光長治ほか訳、みすず書房、二〇〇九年、二七八—三〇〇頁、参照)。

神話は知識の彼岸にあり、合理的思考によっては反駁されえないものであることを力説している。

神話的なものを称揚するそれらの視点にあっては、しかし決定的なことが看過されている。それは、啓蒙のあり方からひとまず区別される神話的なものも、じつは啓蒙から切断されたものではありえず、むしろそれ自身が啓蒙の要素を孕むものにほかならない、ということである。たとえば、ボルヒャルトにおいて「賞讃の的とされる根源的諸力」は、それ自体がすでに「啓蒙の一段階を現すもの」なのであり、あるいは神話における「血と犠牲の古代的原理」なるものには、もともと「支配の狡猾さ」といった啓蒙の要素が伴われている(一〇六―一〇七)。啓蒙と区別され、賛美される神話的なものは、それ自身のうちに啓蒙の原理を含んでいるのであり、また逆に、神話を称揚する者が忌み嫌う啓蒙のあり方そのものが、神話の要素を引き継ぎ、徹底したものとみなされるべきなのである。そしてそのように「叙事詩と神話とがじっさいに共有している点」となるのは、とりわけ「支配と搾取」であり、あるいは「暴力」と「偽り」(ないし「欺瞞」)である(一〇七)。

神話的なものと対立するはずの啓蒙のあり方は、じつは当の神話的なものに先どりされている。そうした「啓蒙と神話との錯綜した関係」を「雄弁に証言している」のが、叙事詩『オデュッセイア』にほかならない(一〇七)。とはいえ、そのような錯綜した関係において神話と啓蒙に共有されている要素、ここで「暴力」や「偽り」といわれているものは、はたして何を意味しているのだろうか。第四段落以降の議論に目を転じたい。

2　犠牲と断念――自己保存の実質

自己放棄を通じた自己の形成

はじめに確認したように、オデュッセウス論の主題は、神話との関連のうちに主体性の原史を見通すことであった。叙事詩と神話の関係に焦点をあてた導入部の議論を経て、本論考の前半から中盤部では、主体性の原史そのものにかんする理論的な考察が、いくつかの主要概念――犠牲、詭計、断念、ミメーシスなど――にそくして進められることになる。

そうした考察の出発点となる第四段落で、著者たちはまず、幾多の苦難をのり越え帰郷するオデュッセウスの姿を、啓蒙の合理的な主体、とりわけ確固たる「自己（Selbst）」のあり方と重ねあわせることから議論を始めている。オデュッセウスの旅程、「トロイアからイタケーへ至る漂泊の旅路」はいわば、「身体的には自然の暴力に対してどこまでも弱く、自己意識においてはじめて自らを形づくる自己が、さまざまな神話のあいだを通りぬけてゆく道程」にほかならない（一〇八）。たしかにオデュッセウスは、圧倒的な「自然の暴力」たる怪物や神々の前ではあくまで無力である。しかし彼は、（その名に冠される枕詞を用いていえば、）「知略に富む」英雄であり、同時にまた「堅忍不抜の勇士」である。つまり合理的な知の力によって、そしてまた危機に動ずることなく自らを貫く強い自己として、神話的な自然の暴力に対峙し、そのことを通じて帰郷をはたすのである。

著者たちは、このようにオデュッセウスの姿を素描したうえで、さらに本論考の核心となる論点について語り出す。それは、オデュッセウスないし自己が神話的な自然の暴力に対して、じつは単純な対立の関係にあるのではない、ということである。むしろオデュッセウスは、自然の暴力と向きあい、その暴力にあえて身をさらすことでこそ、生きぬき、帰郷することが可能になる。「自己は、冒険と頑なに対立するのではなく、むしろこの対立を通じてはじめて自らを頑なものとして形づくる」のである(一一〇)。著者たちはこのことを「叙事詩と神話のあいだのプロセスにひそむ秘密」(一〇九)と呼びつつ、その意味と帰結についてこう述べている。

　オデュッセウスは、彼以後のあらゆる本格的小説の主人公たちのように、いわば自らを獲得するために、自らを放棄する。つまり、彼の成し遂げる自然からの疎外は、彼がいかなる冒険にさいしても競いあう当の自然へと身を委ねることにおいて実現するのであり、そして皮肉にも凱歌を奏するのは、彼から命令される仮借なき自然のほうである。なぜなら、彼は自ら仮借なき者として、彼がそこから逃れて出てきたさまざまな暴力を相続する者、つまり審判者かつ復讐者として帰郷するからである。(一一〇)

『啓蒙の弁証法』全体の主張にもかかわるこの一節から、ここでは概括的に二つの論点をとり出しておく。第一に、神話的な自然の暴力と対峙しつつ帰郷するオデュッセウスの旅程に貫かれているのは、その目的と矛盾するかにも思われる逆説的な営みなのだ、という点である。オデュッセウス、あるいは自己は、数々の危機に際して、まさに「自らを獲得するために、自らを放棄する」。逆にいえば、自らの存在を脅かす「当の自然」へと「身を委ねる」ことによってこそ、「自然からの疎外」を実現し、つまりは危険から逃れ、自らを確保することになる。そして第二に、そうしたふるまいの帰結は、オデュッセウスがただ自然の暴力にうち克ち、生きぬくということにあるのではない、という点である。むしろオデュッセウスは、そのようなふるまいを通じ、（求婚者誅殺のくだりにも描かれているように、）いわば「仮借なき者」として、自らがそこから逃れ出ようとしていた「さまざまな暴力」を引き継ぎ、皮肉にもそれを「相続する者」となるのである。

第五段落以降のいくつかの段落では、これら二つの論点の実質と詳細が論じられてゆく。まずは第一の点をめぐり、「詭計」と「犠牲」という概念にそくして展開される議論の要点を確認したい。

詭計としての犠牲

オデュッセウスは「自らを獲得するために、自らを放棄する」。あるいは、幾多の危険に身を委ねることで、逆にその危険から逃れ、自らの存在を確保する。「自己保存」のためのこの逆説的な営みを、著者たちは「詭計（List）」と呼ぶ。「自己が、冒険を克服したり、自分を保つために自分を放棄したりするのに用いる道具は、詭計である」（一一一）。そして、この詭計をめぐる議論において同時に考察の中心となるのが、「犠牲（Opfer）」の概念である。詭計と犠牲の考察は二つの段落（第五—七段落）にまたがるが、ここでは「交換」と犠牲の「欺瞞」にかんする論点を中心に見ておこう。

まず、「犠牲」とはさしあたり、過酷な自然環境や神話的世界を人間が生きぬくうえで必要となるかに思われる代償のことである。オデュッセウスの旅程に現われる神々や怪物はそうした犠牲をたえず要求し、人間はその世界のなかで生きるかぎりそれを拒絶することはできない。オデュッセウスはたとえば牛や羊を犠牲に捧げ、結果的に従者たちも犠牲にする。ただし彼は、帰郷しなければならず、生きぬかなければならない。だからオデュッセウスは、わが身を文字どおり犠牲にするわけにはいかない。それゆえに彼は、自然の暴力に対し「詭計」を用いるのである。それでは、詭計とは何か。

詭計とは一般に、誰かを欺くための策略、謀りごとを指す。ただし本論考では、もう少し特定のことを意味している。つまり、自分より強い相手の力や要求をひとまず認め、それに応じたうえで、むしろ相手の力や要求を巧みに克服し、無効にしてしまう、いわば逆説的な試みのことである。(4) それゆえ、オデュッセウスが詭計を用いるばあい、神話的な自然の暴力による犠牲の要求をまずは承認し、それに合わせること、つまり「身を委ねる」ことが出発点となる。とはいえ、そのように犠牲の要求に応じることはいかにして、当の要求を克服し無効にすることと結びつくのだろうか。著者たちはその説明のために、犠牲ということがらのある「合理的」な成り立ち、そしてそれに依拠した「欺瞞」の要素をあげる。「犠牲における欺瞞の契機」が「オデュッセウスの詭計の原像」である(一一二)。

ただし、犠牲ということがらはときに、合理性や啓蒙的な知に先だつような何か原初的な営為として肯定的に論じられてもきた。たとえば「神話と犠牲との熱烈な護教家」(一六二)とされる生の哲学者クラーゲスは、いわば始原的で超個人的な生に根ざした神秘的な営みとして犠牲を論じる(『心情の敵対者としての精神』)。あるいは、「血の神話」なるものが称揚されるとき、その神話のための聖なる犠牲、合理的な打算を超えた崇高な犠牲として、戦死者たちが祭り上げられる。しかし著者たちの視点からすれば、犠牲とは、ある種の交換、とりわけ「合理的な交換」の原型をなすものである(一一二）。たとえば、神に犠牲を捧げる、共同体のためにわが身を捧げる等々のことは、それと引き換えに、天候の安定やその共同体の保持といったことを求める企てである。そこには、商品交換と同様の合理性が貫かれている。つまり「二〇エレのリネン＝一着の上着」（マルクス『資本論』）のように、あるものが他の別種のものと等しく、それに値するということが考量されているのである。そして、この合理的交換としての犠牲のあり方が利用されることでこそ、犠牲における欺瞞、つまり犠牲を捧げることでその相手を欺くということが可能になる。

たとえば、（本論考では第一〇段落で論じられる）セイレーンとの対決の場面を考えてみよう。オデュッセウスの一行は、二人のセイレーン、つまり「すき通るような声で歌い、人の心を魅惑する」（『オデュッセイア』第一二歌）、そしてそれと引き換えに聴く者の身を滅ぼしてしまう、半女神たちの島を漕ぎ抜けなければならない。オデュッセウスは船の帆柱にその身を堅く縛ったうえで、彼女たちの「蜜の如く甘い声」（同）に身を委ね、しかもその島を通過する。彼は歌声に耳を傾けるかぎり、「隷属の契約」を遵守している。ただし、その身を犠牲として捧げることにかんしては、交換としての犠牲に依拠した「抜け道」を利用し、この契約を巧みにすり抜ける（一二六）。つまり、歌声に身を委ねる

（4）　この詭計のあり方の説明として、アドルノは草稿ではニコライ・ハルトマン『精神的存在の問題』の次の一節（一部のみ訳出）を留保つきであげていた。「自然の暴力そのものに人間はかなわない。精神の優越は、現存する諸力を利用することにある。〔…〕精神はむしろ、それらの諸力を支配するのであって、しかもそれは、精神が自らの狙いをもってそうした諸力の作用の仕方に自己自身を適応させることによってである」（Nicolai Hartmann, *Das Problem des geistigen Seins*, Berlin: W. de Gruyter, 1933, S. 132）。

ことの引き換えを、その存在の放棄ではなく、その身の自由の放棄へとすり替え、犠牲の内容をさし替えてしまうことで、彼女たちを欺くことに成功するのである。

詭計の実質は、合理的交換としての犠牲のあり方を利用し、犠牲の要求をくみ替えてしまう欺瞞にある。そうした犠牲の欺瞞について、第六段落ではこう述べられている。

人間の行う犠牲行為はすべて、計画的になされるときは、犠牲を捧げる相手である神を欺くものである。すなわちそれは、神よりも人間の目的を優先させ、神の力を解消してしまうのである。〔…〕オデュッセウスは計算ずくでわが身を賭けることにより、その賭けの相手の力をうまく否定してしまう。こうして彼は、放棄された自分の生を、また請け戻してくるのである。（一一三）

「計画的」ないし意図的になされる「犠牲行為」は、「人間の目的」を優先させて、犠牲を捧げる相手を欺き、その力を解消する。「自らを獲得するために、自らを放棄する」営為としての詭計とは、犠牲を求める神話的諸力の要求に「計算ずくで」合わせ、ひとまずわが身を放棄しつつも、しかし交換としての犠牲のあり方を逆手にとって「相手の力をうまく否定し」、いったん「放棄された」わが身を「請け戻」す試みである。自己の成り立ちを描きだすオデュッセウスの旅程は、まさにこの意味で、欺瞞を孕む犠牲のありようを、それゆえ神話的世界のいわば構成要素となるものを受け継ぎ、展開している（なお、第七段落では「人身供儀」をめぐり、犠牲の合理化とそのことの非合理性を論じている）。

オデュッセウスはこうして詭計を用いて生きぬき、帰郷をはたす。しかしすでに確認したように、その旅程の帰結は、神話的な暴力にうち克つことにではなく、むしろその暴力を相続することにあった。先に整理した第二の論点について考えてみよう。

犠牲の内面化としての断念

オデュッセウスは、詭計を用いて犠牲の要求に対抗し、自己保存を貫こうとする。しかし著者たちの見るところ、犠牲の要求は、じつは詭計によって克服されてしまうことはない。それどころか犠牲のあり方は、むしろオデュッセウスのうちに内向し、確固たる自己の成り立ちのなかにくみ込まれることになる。オデュッセウスないし自己は、神話的な自然の暴力との対決において、犠牲の要求をけっきょく退けることはできずに、むしろその自己保存を通じ、自らの内部で執行する——いわば自分のうちで自分自身を犠牲に供する——ことになるのである。

犠牲ということがらが自己の成り立ちそのものにくみ込まれるこの「犠牲の内面化」という事態は、別言すれば、「自己支配」あるいは「内的自然支配」といわれるあり方を指し、本論考ではとくに「断念（Entsagung）」の概念によって規定される。主体性の原史において、「犠牲」は「断念」として執行され、しかもより深刻なかたちで継続されるのである。神話的なもののあり方を啓蒙がより深部で引き継ぐことになるこうした事態をめぐり、その核心となる論理を展開しているのが第八段落である。まずはこの段落から、いわば「啓蒙の弁証法」の転回点を描きだしている箇所を見ておきたい。ごく重要な一節であるため、あえて長く引く。

ただし、自己が自ら自身の犠牲として現われる神話的論理の位相は、〔…〕文明のうちへの神話の受容を表現している。階級史においては、犠牲に対する自己の敵意は、自己の犠牲をうちに含んでいた。なぜなら、犠牲に対する自己の敵意は、人間の外なる自然や他の人間たちを支配するために、人間の内なる自然を否定するという対価を払うことになったからである。文明化をおし進めるあらゆる合理性の核心である、まさにこの内なる自然の否定こそが、増殖し続ける神話的な非合理性の細胞である。つまり、人間の内なる自然を否定することによって、外なる自然支配の目的だけでなく、自らの生の目的が、混乱し、見通しがたくなってしまうのである。〔…〕人間の自己の根拠をなしている、人間の自ら自身に対する支配は、潜在的にはつねに、そうした支配がまさにそれのために行われる当の主体の抹殺である。なぜなら、支配され、抑圧され、自己保存によって解体される実体は、ただその機能としてのみ自己保存が遂行されるはずの生けるもの、つまりまさに保存されるべき当のものにほかならないからである。全体主義的資本主義の反理性は、〔…〕自らを犠牲にすることによって犠牲から逃れる英雄のうちに、原型として成立している。文明の歴史は、犠牲の内面化の歴史である。いいかえれば、断念の歴史なのである。（一一八―一一九）

ここではこの一節にかんし、二つの点を考えておきたい。一つは、断念とはまずいかなることであり、なぜ引き起こされるのかという点である。そしてもう一つは、この断念ということがらが実質的に何を意味し、何をもたらすことになるのかという点である。

まず断念とは、すでにふれたように、「人間の内なる自然を否定する」こと、「人間の自ら自身に対する支配」を意味する。それは、人間の内なる自然、つまり多様な「衝動」「欲求」「情動」などについて、その直接の充足や表出を抑え込んだり放棄したりするあり方である。とはいえ、この断念は、なぜ引き起こされるのだろうか。ひと言でいえば、「犠牲に対する自己の敵意」のためである。つまり、犠牲を強いる「外なる自然」に対峙して、犠牲の要求を拒否し、自己保存を貫こうとすることが、犠牲の内面化、断念を引き起こすのである。というのも、衝動にまかせ、欲求や情動のままにふるまうかぎり、自然の暴力に抗して自己を保持することは困難であり、(たとえば、警告に反して「太陽神の牛」を喰い、身を滅ぼしてしまう従者たちのように、)自らの存在を文字どおりの犠牲としてしまう危険を免れえないからである。それゆえ、外的自然を統御し、自己保存を貫くためには、多くの衝動や欲求を断念し、内的自然の支配というかたちで「自ら自身の犠牲」を執行することが必要となる。オデュッセウスとは、この意味で、「犠牲から逃れる」ために「自らを犠牲にする」、つまり断念する主体である。主体性の原史はまさに断念によって裏うちされている。フロイトの視点もふまえていわれるように、「文明の歴史」は「犠牲の内面化の歴史」であり、「断念の歴史」なのである。(5)

(5)　フロイトは「文化の中の居心地悪さ」でこう述べている。「文化とはそもそも欲動断念の上に打ち立てられており、様々の強力な欲動に満足を与えないこと(抑え込み、抑圧(…))こそがまさに文化の前提である」(フロイト「文化の中の居心地悪さ」嶺秀樹・高田珠樹訳、『フロイト全集』高田珠樹責任編集、岩波書店、第二〇巻、二〇一一年、一〇七頁)。なお、この一節の「欲動断念」の原語が Triebverzicht である点からも推定されるように、断念の原語 Entsagung とそれに関連する Verzicht, Versagung 等の訳語は悩その文明には、ただし神話が受容され、継承されている。しかも、「文明化をおし進める」その「合理性」が、むしろ「神話的な非合理性」のさらなる増殖を担うものとなっている。著者たちはその理由を、断念が実質的に意味することがらに見る。すなわちそれは、「支配がまさにそれのために行われる当の主体の抹殺」という事態である。人間がいわば自然に根ざした存在であり、自己がやはり「生けるもの」、つまり種々の衝動につき動かされ、多様な情動に彩られたものでもあるとすれば、自己保存のための内的自然支配は、少なくとも潜在的には、自己保存によって「保存されるべき当のもの」をむしろ抑圧し解体してしまうものとなる。そのことは、とはいえ、なぜ神話的な非合理性の増殖に結びつくのだろうか。それは、自己支配によって「自らの生の目的」が「混乱し、見通しがたくなってしまう」ためである。生けるものとしての自己を徹底して抑圧し否定してゆくことは、自然支配の、そしてそもそも生きることの目的を無化してしまうのである。その結果もたらされるのは、「手段を目的化して王座につかせること」（一一八）、つまり自然支配の自己目的化という事態である。やがて「公然たる狂気の性格」（一一九）をとって現われるに至るそうした事態——そこでは同時に、抑圧されてきた内的自然が暴力的な憤怒として噴出する——は、求婚者とその追従者を止めどなく殺戮するオデュッセウスの「仮借なき」あり方にすでに示されているのである。

同化による自然支配

詭計をもって犠牲の要求に対峙するオデュッセウスのうちには、むしろ犠牲のあり方が内面化され、断念としてくみ込まれる。神話の暴力をより深刻なかたちで引き継ぐことになるそうしたオデュッセウスのあり方には、ただしまた別の位相がある。それは、先どりしていえば、「死せるもの」への「ミメーシス」もしくは「同化」といわれるような側面である。そして著者たちは、そこにあらためて詭計の実相を見いだす。詭計ということがらにふたたび焦点をあて、「同化による自然支配」というそうした詭計のあり方を考察することが、第九段落から第一二段落にかけての主題となる。ここではまず、その中心的な理路を、第九段落の難解な一節にそくして確認しておこう。自然の暴力に対し詭計によって対抗する主体のあり方をめぐり、著者たちは次のように述べている。

意識的になされる自然への適応だけが、自然を肉体的な弱者の支配下におく。ミメーシスを抑圧する理性は、たんにその反対物なのではない。理性はそれ自身がミメーシスである。すなわち、死せるものへのミメーシスである。自然の生ける活動を解消する主観的精神は、自然の頑なさを模倣し、アニミズム的なものとしての自ら自身を解消することによってのみ、生を奪われた自然を征服することになる。〔…〕オデュッセウスの詭計の図式は、そのような同化による自然支配である。いわばあらかじめ自らの敗北を認め、死を模することで生きのびようとする力関係の見積もりのなかには、すでにその核心のうちに、市民的な覚醒の原理が、すなわち犠牲の内面化、断念のための外的な図式がおき据えられている。（一二二―一二三）

ましい問題である。本章では、本論考でEntsagungが、主体の到達した静的な状態ではなく、動的なプロセスを意味していると考え、「断念」を訳語とした。

オデュッセウスの「詭計の図式」は「同化による自然支配」である。それは、「自然の頑なさを模倣し、アニミズム的なものとしての自ら自身を解消すること」によって、「自然を征服する」試みといわれる。とはいえ、「自然の頑なさ」を「模倣」するということ、いいかえれば「死せるものへのミメーシス」とは、いかなることであるのだろうか。そしてそもそも理性が「ミメーシスを抑圧する」とは、何を意味しているのだろうか。

まずミメーシスとは、（他の章でも説かれるとおり、）多義的に用いられる著者たちの鍵概念の一つである。それは、美学上の「模倣」、生物学的な「ミミクリー（擬態）」、心理学その他における「同化」といった意味でも用いられるが、いわば基底的には、周囲の何かや出来事に思わず反応し、直接的に共振してしまうようなふるまい方を意味している。そして著者たちは、そうしたふるまいに向かう衝迫、つまりミメーシス的衝動を、人間の内なる自然の核心をなすものとみなす。自然支配の手段たる「理性（Ratio）」は、それゆえ、そうしたミメーシス的衝動をたえず断念というかたちで抑え込み、いわば状況に応じて揺れ動くミメーシス的なふるまい方を不断に制御しなければならないのである。

ただし、ミメーシスを抑圧するその理性は、それ自身がやはりミメーシスであり、しかも「死せるものへのミメーシス」であるとされる。このことを理解するうえでまずイメージされるべきは、自己保存のための「擬死」、つまり「死んだふり」である。ある種の生き物は（人間もときに）、自らが圧倒的な危険にさらされた際、生き残るための手段として、死んだふりをする。つまり、いっさいの動きを止めて身を硬くし、気配を消して環境の一部に化そうとする。そしてそのことは同時に、たとえば息をひそめ、感情をおし殺すということでもある。自己保存をはかるために「死せるもの」に同化し、内的自然を抑圧するそうしたあり方は、ただし文字どおりの擬死にだけかかわっているのではない。それはまた、ある種の思考のあり方、つまり情動を排して冷徹に遂行される考量や計算、たとえば願望や感情を交えずに現実にそくした「力関係の見積もり」を行うような「覚醒」したドライな思考のあり方をも意味している。そうしたかたちで、いわば「死せるもの」ないし「自然の頑なさ」へと、思考し行動する主体が同化し適応すること、そしてそのことにおいてまた断念をとり行うこと、そのようなあり方に詭計のさらなる実質が見いだされるのである。

　こうした意味で「同化による自然支配」と呼ばれるようなあり方が、オデュッセウスの詭計の実相をなす。そのことをふまえながら、著者たちは続く段落で、さらにいくつかの側面から詭計のあり方を特徴づけている。第一〇段落では、（すでに言及した）セイレーンに対する詭計が、法的な「契約」（一二六）の形式化という点から論じられ、第一一段落では、一つ目の怪物ポリュペーモスに対する「名前」の詭計が、「言語による死せるものへの適応」（一二九）、つまり言語の記号化という点から考察される。さらに第一二段落では、詭計を駆使して「冒険」に身を投じるオデュッセウスのあり方が、一種の「経済人《ホモ・エコノミクス》」（一三〇）として論究される。

　犠牲と断念の概念を中心に、主体性の原史を神話との関連のうちに見通すこと、それがオデュッセウス論の主題であった。これまでその核心となる理路を辿ってきたとおり、犠牲を求める神話的な暴力のあり方は、オデュッセウス、そして確固たる自己のうちに、詭計と断念というかたちで引き継がれ、展開されている。著者たちはそのことの主たる論理を語り終えたのち、オデュッセウスの帰郷譚そのものに考察の焦点をあてる。節をあらためその議論を確認しておこう。

3　オデュッセウスの旅程とその行方

幸福・野蛮・衝動

本論考の終盤部で、著者たちはオデュッセウスの帰郷譚における四つの場面に焦点をあて、各場面に特徴的な論点にそくしながら、神話的世界とそれに対抗する啓蒙のあり方の意味を論じている。その四つの場面とは、ロートパゴイの国での逸話(第一三段落)、怪物ポリュペーモスとの対決(第一四・一五段落)、女神キルケーとのかけ引き(第一六—一八段落)、冥界訪問の物語(最終段落)である。この順に、まず三つの場面にかんする議論の要点を確認しておく。

まずロートパゴイの国での出来事をめぐって問題とされるのは、「幸福」と啓蒙の関係である(一三一—一三四)。「農耕、牧畜また狩猟にさえ先立つ」段階と重なるその国で、オデュッセウスの脅威となるのは、ロートパゴイの食物の「蜜よりも甘い蓮」を食した者が没入する幸福である。蓮を口にした者は「意識的な自己保存」も「計画的な食糧調達」も必要としない境涯に浸り、「忘却と意志の放棄」に導かれる。しかし自己保存を貫き、帰郷を企てるオデュッセウスからすれば、そうした幸福に浸ることは許されない。だから彼は蓮を喰った者を嚇しつけ、船の「漕台の下に縛りつけた」。著者たちは、ロートパゴイの国のような「原史」が憧憬の対象となるとき、「人間がそこでどれほど苦痛に満ちた目に遇ったのか」が忘れられる点に注意を向け、そうした「田園詩」の幸福は「仮象」にすぎないこと、幸福はむしろ「苦悩の廃棄によって展開される」ことを主張する。ただしその一方で、「そうした原史のイメージを糧とすることなしには、幸福というものを想い描くことはできない」。ロートパゴイの国での短い逸話には、幸福と啓蒙との調停しがたい関係が描きだされている。

次に考察が向けられるのは、一つ目の怪物の一人、ポリュペーモスとの対決の物語である。ここでは、「野蛮」ないし「愚昧」と啓蒙との逆転が問題となる（一三四―一四三）。愚昧で無法な巨人ポリュペーモスは、オデュッセウス一行を洞窟に閉じ込め、日ごと従者を喰らってゆく。オデュッセウスは脱出策を講じるが、その詭計の一つが自らを「誰でもないもの（ウーティス）」と名乗ることだった。この名前の詭計により、彼は怪物に喰われる難を逃れ、仲間の怪物の反撃も免れる。つまり、愚昧な怪物を「名称と事象の混乱」に陥れ、窮地を脱したはずだった。しかし著者たちの見るところ、ことの真相はむしろ、そのオデュッセウス自身が愚昧さに陥っている点にある。彼が「誰でもないもの」と名乗ることは、じつは「形なきものへの擬態」、つまり「主体をして主体たらしめるそれ自身の同一性」を自ら否定することを意味する。そのため、オデュッセウスはつねに「語りすぎる誘惑」にかられる。彼を規定しているのは、「暴力に対する言葉のはかない優位を不断に確保していなければ、暴力によって再び優位を奪われるかもしれない、という不安」である。彼は怪物の島から逃れる際、黙っていることができずに、怪物を嘲弄し、あえて本名や素性をうち明けてしまう。その結果、ポリュペーモスの追撃を招くとともに、ポセイドーンの怨みを受け、やがて幾度も危機にさらされることになる。愚昧な暴力に詭計をもって対抗することは、むしろ愚昧さに帰結してしまうのである。

考察の三つ目の対象となるのは、女神キルケーとのせめぎ合いの物語である。妻ペーネロペイアにかかわる議論も含め、この箇所では性的な「衝動」と「婚姻」との関係が問われる(一四三―一五二)。呪術を使うキルケーのもたらす脅威は、ロートパゴイのそれにも似て、「忘却の暴力」である。彼女は訪問者に薬を飲ませ、獣に変えてしまう。それはつまり、その者の自己を解体し、「衝動に身を委ねさせる」ということであり、「彼らのなかの抑圧された自然の自由」を解放することを意味する。従者は豚にされるが、オデュッセウスは神ヘルメイアスに助けられ、キルケーの呪術を斥ける。そして彼は、自分をけっして害さないという誓いをたてさせたうえで、キルケーの誘いに応じ床を共にする(その後キルケーは彼の助力者となる)。この顚末から著者たちが読みとるのは、確固たる自己にとって性的衝動の脅威たることであるとともに、そうした衝動の支配を前提とする婚姻のあり方である。オデュッセウスは、自己の解体にも至る制限なき衝動充足を拒絶し、断念することで、はじめてキルケーを支配下におき、そのかぎりで、つまり厳しい制限の内部でのみ衝動の充足をはたす。婚姻を通じた相手の支配は、じつは一種の「自己去勢」を伴うのである。婚姻には「共に連帯して死に抗する」という「宥和」の面があるとしても、それは「屈従を代償として」生じてくる。著者たちはこの屈従としての婚姻のあり方のもとに、神話的世界の要素が強固に引き継がれていることを見るのである。

故郷と自己省察

帰郷譚のなかで最後に――そして本論考の最終段落で――考察が向けられるのは、「冥界」訪問の物語である。ここでの著者たちの視線は、これまでの考察とは異なり、オデュッセウスの、そして啓蒙のあり方のうちに、神話的なものとは明確に区別される積極的な可能性を見いだすことに向けられる。その可能性として示されるのは、「言語」による「語り」、そして「自己省察」という啓蒙の要素であるが、ここではまたそれらとの関連のうちに、救出されるべきものとしての「故郷」の概念が提示されることにもなる。

オデュッセウスの帰郷譚のいわば間奏曲となる冥界訪問の物語は、キルケーの指示を受けたオデュッセウスが、帰郷までの旅程をめぐる予言をテイレシアースの霊に請うため、死者たちの霊が集う冥王の館に赴くエピソードである。オデュッセウスはキルケーの教えを守り、霊たちに惑わされることなく、テイレシアースの予言を聞くことに成功する。そして亡き母の霊や、神話・伝説上の女性たちの霊、トロイア戦争の戦友たる勇士たちの霊などとの語らいを経て、生者の世界へと生還する。

この冥界訪問の物語のうちに、著者たちは「神話をもっとも決定的にのり越えている点」(一五四)を見いだす。それは、(「死の取り消し」等のモティーフや、テイレシアースの予言における「笑い」の要素といった個々の点にかんするものでもあるが、)このエピソードの内容全体にかんしていえば、冥界でのオデュッセウスのふるまい方自体にかかわるものといえる。冥界において死者たちの霊は、供えられた血を口にするまで言葉を発することがない。たとえば「母親の影像は力なくやみくもで、言葉もなく沈黙している」(一五三)。これに対しオデュッセウスは、群がり来る霊たちに冷静に対処しつつ、一人ひとりの霊に言葉を語らせる。著者たちはこの点に、神話的なものをのり越える一つの鍵を見いだすのである。なぜなら、「彼の生のうちで神話の暴力が自らを主張するのは、ただ想像というかたちで、精神のうちに移しおかれることによってでしかない」(一五三—一五四)からである。神話的なものの特質は、沈黙した影像、言語により分節化されないイメージといったかたちで精神のうちに入り込み、漠然とした、それゆえにより強力なしかたで思考やふるまいを支配することである。オデュッセウスは冥界の霊たちの「死者たること」を認識しつつ、それらに「言語」を与えて「神話の沈黙」を脱却させるのであり(一五三)、その点で神話的なものの支配をのり越える可能性を開くのである。

そして著者たちは、冥界訪問の物語におけるこうした神話との対決のあり方のもとに、「故郷(Heimat)」の概念を見とどける。「すでに力を失った諸神話が集合している死者の国は、故郷を去ることもっとも遠くにある。もっとも遠く離れてのみ、死者の国は故郷と通じあう」(一五四)。過去の諸神話が集積した冥界から「もっとも遠く離れて」あるということ、つまり神話的なものをのり越え、それから明確に離脱すること、そのことにおいてこそ、じつは故郷というものは成り立ち、そのかぎりで死者の国と通じあっている——このように著者たちが述べるとき、しかし神話ののり越えということが故郷の概念と結びつくのは、なぜなのだろうか。故郷の概念をめぐる箇所から一部のみ引く。

ファシストたちは神話こそ故郷であるという真赤な嘘をつきたがるが、故郷の概念は神話と対立するものなのであり、この点にこそ、この叙事詩のもっとも深いパラドクスが潜んでいる。〔…〕あらゆる哲学は望郷の想いである、としたノヴァーリスの定義が正当さを保つことになるのは、この望郷の想いが、失われた最古のものといった幻影のうちに回収されることなく、故郷を、自然そのものを、神話からまさにもぎ離されたものとして表象するときだけである。故郷とは、逃

れ出ていることである。（一五六）

故郷の概念は、「失われた最古のもの」といった何かに結びつくのでも、それゆえまた、「ファシストたち」が想念するように何らかの「神話」と重なるのでも断じてない。なぜなら故郷の概念は、そしてまた「望郷の想い」は、じつはむしろ、「定住とともに成立した所有の確固たる秩序」にもとづく「人間疎外」を通じて、はじめて形づくられるものだからである（一五六）。故郷とは、あくまで現実の疎外のうちで、つまり幾多の困窮や苦しみのもとで、それを超え出たあり方としてこそ想定されうるものであり、（しばしば過去のあり方に投影されるとはいえ、）一種のユートピア――「まだかつて誰も行ったことのないところ」（ブロッホ『希望の原理』）――なのである。まさにそのかぎりで、故郷とは「逃れ出ていること」、すなわち、これまでの困窮や苦しみから、また暴力の連鎖から、つまりは神話的なものから逃れ出ているそのことを指す。(6) だからこそ故郷の概念は、「神話と対立するもの」とし

(6) 「逃れ出ていること（das Entronnensein）」という語の背景について明確なことはいえない。しかしまず、（草稿でも引かれている）フォス訳『オデュッセイア』第二三歌の一節にある「破滅から逃れ出て（entronnen）」という詩句は注意されるべきであろう。また本章の「おわりに」でもふれるように、ブロッホおよびベンヤミンが語る、神話的なものに対するメルヘンのあり方――「メルヘン的に逃れ出ている（entronnen）」――は、十分に留意されるべきである（ブロッホ『この時代の遺産』池田浩士訳、ちくま学芸文庫、一九九四年、ベンヤミン「物語作者」三宅晶子訳、『ベンヤミン・コレクション2 エッセイの思想』浅井健二郎編訳、ちくま学芸文庫、一九九六年、二八三―二三四頁、など参照）。なお、アドルノ自身のテク

て把握されるべきなのである。
　そうした神話的なものからの離脱、あるいは神話ののり越えについて、冥界訪問をめぐる考察では、その可能性の一端が、言葉による語り、また現実の認識（死者を死者として認識すること）のもとに見いだされていた。著者たちは最終段落の終盤で、そのような啓蒙の可能性を「自己省察」という要素に引きつけて論じている。

　文明が太古の世界に抜きん出るところは、報告される行いの内容にあるのではない。それは、物語る瞬間に暴力を中断させる自己省察にある。語り言葉、つまり神話的歌唱に対立する言語であり、過去の禍いを想起させ記憶にとどめおく可能性である語り言葉そのものこそ、ホメロスにおける逃れ出ることの法則である。（一五七）

　文明は、「仮借なき者」として帰郷するオデュッセウスのあり方がそうであるように、神話的な暴力を受け継ぎ、存続させている。その文明が「太古の世界に抜きん出る」点があるとすれば、それは「物語る瞬間に暴力を中断させる自己省察」にある。神話的な暴力を継続する自らの現実について、「語り言葉」によって冷静に「物語る」ことは、その現実をそれとして認識させ、少なからずそこから距離をとることを可能にする。そして、その現実をともかくも相対化し、あるいは――とりわけ「語りに際して間を取ること」（一五七）により――それを何ほどか過去のものに変えて、それがすべてではないということに目を向けさせる。語りを通じたそうした自己省察のあり方を、著者たちはホメロスの叙事詩のうちに見いだしつつ、そこに暴力の継続を中断させることの、それゆえ神話的なものから「逃れ出ること」の手がかりを見てとるのである。

おわりに

オデュッセウス論の主題は、「すでに神話が啓蒙である」という認識のもとに「主体性の原史」を解き明かすことであった。啓蒙の主体のあり方には、神話的なものに孕まれる「暴力」と「偽り」の要素が——犠牲の欺瞞を利用する詭計、犠牲の内面化たる断念、死せるものへのミメーシスといったかたちで——引き継がれ、展開されている。神話的なものと連続した啓蒙のあり方をそのように摘出することは、ただしホルクハイマーとアドルノの視点にあっては、『オデュッセイア』のうちに啓蒙のある積極的な可能性を汲み出すことに結びついていた。著者たちのそうした視点は、本論考を締めくくる次の一節からも読みとることができる。

原始、野蛮と文化との絡みあいに対してホメロスのさし伸べる慰めの手は、「昔々のことでした」

ストにおいてもこの語は、希望や幸福などの可能的なありよう、いわば呪縛(Bann)から「逃れ出ている」あり方を示すものとして用いられている。

という回想のなかにある。叙事詩は、小説としてはじめて、メルヘンに移行する。（一五九）

本論考の冒頭で論じられていたように、著者たちはホメロスの叙事詩について、その「啓蒙的な性格」のゆえに、「小説」に接近したものともみなしていた。そのことをふまえつつ、ここでは「メルヘン」へのその「移行」が語られている。「原始、野蛮」が「文化」へと引き継がれている事態をめぐって『オデュッセイア』のうちに見いだされる自己省察の要素、とりわけ現実を相対化し何ほどか過去のものに変えるというそのあり方は、「昔々のことでした」というメルヘンの語り方と重なりあう。ただし、ここでのメルヘンへの言及は、そのことを示すだけのものではおそらくない。

メルヘンはたとえば、（叙事詩と小説の関係をめぐる議論の念頭にあった）ルカーチの視点にあっては、いわば「ユートピア」の断片を保存したものとして把握されている（『小説の理論』）。そしてとりわけ、ベンヤミン、またブロッホの思考においては、「神話の暴力」との詭計による「戦い」を伝え、しかもその勝利を、あるいは神話的なものから「逃れ出ているあり方」を教えるものとして捉えられていた（ベンヤミン「フランツ・カフカ」「物語作者」、ブロッホ『この時代の遺産』）。そうしたメルヘンのあり方への「移行」が成り立つのは、ただし著者たちの視点からすれば、「小説としてはじめて」である。つまり、メルヘンの伝えるような神話的なものとの対決、神話ののり越えのありようが可能になるのは、あくまで啓蒙を通過することによって、いいかえれば、神話的な暴力を引き継ぎ展開している啓蒙の主体性そのものの自己省察というかたちで、はじめてのことなのである。

すでに神話が啓蒙であり、主体性の原史には神話的なものが深くくい入っている。『オデュッセイア』はそのことを示すものであった。ただしそこには同時に、その神話的なものから逃れ出る啓蒙それ自体の積極的な可能性が示唆されてもいる。そのような可能性を宿しながら、しかし啓蒙は、(「序文」の一節における二つ目のテーゼのとおり、)やがてまさしく「神話に退化する」。そしてその仔細を解き明かすことが、本論考に続く「補論Ⅱ」の課題となるのである。

Ⅲ　ジュリエット論——自己保存原理と道徳

上野成利

はじめに

「補論Ⅰ」（オデュッセウス論）に続く「補論Ⅱ」は、「ジュリエットあるいは啓蒙と道徳」と題されている。読者にとってまず気になるのはこのタイトルであろう。「ジュリエット」とは、マルキ・ド・サドの小説『ジュリエット物語あるいは悪徳の栄え』（一七九七年）で背徳的な快楽をひたすら追求する主人公のことを指す。もちろん非道徳・反道徳という印象は「サディズム」の語の由来となった作者のサド自身にもつきまとう。「啓蒙と道徳」という主題でなぜサドを取り上げるのか。

しかも戸惑いはここで尽きるわけではない。ジュリエット論はサドの文学テクストをカントとニーチェの哲学テクストに重ね合わせながら分析するという、いささか変則的なスタイルで書かれている。なぜこの三者の組み合わせなのか。「序文」では、「第二補論は、カント、サドにニーチェという啓蒙の仮借ない完成者たちを取り扱う」と記されているが（一六）、こうした説明では戸惑いはむしろ深まるだけにちがいない。カントが「啓蒙の仮借ない完成者」と称されても違和感はさほどないだろうが、サドとニーチェはどちらかといえば「啓蒙の仮借ない破壊者」というイメージが強いからだ。

ここでまず確認しておくべきなのは、この論考が第一論文「啓蒙の概念」の補論として書かれていることであろう。第一論文のなかでジュリエット論との関連で注目されるのは、たとえば次のくだりである。「「自己を保存しようとする努力は、徳の第一の、そして唯一の基礎である」というスピノザの命題は、全西欧文明にとって正しい格率を含んでおり、この格率にかんしては、市民層のうちにある宗教上、哲学上の論争は収まる」(六六)。著者たちのみるところ、啓蒙の基本原理、とりわけ徳を支える基本原理とは「自己保存」への努力にほかならない。このテーゼをカント、サド、ニーチェの思考に即して論証すること、これがジュリエット論の目論見であったとみて差し支えないだろう。

著者たちによれば、啓蒙的主体は理性をつうじて自然を支配し、それによって「自己保存」を図ろうとする。主体を取り囲み主体の生命維持にとって脅威となりかねない外的自然、そして主体を内側から衝き動かす内的自然としての衝動(フロイト的にいえば欲動)、この二つの自然を理性によって支配することで「自己保存」を図ること、これが啓蒙的主体の自立的・自律的なありかたを支えている、というわけである。こうした観点からみれば、カントが主体に求める「自律」の理念の背後には、じつのところ「自己保存」原理が横たわっていることにもなる。他方、サドとニーチェは自己の欲望を貫き通す主体のありかたを称揚しているようにみえるが、ただし彼らは欲望をやみくもに追求することを主体に求めるわけではなく、むしろ自らの内的自然を冷静に統御する理性的な姿勢を求めていた。そうした主体のありようはカントの「自律」の理念と符合するとみることも可能であろう。

かくしてカント、サド、ニーチェは、「自己保存」原理にもとづいて自立的・自律的な主体のありかたを徹底的に追求した点で軌を一にしているとされ、だからこそこの三者は「啓蒙の仮借ない完成者」として同列に論じられることになる。それはとりもなおさず、道徳法則を厳格に遵守するカントの道徳的な主体と、サド／ニーチェの非道徳的・反道徳的な主体とは、煎じ詰めれば同根ではないかということでもある。「市民的思想の含むあらゆる対立、とりわけ道徳的厳格さとまったくの無道徳性との対立も、ひとしなみに均《な》らされてしまう」ということ(一六)——ここにジュリエット論の第一の眼目が置かれているといえるだろう。

ただしこれは行論の出発点にすぎない。ジュリエット論の主眼は、「啓蒙は神話に退化する」という『啓蒙の弁証法』第二テーゼを、「啓蒙の仮借ない完成者」たちの思考に即して論証することにこそあるからだ。カントに即していえば、自律的たろうとする啓蒙的主体には、同時に道徳法則を遵守して他者との連帯を図ることが求められていたが、「自己保存」を目指して諸個人が敵対する市民社会の酷薄な現実を止揚することはできず、個々の「自己保存」もいわば逼塞を余儀なくされる。一方、他者への思いやりを説く市民道徳を峻拒して「自己保存」原理を貫徹しようとしたサドやニーチェの思考は、全体主義的な社会秩序にそのまま行き着く危険を孕むものでもあった。つまり、啓蒙の原理をそれぞれ推し進めたカント、サド、ニーチェの思考の軌跡は「啓蒙の自己崩壊」の理路をくっきりと浮かび上がらせているのであって、ジュリエット論ではその消息を追跡することが目指される。

ホルクハイマー／アドルノのみるところ、こうした「啓蒙の自己崩壊」の背後にあるのは自然支配の問題にほかならない。ふたたび「序文」を引き合いに出すならば、「ここでは、あらゆる自然的なものを自己支配的主体の下へ隷属させることが、いかにしてついにはほかならぬ盲目の客体的なもの、自然的なものによる支配において極まるかが示される」(一六)。自然支配を目指して進展していった啓蒙のプロセスが「ついにその行きつく所、恐るべき自然へ逆戻りする」(二三〇)という視座、これがジュリエット論を理解するうえで最大の勘所となるが、しかしそれはまたこの論考を読み解くうえで最大の難所ともなる。テクスト全体の構成としては、まず分析の座標軸としてカントが取り上げられ、次にサドとニーチェの思考がカントとの距離を手がかりに検討される。そのうえで文明による自然支配という大きな主題に最後に改めてアプローチするというのが、この論考の大きな枠組みとなるだろう。以下ではこうしたテクストの流れに沿いながら行論を解きほぐしてゆくことにしたい。

1　理性と情念との緊張関係

啓蒙の原理としての自己保存

啓蒙の基本原理とは何か。著者たちのみるところ、この問いに最良の手がかりを与えてくれるのはカントであった。ジュリエット論は次のくだりから始まる。

啓蒙とは、カントの言葉によれば、「人間が自分に責任のある童蒙状態から抜け出すことである。童蒙状態とは、他人の指導を受けなければ自分の悟性を使用できないような状態をさす」。「他人の指導を必要としない悟性」とは、理性によって指導される悟性である。つまりそれは、悟性が自分なりの一貫性にしたがって個々の認識を体系へ纏めあげることに他ならない。〔…〕認識の「体系性」は、「一つの原理に基づく認識の連関」である。思考とは、啓蒙の考える所によれば、統一ある科学的秩序をつくり出すことであり、諸原理に基づいて事実認識を導き出すことである。(一七九)

ここでまず確認されるのは、他者の助けを借りずに自分自身で思考し判断すること、つまり「自律」こそ啓蒙の基本原理にほかならないということである。そのさい啓蒙的主体には自らの悟性(感性で得られた知覚を概念的に把握し理解する能力)を行使することが求められるわけだが、ただし悟性はさらに「個々の認識を体系へ」纏めあげねばならないとされる。主体が個別具体的な事象をばらばらに理解しているだけでは、それは普遍的な真理に裏打ちされた確固たる認識とはいえない。個々の事象を論理的に矛盾することなく関連づけ、ばらばらな認識を総合して一つの「体系」へと秩序づけることが肝要なのであって、それを可能にするのが理性にほかならない。啓蒙的な主体は「自律」を目指さねばならず、そのために主体は理性によって首尾一貫した体系的な認識を手に入れねばならない——ホルクハイマー／アドルノがカントからさしあたり抽出してくるのはこうした理路である。

著者たちのまなざしはしかし、その先に向けられている。諸々の事象が「体系」へと秩序づけられるためには「体系は自然との調和のうちに保たれていなければならない」が(一八二)、しかしそうした「調和」は実際には人間主体が操作して作りあげた仮構ではないのか。カントは感覚に与えられた個別具体的な知覚を一般的な概念へと包摂するために「図式」論を考案し、主体によって認識が構成される局面に光を当てようとしたが、それは「一般的なものと特殊的なもの、概念と個別的事例とを外側から〔人為的に〕相互に一致させる」こと、つまり主体による「加工と管理という相の下で」存在者を捉えることを意味しているのではないか（一八三）。そうだとすれば、啓蒙的理性が目指す体系的な認識とは、つまるところ人間主体にとって都合のよい認識のありかたにすぎないのではないか。

かくして著者たちはカントの啓蒙論を次のように読み換える。「啓蒙が念頭に抱く体系とは、諸事実をもっともうまく処理し、自然支配にあたってもっとも有効に主体を支持するような認識の形態である。その体系の持つ諸原理は自己保存の原理である。童蒙状態とは、自己自身を保存する能力の欠如にほかならない」（一八二、強調引用者）。第一論文「啓蒙の概念」やオデュッセウス論で論じられていた自然支配の問題がここで改めて示され、カントが啓蒙的主体に要請した「自律」の理念はこうして「自己保存」原理へと読み換えられる。こうした観点からみれば、カントの理性概念は「自己保存という目的に合わせて世界を調整」するような「計算的思考の法廷」を形づくるものであり（一八三）、ここにこそカントの啓蒙理解の最も核心的な部分が現われているということになる。

とはいえ、啓蒙の基本原理が「自己保存」なのだとすれば、「自己保存」を目指す個々の主体が互いに敵対するような社会のありかたは啓蒙の避けがたい帰結となる。啓蒙的理性がこの社会を体系的に「調和」のもとで把握しようとすれば、そこにはおのずと齟齬が生じることにもなるが、それだけに何とかして社会秩序を「調和」させることはカントにとって喫緊の課題ともなるだろう。こうして著者たちは次のように指摘する。「超越論的・超個人的自我として、〔カントの〕理性は人間どうしの自由な共同生活という理念を含んでいる。その共同生活のうちで、人間は普遍的な主体として自己を組織し、純粋理性と経験的理性の間の矛盾を、全体の意識的連帯のうちに止揚する。そういう共同生活は真の普遍性の理念、つまりユートピアを表明している」（一八二—一八三）。

周知のように、このようなユートピアを実現するべくカントは道徳法則の遵守を主体に要請するわけだが、しかし著者たちのみるところ、そうしたカントの企ては十分に成功したとはいえない。この問題の背後には理性と情念とのあいだの錯綜した関係が横たわっているのであって、これが以下の行論の中心的な論点となる。

純粋理性と道徳学説との相克

生の意味や目的などをめぐる問いに答える役割は長らく宗教が担っていたが、啓蒙のプロセスが進展し科学的思考が興隆するにしたがって、宗教は徐々に弱体化してゆく。それに代わって登場するのが「道徳」である。あらゆる主体が自己保存を追求し、互いの利害が敵対しあう苛酷な現実を生き抜くことを余儀なくされるなかで、「思いやりの念」や「相互愛や尊敬」といった倫理的な力によって人間どうしが利害関係抜きに結びつくべきこと、そしてそこに生の意味や目的を見出すべきことを、啓蒙期の「道徳学説」は主体に指し示すようになる（一八五—一八六）。

しかしホルクハイマー／アドルノによれば、こうした道徳学説はその言説に「何とか知的根拠を見出そうと努めている」が、結局のところ「その空しさが示されるだけ」であるという。「思いやりの念」や「相互愛や尊敬」などは科学的根拠のない空虚な観念であり、この種の感情に依拠する道徳学説は神話を信奉することを説く非合理的な教説にすぎない、というのである(一八五―一八六)。こうして著者たちによれば、啓蒙期の道徳学説は、「〔原理を厳格に守るという意味で〕リゴリスティックに響く場合でも、〔プロパガンダのように〕説教調であり〔感情に訴えるという意味で〕センチメンタルである」という。つまり、「道徳というものはまさしく演繹不可能なものだという意識」があるからこそ、啓蒙期の道徳学説は非合理的な「強行手段」に頼らざるをえなかった、ということである(一八六)。

それではカントはどうか。「相互に相手を尊敬するという義務」を「理性の法則」から導き出そうとしたカントは、道徳をまさしく理性によって演繹可能なものとして考えていた(一八六)。著者たちのみるところ、こうしたカントの手際が他の論者たちと比べてはるかに「慎重なやり方」であったことは間違いないが、しかし「彼のそういう企ては、批判のうちにいかなる足場ももたない」という(一八六)。カントがいくら「理性の事実」として道徳法則を基礎づけようとしたところで、「理性の事実」など科学的な証明を欠いた神話の一つにすぎないからだ(二〇〇)。こうしてみると、ここでカントは「野蛮さへの転落に対する恐怖」のあまり、「〔利己的行動より〕道徳的行動の方が理性的だ」とやみくもに信じ込むオプティミズムに陥っているようにすらみえてくる(一八六)。いずれにせよ、このようなカントの教説は「逆説的」であるだけに「崇高」な響きを漂わせてはいるが、結局のところ他の道徳学説と同じく「はかない」ものだといわざるをえない(一八六)。

もとより著者たちはここでカントをただ難じているのではない。啓蒙期の多くの道徳学説が感情・情念の力を素朴に信じ、思いやりのような道徳感情が人間主体を動かしさえすれば、他者との連帯が実現し「調和」がもたらされるだろうと考えていたのにたいして、カントはいかなる感情・情念も

「科学的理性」の前では「中立的」であると考えていた。つまり、感情・情念というものは倫理的な方向にも非倫理的な方向にも同じように作動しうるのであって、それゆえ非倫理的な方向へ人々を動員する力にも十分なりうるということである(一八七)。カントはそのことを見抜いていたがゆえに、感情・情念に依拠して主体を動かすような議論には与しなかったのであり、だからこそ道徳をあくまでも「理性の法則」から導出しようとしたのだった。このように最後まで理性に固執する点でホルクハイマー／アドルノはカントを積極的に評価する。

とはいえ理性もまた両刃の剣であることには変わりない。「理性は計算と計画の道具であり、目的に対しては中立的であり、その基本原理は均等化である」(一九〇)。著者たちのみるところ、理性はもっぱら形式的な合理性の観点から諸要素を調整して全体が調和するように整序することを目指しており、内容的な目的を問うことはいっさいない。理性とはいわば「目的を欠いた、それ故にまさしくあらゆる目的に結びつく合目的性」なのだ(一九一)。理性にもとづく統治を唱えたマキアヴェリやホッブズらの考察が示しているように、たとえば自由な市民どうしが連帯する共和国のために理性が使われることもあれば、権力者が民衆を抑圧するために理性が利用されることもある(一八八―一八九)。それどころか、「計算と計画の道具」としての理性による組織化を極限まで推し進めれば、社会のすみずみまで計画的に組織された「全体主義」にいやおうなく行き着くことにもなるだろう。端的にいえば、「計算的思考に全権を委ね、科学としての科学を信奉する」のが「全体主義的秩序」なのであって(一八七)、じつのところこれほど啓蒙的理性に忠実な社会秩序はほかにない。

著者たちのみるところ、カントは啓蒙的理性の原理がこうしたディストピアに通じることを見通していたからこそ、道徳法則の遵守を主体に要請してそれに歯止めをかけようとした。しかし、「(カントの)定言命法に背いて、そしてそれだけいっそう深く(カントの)純粋理性に同調しながら、ファシズムは人間を物として行動様式の核として取り扱う」(一八七)。人間主体が理性を手放さないのであれば、「社会にとって全自然が(人間主体の自己保存のための)素材になるのと同じように、支配者にとっては人間たちは素材になる」こともまた避けられない(一八九)。そうだとすれば、主体の「自己保存」のための素材として自然を支配する理性のありかたが、ここで改めて問われねばならないだろう。

理性／非理性の二分法の陥穽

ここまでの行論によれば、理性は内容的な目的にたいして「中立的」であり、そうした理性の目からみればいかなる情念もやはり「中立的」なものであった。情念そのものには(たとえば「思いやりの念」や「相互愛や尊敬」のような)倫理的な意味合いなどいっさい含まれていない――これが啓蒙的理性から捉えられた情念の位置づけであった。ところが、啓蒙期の多くの道徳学説は思いやりのような道徳感情を道徳の基礎に据え、これを主体にたいしてセンチメンタルに訴える「強行手段」のかたちをとる。啓蒙期の道徳学説はなぜ、啓蒙の基本原理としての「自己保存」を追求することを避け、思いやりのような情念を――いわば非合理主義的に――呼び出してしまうのか。

ホルクハイマー／アドルノによれば、情念について考えるには啓蒙による自然支配の問題にまで遡らねばならない。啓蒙が前提としているのは、情念とは人間主体を内側から非合理的に衝き動かす内的自然であり、それゆえ情念とは理性の外部にある「自然的なもの」にほかならないという認識である（一九二）。理性は「自然的なもの」としての情念を支配することで主体の「自己保存」を図ろうとするが、そこには「理性と非理性的なもの（としての自然）とを、ただ対立するだけのものとして捉える原理」が横たわっている（一九二）。

ところが啓蒙のプロセスが進展し、市民的秩序のなかで個々の「自己保存」が対立して諸個人の敵対関係が深まるにつれて、「自己保存」がもはや「自己崩壊」と区別がつかないような事態に陥ってゆく（一九四）。理性／非理性の二分法のもとで「自己保存」を追求する啓蒙の目論見は逼塞を余儀なくされ、かくして啓蒙を超克しようとする思潮が登場することにもなる。理性（自己）／非理性（自然）の二分法を斥けて「自然と「自己」との間の宥和」というユートピアを望見するような思潮がそれである（一九四）。とはいえ著者たちのみるところ、ライプニッツやヘーゲルらの「偉大な哲学」（一九五）によるこうした試みも、「合理主義」と「非合理主義」との挟撃のなかで、その可能性を十全に開花させたとはいえない。むしろ理性／非理性の二分法という枠組みが堅持されつつ、合理主義と非合理主義との不毛な二項対立が先鋭化してゆくことになる。

まず合理主義の側からみれば、「自然と「自己」との間の宥和」というユートピアも、結局のところ一つの神話にすぎない。啓蒙的理性が認めるのは「自己保存」原理のみである。啓蒙的理性は、精神／自然、理性／感情といった二分法を前提としつつ、「啓蒙の最後の残滓に他ならない現代の実証主義」にみられるように、あらゆる衝動・情動・感情を「認識と呼ばれるすべての領域から隔離してしまう」（一九五―一九六）。しかし、そうした合理主義の偏狭さを批判する非合理主義も、情念をめぐる構えについては合理主義と驚くほど相同的であった。「たしかに非合理主義は、直接的な生のために冷たい理性の活動範囲を限局するけれども、しかし直接的な生を、思惟にただ敵対するだけの原理にしてしまう」（一九六）。このように合理主義と非合理主義は理性／非理性の二分法を共有しており、感情・情念を理性の外部に追いやる点で両者は互いに共犯関係にあるといわねばならない。

ただし理性（ないし悟性）は感情・情念（非理性的なもの）と単純に対立するわけではない。「悟性〔理性Ratio〕は最初から自分の魅力だけを恃《たの》みとすることはできなかったので、さまざまな感情を礼拝することによってそれを補ってきた。悟性が感情に呼びかける所では、悟性は自己自身の媒体である思惟から身を背ける。つまりいつだって悟性は、自己疎外された理性としての自分自身に信頼を置きかねていたのだ」（一九六）。理性・悟性は「理性の形式化」（一九六）が孕む問題性を自覚している。だからこそ理性はそれを補塡するものとして感情・情念を呼び出そうとするのであって、ともすると思惟を放棄して非合理主義に傾くことにもなる。非合理主義はいわば合理主義によって要請される関係にあるのだ。啓蒙は情念を蔑視するとともに礼讃の対象ともしており、これをつねに両義的なものとして位置づけてきた。情念はいわば都合のよいかたちで啓蒙の一部に組み込まれてきたのである。

啓蒙期の多くの道徳学説が情念を呼び出そうとした背景には、こうした事情が横たわっていたといえる。とはいえホルクハイマー／アドルノによれば、そうしたセンチメンタルな議論は啓蒙の逼塞を糊塗する空虚な試みでしかない。むしろ著者たちが高く評価するのが、市民的秩序の「暗い」側面から目を背けずに「「自己」の持つエゴイズム」を擁護し、「社会というものを破壊的原理として認識した」思想家たち、マキアヴェリ、ホッブズ、マンデヴィルら「市民社会初期の暗い著作家たち」である（一九四）。そしてこの「暗い」現実をさらに掘り下げ、その先まで見通そうとした著作家として位置づけられるのが、カント、サド、ニーチェにほかならない――これがジュリエット論の見立てであった。「カントの批判書からニーチェの『道徳の系譜』に至るまで、哲学の手はそのこと〔啓蒙の暗い帰結〕を特筆大書してきたが、それを立ち入って細部に至るまで徹底的に追求した唯一人の人、つまりマルキ・ド・サドの著作は、「他人によって指導されることのない悟性」すなわち後見から解放された市民的主体の姿を提示している」（一八七―一八八）。

2　ラディカリズムの光と影

ラディカリズムとしての啓蒙

著者たちがカント、サド、ニーチェを高く評価するのは、啓蒙の原理を徹底的に推し進めようとした思考の構え、つまりそのラディカリズムのゆえであった。ただしこのラディカリズムは啓蒙そのものの特徴でもある。そしてそうした姿勢は〔狭義の啓蒙としての〕「近代の啓蒙」にいっそう顕著に見て取れる。「近代の啓蒙は、当初から〔とことんまで突き進むという〕ラディカルな傾向を身につけていた。それによって近代の啓蒙は、それ以前の〔前近代の〕非神話化の各段階から区別される」（一九七）。とはいえ先に確認したように、啓蒙のプロセスは逆説的な途をたどる。「自己保存」を徹底的に追求する近代の啓蒙は、主体の活動を制約する前近代的な「義務づけ」を排斥しつつ市民的秩序の形成を推し進めてゆくが（一九八）、しかしこのプロセスが資本主義という「支配的な生産様式」に組み込まれることで諸個人は新たな支配関係に呑み込まれ、かくして啓蒙は「自己解体」を遂げることになる(一九九)。はたしてこの隘路を啓蒙のラディカリズムは突破することができるのか。この問いを「啓蒙の仮借ない完成者」たちの思考に即して検討することが、以下の行論の課題となる。

まずはカントについてみておこう。前近代では権威への恭順と秩序への献身が人間に義務として課されていたが、そうした「義務づけ」がなぜ問題なのかといえば、それが他律的な原理への信仰にもとづくものであり、理性によって基礎づけることのできない神話にすぎないからである。それにたいしてカントが試みたのは、相互に相手を尊敬するという「義務づけ」を「我が内なる道徳法則」によって自律的に基礎づけることだった(二〇〇)。カントによれば「道徳法則」とは、恣意的に仮構された神話ではなく、「理性の事実」にほかならない(二〇〇)。「理性の事実」という観念そのものの妥当性については疑わしいとはいえ、ともあれカント自身は理性によって揺るぎなく道徳法則を基礎づけようとし、それによって「理性の可能性」(一九九)を何とか救出しようとしたのだった。

こうしたカントの思考を根底で支えている理念は「自律」であろう。カントの「徳」は、人間主体が感情や情念によって支配されてはならないという「無感動《アパテイア》の義務」を前提とするものであった(二〇一―二〇二)。ひとが感情や情念によって動かされて行為するかぎり、そうした他律的な行為はカントからすれば「理性的」ではなく、また理性によって基礎づけられない行為は「道徳的」とはいえない。理性と自律を軸に構想されたカントの道徳哲学は、その論理的な帰結として「道徳的無感動《アパテイア》」を人間主体に要請することになる。そしてこれこそがカントとサドをつなぐ鍵概念となる(二〇三)。

周知のように、サドの小説の主人公ジュリエットは放蕩と背徳の限りを尽くす。ただし彼女はこのとき自らの感情・情念に流され、自己の内なる自然に衝き動かされているのではけっしてない。ジュリエットは自制心を失うことなく、きわめて冷静に自らの背徳行為を遂行してゆく。そこで必要となるのが「無感動《アパテイア》」である。それは厳しい「自己訓練」なしには全うしえない所業なのであって（二〇二）、内的自然としての情念を自ら統御することで「自律」を達成するジュリエットは、カントの忠実な弟子ともいえる。カントの「道徳的厳格さ」とサドの「まったくの無道徳性」との対立が均らされてしまうという「序文」で示唆されていた逆説が、ここではっきりと示されることになる。

もちろん「悪徳の栄え」を言祝ぐジュリエットの思考が、カントの道徳哲学の枠内にすんなり収まることはない。「彼女にとっては、神や死せる神の子への信仰、十戒の遵守、悪に対する善の優位、罪に対する救済の優位といった、その合理性を証明できないものを崇拝することは、いずれも虫酸の走る想いがする。彼女は文明の伝説によって禁圧された反動的諸力に魅せられている」（二〇四）。「証明もないのに呪詛されているものをやり甲斐のある事へと転換すること」、つまり「価値の転倒」、これがジュリエットを衝き動かす情熱にほかならない（二〇五）。ジュリエットは文明のもとで自明視されてきた善悪の価値の序列をひっくり返し、これまで劣位に置かれてきた悪徳のほうに価値を置こうとする。こうした「戦闘的啓蒙主義」（二〇四）がカントの批判哲学以上にラディカルであるのは間違いない。ジュリエットのラディカリズムのうちに著者たちはニーチェ的な道徳批判のモティーフを読み取り、「悪に対する善の優位」に固執するカントの姿勢を批判しているともいえよう。

なお、こうしたジュリエットによる価値転倒の試みは、理性によって抑圧された「自然的なもの」を称揚するロマン主義の身振りに限りなく近づいているようにみえるかもしれない。しかしジュリエットは理性を捨てて「自然的なもの」への回帰を夢見るわけではない。彼女が文明によってタブー視された行動様式を文明のただなかであえて遂行しているのはたしかだが、その振る舞いを支えていたのはあくまでも啓蒙的理性の論理であった。ここでサドは「文明をそれ自身の武器を逆手にとって撃つ」という戦略、つまり文明を内在的に批判する戦略を選んでいるというべきだろう(二〇一)。

強者の法則と価値転倒の試み

前近代の世界観では、自然には客観的理性が内在し、あらゆる存在者は自然の階層秩序に組み込まれていると想定されていたが、近代の啓蒙は「自然の持つ客観的秩序」を偏見・神話として斥け、自然を「たんなる物質の集積」とみなす(二〇八)。この物質的な自然を支配する物理法則の延長線上に出てくるのが「自己保存」原理であり、その論理的帰結としての「強者の法則」である(二〇八)。つまり、強者が弱者を支配するのは自然の理にかなった法則だ、ということである。このように考えるサド／ニーチェからすれば、「人類の普遍的好意」のような原則を持ち出してくるカントはなおも「非合理主義の呪い」に囚われており、啓蒙の原理を貫徹できていないことになる(二一二)。

もっともサドとニーチェとのあいだにも違いはある。啓蒙の原理に忠実であろうとするジュリエットは、犯罪者の行為であれ権力者の行為であれ、それが自らのエゴイズムを追求する行為であるならば合理的で肯定されるべきものだと考える(二一〇)。ところが、「偉大さへの偏見」に囚われていたニーチェにとって「規模の大きいものは美化される」(二一〇)。その結果ニーチェは、犯罪者のエゴイズムを卑小なものとみなす一方、強大な権力者を偶像崇拝するファシズム的な思考に近づいてしまう。ニーチェは「強者の法則」にこだわるあまり、強大なものに価値を置こうとする「偉大さへの偏見」に陥ってしまったともいえよう。

他方、「享楽」にたいする態度にかんしてはサドとニーチェの立場は入れ替わる。ニーチェは「どんな享楽もなお神話的なものだ」と断じて、享楽をばっさり切り捨てる。享楽に耽ることは「自然に身を委ねる」ことにほかならず、自律の放棄を意味するからだ(二一九)。それにたいしてサドの描くジュリエットは「享楽」の罠に囚われている。「ずばぬけて合理的なくせに、ジュリエットはなお一つの迷信を捨て切れないでいる。彼女は瀆神行為の子供っぽさを認識しながら、結局それから享楽を引き出してくる」(二一七)。つまり、文明によってタブーとされた規範を破る享楽に淫するジュリエットは、そうした享楽を与えてくれる文明の罠に搦め取られてしまっている、ということである。

もとより「享楽」の罠はジュリエットのみならず文明そのものに課された枷でもある。「労働の強制から、あるいは個人が特定の社会的機能や「自己」へ縛られている状態から脱して、支配もなければ規律もない太古に立ち返ることを夢みるときに、初めて人間は享楽の魔力を感じる」(二一七)。文明のもとでタブーとされた禁制を破って自然の欲望を解放したいという想い、文明から逃れて太古の自然に立ち返りたいという願望、これはほかならぬ文明の所産であり、その意味であらゆる快楽・享楽は「社会的」である(二一七)。なるほど、疎外された意識は疎外されざる本来的な自然を夢想し切望する。「文明に巻き込まれた者が抱く望郷の想い」は、自らの疎外された状況が深刻であればあるほど切実に意識される。とはいえ、人間が文明以前へ退行する「享楽」に身を委ねることは、「思惟することを止めて文明から逃れ去る」こと、人間主体が自律を放棄して「恐るべき自然」に呑み込まれることを意味しよう。「享楽」とはいわば「恐るべき自然の復讐」なのである（二一七―二一八）。

それにしても、カント以上に合理的に思考しニーチェのような「偉大さへの偏見」とも無縁だったジュリエットが、なぜ「享楽」の罠から逃れられないのか。著者たちはこの謎を解く手がかりを、「ロマンティックな愛」をめぐるジュリエットの思考のうちに探り出す。「ロマンティックな愛」とはキリスト教的な市民道徳が理想視する崇高な愛のことである。ここではデカルト的な精神／身体の二元論のもとで精神的な愛が聖化されているといってよいが、しかしジュリエットからすれば、これは「肉体的衝動の隠蔽ないし合理化」を図るイデオロギーにすぎない（二二二）。こうしてジュリエットは「優しさ」よりも「性的欲求」を、「天上の愛」よりも「地上の愛」（性愛）のほうを重視する。価値の序列をひっくり返して肉体的享楽を救い出す「価値の転倒」が試みられるわけである（二二三）。

とはいえジュリエットは「価値の転倒」に執心するあまり、「優しさ」を狭く捉え過ぎてはいないだろうか。「優しさ」には肉体的な愛撫のような意味合いも含まれており、それゆえ「優しさ」とはじつのところ「性的欲求の変形」でもあるからだ（二二二―二二三）。要するに、優しさ／性愛、精神／身体という二項対立の構図それ自体に問題があるのであって、「両者を切り離すのは抽象にすぎない」（二二三）。つまり「〔ロマンティックな愛にたいする〕ジュリエットの批判は、啓蒙そのものと同じく分裂している」のである（二二四）。「ジュリエットは非自然的、非物質的で幻想的な愛を非難して、肉欲的で倒錯した性愛を讃美するが、それによってこの淫蕩な女自身は、愛のユートピア的な充溢と一緒に肉体的享楽を、絶頂の幸福と一緒に身近な幸福を、切り縮めてしまうという、あの通常のやり方に加担したわけである」（二二四）。

このようなジュリエットのラディカリズムをめぐる批判的分析からは、ホルクハイマー／アドルノ自身の考えるユートピアの条件がぼんやり垣間見えるかもしれない。ここに見て取れるのは、精神／物質の二元論という観念論の陥穽を克服するにはどうしたらよいか、という問題意識であろう。かくしてジュリエット論の行論もいよいよ佳境に入ってゆく。

3　文明と自然との絡み合い

家父長制的な文明と自然支配

「優しさ」や「愛」を狭く捉える点にジュリエットの陥穽があるのだとすれば、「優しさ」や「愛」のポテンシャルをどのように救出すればよいかが検討されるべきところかもしれないが、このあとに続く行論ではさしあたり、文明のもとで自然がどのように捉えられてきたか、この文明のもとでなぜ「倒錯的愛」(一三〇)が生じるのかが論じられる。それは「優しさ」や「愛」が切り縮められてしまう理路を炙り出す作業ともいえるだろう。

議論の出発点に置かれるのは、西欧文明(キリスト教文明)を「家父長制的」(一二六)とみなす認識である。家父長制的な文明のもとで女性は「弱さの烙印」(一二五)を押され、男性によって庇護され支配されるべき存在とみなされる。一方、こうした男性中心的な世界のなかでしばしば観察されるのが、女性を畏敬すべき存在とみなす「女性崇拝」(一二四)である。だが男性中心的な世界のただなかで

「女性崇拝」が現われるのはいったいなぜか。それは文明(キリスト教)が「性の抑圧を女性に対する畏敬の念によってイデオロギー的に埋め合わせ」ようとするからだ(二二六)。もとより「抑圧」とは抑圧する対象を蔑視・憎悪することである以上、たとえ抑圧の効果として「女性崇拝」が生み出されたとしても、その根底には「女性憎悪」が間違いなく働いてもいる。家父長制的(キリスト教的)な文明のもとで、弱き者としての女性は崇拝・畏敬されるとともに蔑視・憎悪される存在なのである。

これはもう少し広くいえば「自然」に対する文明の構えをめぐる問題でもある。文明の思考枠組みでは女性は自然を代表する「自然的存在」とされてきたからだ(二二七)。文明のもとで女性は、生成変化する万物を根底で支える(自然のような)基体、「終りなき包摂の基体」とみなされる(二二七)。ここでいう「終りなき包摂の基体」には両義的な意味合いがあるだろう。女性とは一方で、強者も弱者も分け隔てなく(自然の本能としての母性愛で)優しく包み込む「自然的存在」であり、しかし他方で、いっさいの事物を区別なく呑み込み人間主体の自己同一性をも溶解してしまう恐るべき「自然的存在」でもある——「包摂」「基体」という比喩表現にはこうした両義性が含まれているといえる。

著者たちのみるところ、この問題をさらに掘り下げると家父長制(ないしキリスト教)以前の「母権制」の問題圏に突き当たる[1](二二四)。家父長制以前には、「母性愛」にもとづく「優しさや社会的(社

(1)　母権制という観念は、一九世紀後半にJ・J・バッハオーフェンらが人類史を乱婚制・母権制・父権制という発展段階図式で捉えて以来、二〇世紀に入ってからも一定の影響力を持っていた。一九三〇年代のフランクフルト社会研究所でもE・フロムが母権論を自らの理論に積極的に取り込んでいたが、このフロムとの共同作業をつうじてホルクハイマーは母権制の観念を摂取している。

交的)感情」(二三五)で人間どうしの紐帯が結ばれていた――これが「母権制」にかんする典型的なイメージであろう。ここにはまた「支配もなければ規律もない太古」(二一七)のイメージも見て取れる。それゆえ「母権制」という観念は、「女性」の観念と同じように、家父長制的な文明のもとで二重の(分裂した)態度を呼び起こす。つまり、一方にあるのは、文明から逃れて太古の自然に戻りたいという切実な望郷の想いであり、他方にあるのは、「自然に逆戻りするという忌むべき圧倒的な誘惑」(二二八)――あるいは「享楽」の罠――を何とか根絶しようとする強固な意志である。

このうち後者の契機、すなわち「女性的／母性的なもの」の圧倒的な誘惑を抑え込もうとする根絶への意志は、ともすると「全体主義的」な暴力をともなって発現する。それは「不成功に終った文明から生まれる残酷さ」「文化の反面をなす野蛮さ」を示しているといってよい(二二八)。しかも文明のもとで蔑視・憎悪されてきたのは女性だけではない。ユダヤ人もまた憎悪され、さらには根絶の対象とされてきた。この文明のもとで女性やユダヤ人は文明以前の存在として「不安と弱さ」のレッテルを貼られてきたが、それだけに「いっそう親しく自然に結びついて」いる存在とみなされてきた(二二八)。文明内部の啓蒙的主体は、自分自身は抑圧して手に入れられない「自然」を女性やユダヤ人に重ね合わせたうえで、文明によって余儀なくされている自らの不安を解消させるべく、彼らを攻撃して自らの支配下に置こうとする。そうすることでいわば想像のなかで「自然との一体化をはかる」わけである(二二九)。これが女性憎悪・ユダヤ人憎悪を動かしている心的機制にほかならない。(2)

ジュリエット論のここまでの行論から確認できるように、家父長制的(キリスト教的)な文明は、「隣人愛」(二二六)をセンチメンタルに語り、人間どうしが「優しさ」の情念で結ばれるような社会を理想視してきた。しかし他方で強者が弱者を攻撃し支配するサディズム的な情動もまた、この文明の内側からいやおうなく生じてくる。「快楽は優しさの代りに残酷さと同盟を結ぶ」のだ(一三〇)。ユダヤ人を徹底的に攻撃したナチズムの事例などはその典型であろう。こうして文明は「ついにその行きつく所、恐るべき自然へ逆戻りする」(一三〇)。啓蒙の果てに登場する野蛮な振る舞いは、理性によって計算された計画的な所業であると同時に、文明の構えから帰結する無意識的な振る舞いでもある。サドとニーチェは「強者の法則」に従う主体を理性によって統御された自律的な主体と位置づけていたが、しかしこの主体は文明の構えに衝き動かされる無意識的な主体でもあったことになる。

批判的理性の可能性に向けて

それでは真の「幸福」はどうしたら実現できるのか。「倒錯的愛」を斥けて「優しさ」や「愛」の可能性を救い出すことはできないのか。これが最後に残された問いとなるようにもみえる。しかしホルクハイマー／アドルノはむしろ、「愛」を斥けたサドとニーチェの思考のうちに啓蒙のポテンシャルを救い出す手がかりを探ろうとする。啓蒙的理性の可能性を救い出すことははたして可能か――「啓蒙の自己崩壊」を仮借なく剔抉した著者たちが、最後に取り組もうとするのはこの問いである。

---

(2)　こうした一連の分析の下敷きになっているのはフロイトの精神分析理論であり、『啓蒙の弁証法』の反ユダヤ主義論ではこうした「病的憎悪」は市民的主体の「自己憎悪」として説明される。あるいはフランクフルト学派の「権威主義的性格／サド-マゾヒズム的性格」の議論をここに重ね合わせてもよいだろう。ここではこの問題がサド／ニーチェの議論の文脈のなかに置き直されることになる。

著者たちのみるところ、「愛」の抱える問題点は「偶像崇拝」にある。女性は愛する男性を、男性は愛する女性を讃美してやまない。しかし「理性《ラティオ》の目には、熱愛する相手への献身は偶像崇拝として映る」(二三一)。啓蒙的理性からすれば、こうした「偶像崇拝」は禁じられねばならないだろう。ところで「偶像崇拝」の禁止とはそもそもユダヤ教の戒律であった。それゆえ「啓蒙」とはじつのところ「ユダヤ的一神論の世俗化された形態」でもある(二三一)。著者たちによれば、律法の厳守を説くモーセと道徳法則の厳守を説くカントは「啓蒙のリゴリズム(厳格主義)」を共有しており、さらにいえばニーチェもこうした思考の系譜に位置づけられるという。「より高次の自己」としての「超人」を目指すニーチェの試みとは、「神の律法を自律へと変形しようとしたカントの試みをもう一度更新しようとする」ものだった、ということである(二三一)。神の律法を「自己立法」に取って代えて「自律」を目指したのがカントであり、この「自律」の理念をさらに強化したのがニーチェの「超人」にほかならない——これがホルクハイマー／アドルノの見立てであった(二三一—二三二)。

　もとよりニーチェの試みが啓蒙の枠内にすんなり収まるわけではない。いかなる偶像も斥けるニーチェの批判の矛先は、隣人愛を説くキリスト教だけにとどまらず、「神こそ真理であり、真理は神である」とする「プラトンの信仰」にまで及ぶ(二三二)。ニーチェにとっては「啓蒙そのもの、いや真理さえ、いかなる形態のものであれ、もはや偶像にすぎなくなる」(二三二)。ニーチェの思考は啓蒙の論理をとことんまで突き詰めるがゆえに、かえって啓蒙そのものを掘り崩す「転換点」にまで到達してしまうのだ(二三二)。それでもなおニーチェが神を超人に置き換えて「高次の自己」を目指すのだとすれば、それは「死せる神を救おうとする絶望的な(死に物狂いの)試み」というほかない(二三二)。

とはいえ危機に瀕した啓蒙を救い出そうとした点で、ニーチェはやはりカントの衣鉢を継いでいる。たとえニーチェのラディカリズムが啓蒙そのものを掘り崩す地点にまで到達してしまうのだとしても、まさしくそのこと自体が「哲学」のもつ力、つまり「科学の自己反省、啓蒙の良心」の力を裏書きしているといえるだろう（二二三、強調引用者）。

一方、ニーチェが認識論のレベルで啓蒙をその臨界点にまで推し進めたのにたいして、サドのほうは社会秩序を構想する場面で啓蒙を極限まで推し進めようとした（二二三―二二四）。啓蒙の原理からサドが引き出してくるのは、いかなる「愛」も偶像崇拝にすぎない以上、「愛」によって結ばれる紐帯は徹底的に斥けられねばならない、という思想である。「理性の前にはいかなる愛も、夫婦の愛にせよ恋人の愛にせよ親子どうしの愛にせよ、持ちこたえることはできないからである」（二三四―二三五）。それゆえ、子供たちは親から引き離され「もっぱら祖国の子供」として育てられねばならない、という話にもなる（二三六）。家族の紐帯すら斥けようとするサドが「個人主義」や「アナーキー」を唱えたというのは間違いないが、とはいえサドにとって「共和国」という祖国はやはり存在しなければならないものだった。しかもそこでは家族すら公共の利害に反するものとして否定される以上、この「共和国」はむしろ端的に「国家社会主義」とも形容されるべき体制であった（二三六）。

なるほど、これはいかにも極端な夢想であり、現実のリベラルな共和国は国家権力をできるだけ小さくしようと努めてきたというべきかもしれない。しかし「権威を失墜した神がいっそうきびしい偶像となって戻ってくるように、古い市民的夜警国家は〔いかに国家権力を最小限に抑え込もうとも〕、ファシスト集団の暴力のうちによみがえる。サン・ジュストやロベスピエールが第一歩でつまずいてしまった国家社会主義というものを、サドはとことんまで考え抜いた」(二三六)。このように啓蒙の原理が国家社会主義に行き着くことを示したサドの思考の軌跡は、「啓蒙の自己崩壊」をそのまま跡づけているといわねばならないだろう。しかしそれは同時にサドのもつ強靱な知性を如実に物語ってはいないだろうか。「サドが、啓蒙をして自分自身の姿に戦慄させるのを敵の手には委ねなかったということ、それがサドの著作をして啓蒙を救済する梃子としている当のものなのである」(二三七)。

かくして著者たちはニーチェとサドの思考の軌跡から理性の持つ自己批判の力を読み取ろうとする。もちろん、こうしたラディカリズムは理性自身の足場を掘り崩し、ニヒリズムへ理性を突き落とす危険もあるだろう。しかし「啓蒙の自己崩壊」を――ホルクハイマー／アドルノ自身がやってみせるように――概念的に把握することができるのは、やはり理性を措いてほかにない。『啓蒙の弁証法』はここに批判的理性の可能性を見て取ろうとする。

おわりに

ジュリエット論は次のようなくだりで締め括られている。

彼ら〔サドとニーチェ〕が論理実証主義以上に決然と理性に固執することには、カントの理性概念ばかりでなく、あらゆる偉大な哲学に含まれているユートピアを、その殻から解放しようとするひそかな意味が秘められている。すなわちそれは、もはや自らに歪みを持たないために、何ものをもはや歪める必要のない人間性のユートピアである。〔サドやニーチェの〕非情な教説は、仮借なく支配と理性との同一性を告知することによって、じつはかえって市民層の道徳的従僕たちの教説よりも情け深いものを持っている。〔…〕彼〔ニーチェ〕は自ら拒否することによって、あらゆる気休め的保証から日毎に裏切られている、ゆるがぬ人間への信頼を救ったのである。（二三九）

サドとニーチェは「自己保存」原理を徹底的に推し進め、「何ものをもはや歪める必要のない人間性のユートピア」を目指したが、それはカントの「自律」を限りなく拡張するようなユートピアの可能性を探る試みでもあった。これがここで示唆されていることであろう。サドとニーチェは「同情」も「愛」も、さらには「相互に相手を尊敬しあう」というカント的な道徳も、いずれも人間性を歪める有害無益な幻想として切り捨てた。彼らはそうした偽善的な観念を持ち出さず、また冷酷非道な支配をもたらす理性をもけっして手放さず、歪められることのない人間性を徹底的に追求しようとしたが、それはとりもなおさずカントの「自律」のポテンシャルを救い出そうとする試みでもあった。ここにホルクハイマー／アドルノは啓蒙の隘路を超える可能性を見出そうとしたといってよい。

とはいえこの論考はここで唐突に切り上げられた印象も強く残る。たとえばサドが理性を手放さなかったがゆえに全体主義に辿り着いたのだとすれば、そしてそれがサドの限界なのだとすれば、それを乗り越える方途が多少なりとも示唆されてしかるべきではなかったか。『啓蒙の弁証法』の副題にある「断想《フラグメント》・断章」の語が示すように、著者たち自身はあえて未完成品《フラグメント》としているのかもしれないが、それでもこの論考から垣間見えるユートピアへの通路について最後に少し整理しておきたい。

まずはサドの思考が全体主義へ行き着いてしまう理路を振り返っておこう。サドの描き出す「国家社会主義」からは家族が排除されていたが、家族とは「あらゆる優しさや社会的〔社交的〕感情の基礎となる母性愛によって結ばれている」ものであった(二三五)。そうだとすれば「優しさ」や「社会的〔社交的〕感情」は、全体主義に抗う紐帯の原理となる可能性もあるだろう。そしてその基礎にあるのが「母性愛」なのだとすれば、「母性的なもの」の観念はサドの限界を乗り越える鍵として暗黙裡に想定されているようにもみえる。

一方、サドが「優しさ」のような情念を斥けようとしたのは、彼が精神／身体の二項対立図式のもとで「優しさ」を狭く捉え過ぎているからであった。しかし「優しさ」とはじつのところ他者との身体的なレベルの交感に繋がる契機をも含んでいる。それは『啓蒙の弁証法』の他の論考で言及される「ミメーシス」に関わる情動でもあるだろう。このような情動にもとづく行動様式は、啓蒙的主体の自己同一性を揺るがすものとして、文明のもとで「獣性の烙印」が押され「地下の存在」へと沈められてきた(二〇一)。あるいは「肉体的なもの」はタブー化され抑圧されながら、文明の根底に「地下水のように」流れつづけてきた、とも述べられる(「手記と草案」四七八以下)。

もとよりこの文明が家父長制的なのだとすれば、文明のもとで抑圧される「肉体的なもの」とは、ジュリエット論の文脈では「母性的なもの」におおむね相当するといってよい。著者たちが着目するのは精神／身体の二項対立には収まらない「肉体的なもの」であり、そうした二項対立を生み出す家父長制的文明のもとで抑圧された「母性的なもの」の契機だと考えてもよいだろう。そうだとすれば、

「母性的なもの」の観念とそこに含まれる「優しさ」や「社会的〈社交的〉感情」、あるいは「ミメーシス」といった契機は、著者たちにとってサド／ニーチェを乗り越える鍵となってくるにちがいない。もちろん「母性的なもの」の観念は両義的であり、理性を放棄して「母性的なもの」に身を委ねるような振る舞いは非合理主義でしかない。それだけにこの観念の取り扱いは難しいし、ジュリエット論はおろか『啓蒙の弁証法』全体でも明示的なかたちで論じられているとはいいがたい。そもそも「母性的なもの」という観念を持ち出したとたん、それはただちに父性／母性の二項対立に回収されかねない危険もある。こうした厄介な事態をふまえて『啓蒙の弁証法』が望みを託したのが理性の自己批判のポテンシャルであり、啓蒙そのものに潜む問題を意識化するという戦略なのであった。しかしいずれにせよ、このように批判的理性の可能性に賭けようとしたホルクハイマー／アドルノのまなざしの遠い先に見据えられていたのが、「愛のユートピア的充溢」と「肉体的享楽」とをともに切り縮めることのない「幸福」はいかにして可能か、という問いであったことは間違いないだろう。(3)

（3）　ジュリエット論ではスピノザ『エチカ』が要所で何度か参照される。カントの「自律」を「自己保存」原理へと読み換え、スピノザ的な唯物論にもとづいて倫理を構想すること——この論考の試みをそうした文脈に置き直すこともできるかもしれない。なお、批判的理性と「母性的なもの」の観念との絡み合いについては、さしあたり以下を参照されたい。上野成利「ホルクハイマーと〈母性的なるもの〉のユートピア——批判的理性とファシズムとの臨界点をめぐって」小岸昭・池田浩士・鵜飼哲・和田忠彦編『ファシズムの想像力——歴史と記憶の比較文化論的研究』人文書院、一九九七年、四四六—四七二頁。

Ⅳ　文化産業——文化と産業との相克

竹峰義和

はじめに

多岐にわたる思想内容をもった『啓蒙の弁証法』のなかでも、論考「文化産業——大衆欺瞞としての啓蒙」で展開されたいわゆる文化産業論は、今日もっとも人口に膾炙している。とりわけ一九六〇年代に西ドイツを含めた先進諸国で抗議運動が高まるなか、近代の商品資本主義体制を「大衆欺瞞」として激しく糾弾したその議論は広く普及し、以後、「文化産業」という言葉は、フランクフルト学派による社会批判を象徴するものとなった。現在、文化産業論は、社会思想、メディア論、大衆文化論などの学術分野において、教科書や入門書で必ずといっていいほど取り上げられる〈古典〉としての位置を占めている。

文化産業論が盛んに読まれてきた大きな理由のひとつとして、そのインパクトの強さが挙げられるだろう。近代社会における生の疎外や画一化については、二〇世紀初頭から現在に至るまで、数多くの論者がさまざまな思弁を繰り広げてきた。だが、産業資本が文化商品や大衆メディアを媒介として大衆の意識や行動を管理するメカニズムについて、ここまで徹底的な批判をおこなったものは他にほとんど類例がない。また、取り上げられる対象も、ハリウッド映画、粉石鹼のコマーシャル、スター俳優、通俗的に編曲されたクラシックの名曲、高値で取引される有名指揮者のチケット、ラジオで流れるホームドラマ、ディズニーのキャラクター、アナウンサーの言葉遣いなど、読者にとって身近なものが多い。

もっとも、文化産業論が今日引き合いに出されるとき、それはこの議論が抱える理論的な欠陥や限界を指摘するためであることが多い。たとえば、ペシミスティックな文化保守主義の産物にすぎない、大衆文化が孕みもつ微妙な差異にたいする感性が決定的に欠けている、あるいは消費者大衆の能動性や自発性が見過ごされている、といったように。さらに、そうした問題点の要因を、文化産業論の執筆にあたって主導的な役割を果たしたアドルノのエリート主義的な文化観や、南カリフォルニアで亡命生活を過ごしたこの哲学者の個人的体験に求める主張も散見される。だが、文化産業論を賞味期限の切れた過去の教説として片づけるまえに、そこでどのような議論が展開されているかをつぶさに検証する必要があるだろう。このあと各節を精読するなかで示すように、文化産業論は、商品社会や大衆文化にたいする悪口雑言に終始しているわけでも、アドルノの個人的な趣味や亡命体験の反映として片づけられるものでもけっしてない。むしろそこでは、文化産業によって供給された消費物のうちにも批判的な潜勢力が隠されているという認識が示されると同時に、ほかならぬ産業資本によってファシズムの萌芽が組織的に培養されているというショッキングな事実が告発されているのである。

文化産業論のテクストは、全部で八つの節から構成されている。以下、テーマに応じて全体を二つに大別したうえで、各節ごとに議論の要点をまとめる。そのさい、とりわけ自由主義とファシズムとの関連というモティーフに着目したい。

1　退行への訓練

自発性という幻想

まずは「文化産業(Kulturindustrie)」という言葉を検討することから始めよう。この言葉は、著者たちによる造語であり、より高みを目指していく人間の精神活動を表わす「文化」と、生活に必要なものを生産する人間の経済活動を表わす「産業」という、通常は相いれないとされる二つの言葉を組み合わせたものである。アドルノが執筆した準備稿「大衆文化の図式《シェーマ》」では、まさにそのタイトルが示すように、もともとは「文化産業」の代わりに「大衆文化」という語が使われていた。(1) のちにアドルノが述べているところによれば、「われわれはこの(「大衆文化」という)表現を「文化産業」という言葉で置き換えたわけだが、その理由は、そうした事柄を擁護しようとする人々に都合がよい含意をあらかじめ排除しておくためだった。すなわち、そこで問われているのが、何か大衆そのものから自然発生的に沸き起こった文化といったものであり、民衆芸術の現在における形態であるというような含意である」(「文化産業についてのレジュメ」七二)。

この引用が示すように、「文化産業」という言葉はすでに、たとえば娯楽映画やポピュラー音楽を一種の現代のフォークロアと見なし、そこに大衆の自発的な欲求の現われを認めようとするような論者にたいする反駁をなしている。そうした擁護論が問題なのは、一般に大衆文化と呼ばれているものが規格化された大量生産品であり、産業資本による大衆操作の手段にほかならないという認識を曇らせてしまうからだ。じっさい、ここで著者たちは、関係者たちによる「空しい逃げ口上」(二五五)として、「規格製品とは、もともと消費者の要求によって生まれたものだ」(二五三)とか、「ベートーヴェンの楽章のぶちこわし的な「脚色」が行われる」のは「公衆自身がそれを望んでいるからだ」(二五五)といった文化産業の関係者たちの言い分を批判的に取り上げたうえで、「じっさいのところ、操作する側と、それと連動する視聴者側の要求とは循環している」(二五三)と述べる。つまり、消費者大衆による自発的な「要求」とは、「操作する側」によってシステマティックに生産・管理されたものにほかならず、それが支配体制をイデオロギー的に正当化する機能を果たしているのである。

こうして大衆の欲求が支配された結果としてもたらされるのが、「中央のコントロールからいくらかでも免れうるような欲求は、すでに個人の意識のコントロールから排除されている」(二五四)という事態である。さらに、そうした傾向は、テクノロジー・メディアの発展によって促進される。たと

（1） Theodor W. Adorno, »Das Schema der Massenkultur«, in: Ders., *Gesammelte Schriften*, hg. von Rolf Tiedemann unter Mitwirkung von Gretel Adorno, Susan Buck-Morss und Klaus Schultz, 20 Bde., Frankfurt am Main: Suhrkamp, 1970–86, Bd. 3, S. 299–335.

えば、「電話の場合には、通話者はまだ主体の役割を自由主義的に演じている」が、それにたいして「ラジオの場合には、すべての人は民主主義的に一律に聴衆と化し、放送局が流す代り映えのしない番組に、有無を言わせず引き渡されることになる」(二五四)。公共メディアであるラジオには、個々人が私的に情報発信する余地はほとんどなく、「聴衆の自発性の痕跡」もまた、「スカウトや、のど自慢コンテストや、あらゆる種類の後援イベントによって、専門家による選抜システムに繰り込まれ吸収されてしまう」(二五四)。よく知られるように、「複製技術時代の芸術作品」(初稿一九三五年)のなかでヴァルター・ベンヤミンは、複製テクノロジーの発展が芸術作品にたいする大衆の能動性を高めると主張していたが、ここで著者たちがラジオを例に描いているのは、それとは真逆の事態である。すなわち、テクノロジー・メディアの高度化・一般化とともに、個々人の主体性は剝奪され、無数の「聴衆」の一人という受動的な役割をひたすら強いられることになるというのである。

文化産業は、それぞれの消費者のニーズにきめ細かく応じた多様な商品を供給していると主張する。確かに、市場にはさまざまな商品が溢れており、広告では各製品の違いがことさらに強調される。だが、それとは裏腹に、文化産業の領域では画一化がひたすら進んでいるのであり、「作り出される製品は、いかにメカニックに分化していようと、しょせんいつでも同じものでしかない」(二五七)。A級映画とB級映画、価格帯の異なる雑誌、別のブランドやシリーズ名の自動車などのあいだの差異とは、実質をともなうものではまったくなく、「消費者層の分類・組織・理解に合わせたもの」にすぎず、それに応じて「一人一人の購買者は、いわば自発的に、あらかじめ表示された自分の「レベル」に合わせて行動し、それぞれのタイプ向きに造られた大量生産のカテゴリーにしたがって選ばなくてはならない」(二五六)。個々の消費者は、自分の欲求に従って自発的に行動していると思い込んでいるものの、じつのところ、おのれが属する「タイプ」に合わせて大量生産された商品を購入するよう巧みに誘導されているだけなのだ。

図式と様式

文化産業のシステムを駆動している原理とは、「図式論《シェマティスムス》」である。「図式論」とは、カントの『純粋理性批判』に由来する概念であり、感性的直観と純粋知性概念としてのカテゴリーとを媒介する論理を意味している。ごく大雑把に言えば、カントの認識論において、感性によってとらえられた多様でバラバラなデータは、悟性に内在している論理的な判断形式＝カテゴリーによってたがいに結合され、処理されることで認識へともたらされる。そのさい、感性と知性という異なる能力を結びつけ、経験的なデータを論理的なカテゴリーへと包摂することを可能にするのが「図式」であり、この「図式」が働くメカニズムが「図式論」にほかならない。こうしたカントの観念論的な議論を——それほど厳密ではないやり方で——引き合いに出しつつ、ここで著者たちが主張するのは、文化産業によって供給されるすべての商品やイメージが、あらかじめ設えられた紋切型＝「図式」に従って構成されているということである。流行歌の旋律や、映画スターの仕草、ソープオペラのお定まりの設定といったものは、「任意にここにもあそこへも適用できるレディメードの紋切型なのであって、いずれにせよ図式の中でそれらに割り当てられている目的によって完全に規定されているのである」(二六〇)。

さらに、この「図式」の作用は、消費される対象物にとどまらず、消費者であるわれわれの実生活にまで及ぶ。「全世界が文化産業のフィルターをつうじて統率される。〔…〕実生活はもはやトーキー映画と区別できなくなりつつある。〔…〕トーキー映画は、自分に引き渡されている観客を訓練して、映画の中の出来事と現実の出来事とを同一視するよう仕向けるのである」(二六一—二六二)。ステレオタイプばかりをひたすら摂取することによって大衆は、現実と人為的に作られたイメージとを混同するようになるだけではない。「気散じ状態」を含めたすべての時間に絶え間なく反復的におこなわれるこの「訓練」は、「想像力や自発性の萎縮」(二六二)を必然的に招来し、ステレオタイプ以外のものを想像する能力や、能動的に思考を働かせる余地を人々から奪いとる。「産業社会の持つ暴力は、常に人間の心の奥底まで力を及ぼしている」のであり、結果として「全文化産業が作り出した型通りの人間」がオートマティックに「再生産」されていくのだ(二六三—二六四)。

こうした著者たちの主張には、正統派マルクス主義におけるプロレタリア革命論にたいする批判という意味合いが多分に込められている。マルクスの教説では、資本主義社会において、生産手段を独占する資本家階級と、彼らによって搾取されるプロレタリア階級との貧富の差が拡大するなか、極度にまで窮乏化した後者は、耐えがたい現状を打破すべく階級闘争を推し進めることで、必然的に革命に至ると考えられていた。だが、じっさいのところ、産業資本によって大量供給された画一的な文化商品を余暇の時間にひたすら消費しつづけた大衆は、パターン化された記号やイメージ以外のものを受け入れることができなくなっていくのであり、そのようにして思考力や感性が退化した結果、満たされない欲求と憤懣を心の裡に密かに抱えつつも、みずからが置かれている状況に何の疑問も感じることなく、支配体制に進んで従属しようとするのである(2)。

文化産業が人々に強要する「図式」は、各製品の「様式」のうちに明確に認められる。文化産業は、みずからの生産物を徹底的に統制し、あらかじめ決められた型を押し付けようとすることにかけては、過去のあらゆる芸術様式を凌駕している。すべては「メカニックな再生産可能性の図式の枠」にはめこまれ、「自由になる余地」は厳しく制限され、「どんな細部に至るまでも、一つ一つがそのリストによって型どおりに作りあげられる」(二六四―二六五)。だが、文化産業が強迫的に追求する「様式」は、徹頭徹尾人工的であり、検閲によってくまなくコントロールされているにもかかわらず、「形だけ自然らしさの姿を借りて現われる」という逆説的な特徴をもっている(二六六)。人気俳優になれるのは、陳腐な決まり文句を「ぺらぺら、うきうきとしゃべることができる者」(二六六)のみであり、スターや映画監督もまた「技術的に制約された慣用語法《ジャルゴン》」を「それがまるで自然であるかのように作り出さなければならない」のだ(二六七)。

しかしながら、芸術における真の「様式」と比べた場合、このような「文化産業の様式」は「様式の否定」であり、「カリカチュア」にすぎない(二六九)。なぜなら、そこでは「普遍的なものと特殊なもの」との緊張関係が完全に失われ、「不透明な同一性へと移行」してしまっているからだ(二六九)。それにたいして、芸術作品における「様式」とは、歴史的・社会的に継承されてきた形式であ

(2) こうした主張はベンヤミンの「複製技術時代の芸術作品」にたいする反論として捉えることもできるだろう。文化産業論においてアドルノが、消費者大衆が産業資本のもとでみずから進んで愚鈍化していくメカニズムを徹底的に糾弾してみせるとき、そこには、複製技術論文への密かな批判というかたちで、亡き友人との思想的対話を継続するという意図が込められていたのである。

って、真の芸術家たちは、「様式を、苦悩の混沌とした表現に逆らう壁として、否定的な真理として、自分たちの作品に取り入れようとした」(二六九―二七〇)。かくして芸術作品においては、客観的・一般的な「様式」と主観的・特殊な「表現」とがたがいに衝突することになるのだが、著者たちは、まさにそのような矛盾的対立のうちに、芸術作品が「現実を超越」する可能性を見出そうとする。「様式のうちに沈殿している伝統との対決以外に、芸術が苦しみの表現を見出す方途はありえない。芸術作品が現実を超越する契機は、じっさい様式と切りはなすことはできない。とはいえそれは、形式と内容、内と外、個人と社会などの達成された調和、疑わしい統一のうちにあるのではない。不一致が現れる様相のうちに、つまり同一性への情熱的な努力の必然的な挫折のうちにこそ、それは現れてくる」(二七二)。第一論文「啓蒙の概念」には「どのみちすでに存在しているもののたんなるイミテーションから免れることができたのは、真正の芸術作品のみであった」(四七)という一文が見られるが、芸術作品が現実の模像に甘んじることなく、超越的な地平を指し示すことができるのは、「様式」と「表現」という相対立する契機を調停することの「挫折」を経由する必要があるのだ。

一方、文化産業が芸術作品や文化の名のもとに人々に提供するのは「同一性の代用物」であり、たんなる「イミテーション」(二七二)にすぎない。そこでは、真の芸術作品を特徴づけていた「表現」と「様式」との「不一致」は完全に抹消され、「社会的ヒエラルヒーに対する服従」を意味するだけの「様式」が絶対視されることで、「美的野蛮」が完成することとなる(二七一)。

軽い芸術／厳粛な芸術

文化産業はあらゆるものを市場に併合するのであり、既存のシステムに異議を唱える者すらも例外ではない。さらにそこでは、他の領域ではすでに没落し、消滅しているものも延命することを許されており、その意味で文化産業はきわめて「リベラリズム的」だと言える(二七二―二七三)。しかし、ここで著者たちは、まさに現代のネオリベラリズム批判を先取りするように、「市場の自由」を掲げつつ「能力ある者に自由に力を発揮させること」を尊ぶ文化産業のリベラリズムの裏に隠された欺瞞的なメカニズムを容赦なく告発する(二七三)。文化産業のシステム内では、誰にたいしても自由な活動が保障されているように見えるが、資本主義イデオロギーに唯々諾々と従わない者は、「その報いとして経済的無力に突き落とされ、その無力は孤立した者の精神的無力につながる」(二七五)。さらに、市場での過酷な生存競争に勝ち抜けなかった者もまた、無能力者という烙印を押されたうえで、飢え死にすることを強いられる。だからこそ、サラリーマンをはじめとする被支配層は、成功者よりもいっそう躍起になって「成功神話」を信奉するのであり、そうすることで「自分たちを奴隷化するイデオロギーにしがみついている」(二七六)。だが、成功を求める自由競争のうちから、真に新しいものが生じることはけっしてない。「玄人芸や熟練などは〔…〕他人より自らを高しとする者の僭越だとして追放の憂き目にあう」一方、「テスト済みでないものは危険だとして排除」されてしまうからである。結局のところ文化産業では、「常に同じものの再生産」しか許されないのだ(二七七)。

文化産業が人々に提供するのは娯楽だが、娯楽それ自体が諸悪の根源だというわけではない。著者たちが強調するように、「「軽い」芸術そのもの、気晴らしは、けっして堕落形態ではない」(二七九)。むしろ、サーカス、蠟人形館、売春宿など、文化産業が登場する以前から存在した娯楽のうちには、既存の社会体制に逆らうような「逸脱性」(二八〇)が含まれていたのであり、初期のアニメーション映画も、「傷つけられたものたちに第二の生を付与することによって、動物たちやいろんな事物を、同時に公正に取り扱うという面をも持っていた」(二八四)。むしろ問題なのは、「軽い芸術」が文化産業のシステムに完全に組み込まれていったことで、その内実が決定的に変質してしまい、そこに隠されていたポテンシャルが組織的に抹消されてしまったという事態なのである。

「軽い芸術」の変質という問題について、さらに著者たちは、高級芸術との関係を例に考察する。「厳粛な芸術」ないし「自律的な芸術」は、「純粋な表現という理念」を志向するあまり、「物質的な実生活」にまつわる要素を躍起になって排除しようとしてきたが、その代償として、「真の普遍性」に至ることのないままに、一般大衆から拒絶される状態に甘んじてきた(二七九)。「厳粛な芸術」にとって「軽い芸術」とは「社会的な良心のうずき」であり、「社会的な諸前提に基づいて真理を捉え損なわざるをえなかった」ことを象徴的に示している(二七九)。つまり、「純粋な表現」を目指す「厳粛な芸術」と、「物質的な実生活」に根ざした「軽い芸術」とは、たがいに欠けた要素を補いあうものとして、対立しつつも不可分の関係をなしているのである。著者たちはこのような「分裂そのものが真理なのだ」(二七九)と主張する。というのも、「厳粛な芸術」と「軽い芸術」との対立のうちにこそ、社会が強要する「虚偽の普遍性」にたいする抵抗の契機としての「文化の否定性」(二七九)が密かに表現されているからである。

それにたいして文化産業は、たとえばジャズ・ミュージシャンをクラシックの演奏家と共演させたり、クラシック音楽をジャズ風にアレンジしたりするといったやり方で、「軽い芸術を厳粛な芸術へ、逆に厳粛な芸術を軽い芸術へと取り込むこと」によって、両者の分裂状態を欺瞞的に止揚しようとする(二七九―二八〇)。かくして、「軽い芸術」がかつてもっていた「粗っぽい無教養や、愚鈍さ、粗野さ」が「古くなった廃物」として打ち捨てられる一方、「厳粛な芸術」はたんなる消費財に貶められるのであり、結果として、両者はともに内実を喪失し、「文化産業の全体性」のうちに併合されることになる(二八〇)。

文化産業のもとでは、「軽い芸術」と「厳粛な芸術」との差異のみならず、娯楽と労働との差異も溶解する。「娯楽とは、後期資本主義下における労働の延長である」(二八二)。近代の生産活動を根底から規定する機械化や規格化は、大衆が生産労働に従事している時間だけでなく、余暇の時間をも隈なく支配するのであり、娯楽として供給された商品を消費する人々は、「労働行程そのものの模像以外には、もはや何も経験することはできない」(二八二)。それゆえ、文化産業が提供する「楽しみ」は「倦怠へと硬化する」ことを免れないが(二八二)、にもかかわらず人々が娯楽に興じることをやめないのは、そこで「自分でものを考える」という労苦の余地が周到に取り除かれており、あらかじめ規定された感覚的な反応パターンをなぞることしか求められないからである。たとえばハリウッド映画には、「勤勉な共同作業者としての観客が、一つのシーンを見て、それがどうなっていくかを推測しがたいような筋書は存在しない」(二八二)。

だが、こうした娯楽には、さらなる隠れた機能が備わっている。すなわち、娯楽を媒介として文化産業は、消費者大衆を意のままに操作しようとするのだ。しかも、「あからさまに指図をする」のではなく(二八一)、イデオロギー的な指示を人々の脳裏に密かに注入するというかたちで。たとえば、ディズニーのアニメーション映画でドナルドダックが袋叩きにされるとき、「それは古くからの知慧をすべての人の脳に叩きこむ〔…〕。その知慧とは、あらゆる個人的抵抗の連続的な摩滅と挫折こそこの社会における生の条件だ、ということである」(二八五)。ぺちゃんこにされるドナルドダックは、既存のシステムに抵抗しようとするすべての試みがあらかじめ失敗することを運命づけられており、厳しい処罰を免れないというメッセージを、視聴者に向けて密かに発しているのである。

2　権威への同一化

笑いと去勢不安

文化産業が供給する娯楽は、消費者の欲求を満たすことを約束するが、この約束が叶えられることはけっしてない。「きらびやかな名称とイメージによってかき立てられる欲望に対して、サービスとして提供されるのは、結局そこから逃れ出ようとしていた灰色の日常への勧奨にすぎない」(二八七)。ハリウッド映画におけるエロティックなシーンが絶対に一線を越えないように、いたずらに刺激された欲望はけっして充足されることなく、たんに抑圧されるのみである。一方、約束された欲望を断念することを強いられた人々は、自嘲と追従とが入り混じった「卑屈な笑み」をこぞって浮かべるのだが、この笑いは「幸福を装う欺瞞の道具になる」(二八九)。オデュッセウス論では、「笑いは故郷へ至る道を約束する」(一五五)として、「笑い」のうちにユートピア的な可能性を汲み取ろうとする議論が展開されていた。文化産業論でも、確かに「笑いは〔…〕何かからの解放の徴しなのだ」(二八九)と述べられている。しかしこの「笑い」は、「恐怖の的である当局に寝返ることによって恐怖を克服する」という自己欺瞞の徴しであり、「逃れることができないものとしての権力のエコー」にほかならない(二八九)。「笑う者たちはどんなことがあっても自足することはない。それでいて、まさしくそのことに彼らは笑いながら満足すべきなのだ」(二九〇)。

ここで著者たちは、そのような笑いを「去勢不安」と関連させる。「去勢不安が、産業化された文化の全本質をつくりあげている」(二九一)。去勢不安とは、フロイトの精神分析に由来する概念であり、父親から男性器を切り取られるのではないかという、エディプス・コンプレックス期の幼児が抱く不安を指している。そのような去勢強迫に晒された幼児は、禁じられたすべての欲望を諦め、憎悪と恐怖の対象である父親と同一化するようになるが、満たされない欲求をみずから断念しつつ、支配体制にすすんで従属する文化産業の顧客たちの倒錯した心理には、こうした去勢不安に通じるものがあるというのである。

このあと議論は、娯楽と芸術との関係という主題に立ち戻る。ただし、ここで焦点があてられるのは両者の対立関係ではなく、逆説的な一致点である。「娯楽は、完全に鎖から解き放たれるなら、たんに芸術への対立者であるばかりでなく、一致する両極でもありうるだろう」(二九二)。たとえば自律的な芸術作品は、おのれが拒絶する実生活の一種の陰画として、現実社会と否定的な関係を取り結ぶのだが、「こうした否定そのものの可能性は、多くのレヴュー映画ばかりでなく、とくにドタバタ喜劇映画[3]や続き漫画の中などに瞬間的にひらめくことがある」(二九二)。さらに、このあとの箇所では、たとえ文化産業の産物であっても、「サーカスまがいのいくつかの局面、つまり騎手やアクロバットや道化役者の自己流でとりとめもない玄人芸のうち」に「よりよいものの痕跡」がなおも微かに保存されていると述べられる(二九四)。しかしながら文化産業は、「とことんまで純化された娯楽、つまり変幻自在な連想や幸せに満ちた無意味さに安んじて身を委ねるといった境地」(二九三)をけっして許容することはない。「無意味さ」を徹底させたような「純化された娯楽」を人々に提供する代わりに文化産業は、そこに中途半端な意味をむやみに盛り込むことで、「軽い芸術」がもっていたはずの「否定そのものの可能性」や「よりよいものの痕跡」を抹消してしまうのである(二九二―二九四)。

ここで著者たちが打ち出した、「娯楽」と「芸術」とが「一致する両極でもありうる」という認識は、かつてアドルノがベンヤミンの複製技術論文を批判する書簡に記した次の一節のうちに、すでに見られるものである。「両者(＝偉大な芸術作品という「最高のもの」と、映画のような「最低のもの」)とも資本主義の傷痕をもつと同時に、変革の諸要素をはらんでいるのです〔…〕。両者はそれぞれ、完全な自由が両極端に引き裂かれた半分なのです」(『ベンヤミン／アドルノ往復書簡 1928-1940』上、二〇三)。複製技術論文においてベンヤミンは、映画をはじめとする複製芸術に革命的な潜勢力を見て取る一方、伝統的な芸術を「アウラ」の概念と関連づけることで、テクノロジーの発展過程において必然的に凋落していくものとして位置づけていた。それにたいして文化産業論は、自律的な芸術作品のみならず、卑俗な大衆娯楽のうちにも「否定そのものの可能性」や「よりよいものの痕跡」を認めることで、「最高のもの」と「最低のもの」という「両極」が弁証法的に一致すると主張しているのである。

事実崇拝と現状肯定

消費者の欲求とはすべて、体制によって作り出されたものであり、そこで個人とはたんなる管理・操作の対象にすぎない。娯楽に興ずることは、「社会の動きの全体に対して目をふさぎ、自己を愚化し、〔…〕それぞれの枠の中で全体を省みるという逃げることのできない要求を、最初から無体にも放棄することによってのみ可能なの」であり、かくして「娯楽が約束する解放」は、「最後の抵抗への思想からの逃避」となる(二九六―二九七)。ただし、文化産業の指令に従順に服している大衆であっても、「スクリーンの上で百万長者と自分とを同一化するには、あまりにも利口になっており」、提供されるイメージと「現実との距離」をつねに痛感している(二九七―二九八)。同時に彼らは、ごく一握りの人々が幸運に与り、スターになったり大金持ちになったりすることは、個々人の努力の成果ではなく、たんなる偶然のいたずらにすぎないことも認識している。というのも、「どの人をとって見ても、すべて任意の誰かと取り換えることのできるもの、つまり代替可能なる類例性の一つでしかない」という無気力な信念が広く蔓延しているからだ(二九九)。

そうした状況下において、文化産業が人生の意味や理想といったものを提示することはますます困難となり、それに応じて、そこで流布されるイデオロギーも空疎で曖昧なものとなっていく。だが、

---

(3)　原語は「Groteske」。邦訳では「怪奇もの」となっているが、原語は、主にアメリカで制作されたスラップスティック・コメディ映画を意味する。

だからといって文化産業の支配力が弱体化するわけではけっしてない。理想に代わって、いまやイデオロギーの核となるのは、変わることのない現実や事実にほかならず、現実をそのまま複製したものが「神聖性」をもっていると見なされる（二〇二）。「新しいイデオロギーは、世界そのものを対象に持つ。それは、悪しき現存在をできるだけ詳細に描き出すことで事実の王国へ高めることに自分を限定することによって、事実崇拝を利用するのだ」（二〇三）。

かくして、現実が再生産されるということ自体が、現実を正当化するものとなる。「文化産業は循環で生きている。つまり、何があろうと母親たちはいつまでも子供を生み続け、車輪はいつまでも静止することはない、そういう事実への〔…〕驚歎によって生きている。諸関係の不変性は、それに基づいて確固としたものになる」（二〇四）。こうした「事実崇拝」にあって、とりわけ自然が「社会に対立するもの、救いをもたらすもの」として喧伝されるのだが（二〇四）、しかしながら、そこでの自然とは、「工場煙突やガソリン・ステーションのだまし絵」（二〇五）として、現実社会の矛盾を糊塗するために持ち出される欺瞞的なイメージにすぎない。それと同じく、過去の記憶もまた、「かびくさい空気」や「ジメジメした絹ビロード張りの部屋」といったネガティヴなものとして偽造されることで、現状を肯定するために利用される（二〇五）。

支配体制へのマゾヒズム的従属

文化産業は、すべての構成員にたいして形式的な自由を保障する一方、体制に同調することを強制する。職場やプライベートにおける〈仲間〉とは支配体制の下部組織にほかならず、そうした人間関係に組み入れられることをよしとしない者は、「アウトサイダー」として社会から放逐され、「下賤な労働ないしスラムの地獄へと行くほかはない」(三〇八)。文化産業のシステムにおいて労働者層は、「本来被扶養者であるはずの経済指導者層によって扶養されている」者と見なされ、貧乏人は「自動的にうさんくさい目で見られるようになる」(三〇八)。飢えや貧困に苦しむ人々が存在するのは、現体制に欠陥があるからではなく、そうした人々がたんに人格的に堕落しているからだと見なされる。それとは逆に、文化産業は、体制によって管理された人々のあいだの仲間関係を「りっぱな人々の世界での人間どうしの直接的な連帯」として声高に讃えるが、それは「じつは人間の究極の私的な情動をさえも社会的統制の下に置くもの」にほかならない(三〇八)。

ただし、いかに友愛や善意が強調されようとも、「誰だって現体制のうちでは、もはや自分自身を救うことはできないのを知っている」(三〇九)。それゆえ、取るべき態度として推奨されるのは、個々人に否応なく振りかかる「苦しみ」にたいして、「人生とはしょせんこういうものだ」という諦念のもと、「それを雄々しく直視し、からくも平静を保ちつつ認めること」である(三〇九)。そして、そのために文化産業が好んで利用するのが「悲劇」である。たとえば、メロドラマ映画において「悲劇」は、「同調しない者は滅ぼされるというレベルへと水平化され」、「悲劇的運命は「当然の罰」へ移行する」(三一一)。さらに大衆は、文化商品として「悲劇」を消費することをつうじて、日々の辛い生活を生き抜いていくために必要な条件をも反復的に教え込まれていく。すなわち、「自分が何の価値もないことに気づき敗北を自認する」ことを(三一二)。

著者たちはそうした大衆心理のうちに「マゾヒズム的な様相」を見て取ったうえで、さらにこう主張する。「晩期資本主義においては、生存するということは不断の通過儀礼なのだ。そこでは誰でも、自分が打ちのめされる当の権力に、あます所なく自己を同一化していることを示さなければならない。それは、リズムをはずすことを馬鹿にしながら同時にそれを規範に高めるジャズのシンコペーションの原理のうちに如実にあらわれている」(三一三)。ここでのジャズへの言及はやや唐突に感じられるが、すでにアドルノは、一九三六年から三七年にかけて書かれた論文「ジャズについて」のなかで、ジャズのシンコペーションと先に触れた「去勢不安」とを関連させて論じていた。すなわち、ジャズ・ミュージシャンが、通常のリズム進行から逸脱するシンコペーションをもちいながら即興演奏を繰り広げたのち、最終的に基本リズムに必ず回帰するのは、去勢コンプレックスを抱えた主体が、権威にたいして表向きは反抗しながらも、内心では権威と同一化しているのと同じだというのである(4)。

3　文化産業とファシズム

広告から命令へ

文化産業において、個人とは幻影にすぎず、すべては一般的なものに還元される。ジャズの即興演奏やスター俳優がいかに個性的だとして喧伝されようとも、それらは「ほんのミリ単位の差で揃えられているシリンダー錠のようにシリーズとして製造され」た「疑似個性」にすぎない(三一五)。市民社会が進歩の名のもとに推し進めてきた個別化の過程において、個人の特性が尊重されるようになったように見えるが、実のところそれは「個性の犠牲の上に遂行されてきた」（三二七）。雑誌の表紙を飾るスターモデルの紋切型の顔つきが愛好されるのは、個性という仮象が溶解したからであって、いまやステレオタイプを懸命に模倣することが個性の代わりをなす。

文化産業の体制下に暮らす人々は、百万ドルの製作費をかけた映画も五〇セントの入場券で鑑賞できることが示すように、あらゆるものに安価でアクセスできるように見える。そのなかで芸術作品もまた、一個の純然たる商品として市場で売り買いされるようになる。もっとも、芸術作品が商品となるという事態は、けっして新しいことではない。「いわゆる純粋な芸術作品はいつでも同時にやはり商品だった」（三二〇）のであり、ベートーヴェンの音楽のように自律性を標榜する芸術作品であっても、やはり商品経済の原理に縛られていた。だが文化産業では、「芸術がそれに固有の自律性を捨てさることを誓って、誇らしげに消費財の下に自分を組み入れることが、新しさの魅力となっている」という違いがある（三二〇）。かくして芸術が本質的に抱える自律と市場、目的性と無目的性との矛盾は欺瞞的に解消され、芸術作品が有用性の論理に完全に包摂される。結果として、芸術の領域においても、使用価値の代わりに交換価値が、深く作品を味わう眼識の代わりに通ぶって恰好つけることが幅を利かせるようになる。結局のところ今日の芸術作品とは、「ある商品ジャンル」として、「仕上げられ、リストアップされ、産業生産に合わせて売却され、交換される」だけのものにすぎな

（4）アドルノ「ジャズについて」三光長治訳、『楽興の時　新装版』三光長治・川村二郎訳、白水社、一九九四年、一四二―一四六頁を参照。

い(三二二)。

このようにして芸術の商業化が徹底的に進行していく一方、ラジオのスイッチを入れれば、名指揮者が演奏する交響曲を誰でも無料で聴くことができる。こうしたサービスを可能にしているのが、スポンサー企業やラジオ受信機を製造するメーカーの利益であることは言うまでもない。だが、私企業が運営しているラジオ放送は、それによって「特定の利害や党派を超えた構成という欺瞞的形式を獲得する」(三二四)。そして、「国民のスポークスマン」(三二三)であるかのように偽装された疑似公共メディアとしてのラジオを狡猾に利用するのが、ファシズムにほかならない——「そこではラジオは総統があまねく呼びかける口となる」(三二四)。

ラジオで中継されたヒトラーの演説は、あらゆるところに響き渡り、どこにでも押し入っていく。もはや演説内容はどうでもよくなり、神のように遍在しているという事実それ自体が、独裁者の言葉にカリスマ的な権威と絶対性を与える。「人間の言葉を絶対化するという誤った掟、それがラジオの内在的傾向なのだ」(三二四)。これまでラジオのコマーシャルは、消費者が自由に選択できるという見せかけのもとで、どれもあまり代わり映えのしない商品のひとつを購入するよう宣伝してきたが、そうした手法が「すでにそのくだらなさ加減だけでも、もはや支持されなくなってしまった」なか、宣伝広告が「総統の公然たる号令」へと移行するという事態は十分に考えられる(三二五)。ファシズム体制において、「特定の粉石鹼のご使用を勧誘するなどということは、しょせんアナクロニズムのように見えることだろう。総統はもっと近代的に、遠慮会釈なく、ガラクタを処理するように、あっさり自己を犠牲として捧げるよう命令を下す[5]」(三二五)。

芸術作品が無料で提供され、一般大衆によって手軽に享受できるものとなったことで「教養特権」は廃止されるが、しかしそれは「教養の崩壊」を意味しているにすぎない(三二五―三二六)。メディアを介して誰にでも手に入るようになった伝統芸術は、もはや尊敬の念を喚起することはなく、「ミソもクソも一緒にされて」垂れ流されるコンテンツのひとつとして、ラジオ番組のリスナーに抽選で当たる賞品と同じく、視聴するという行為それ自体をねぎらうための「おまけ」と化す(三二七)。にもかかわらず人々が文化を受容しようとするのは、「私的・社会的に有用である」からではなく、「何かを逸するのではないかという不安に駆り立てられている」という理由以外はないのだが、まさにこのような、施し物を逃すまいという貧乏根性を組織的に植え付けられた人々を、ファシズムは「正真正銘の強制服従のうちへ再編成することを望んでいる」のである(三二八)。

(5)「自己を犠牲として捧げる」と訳した箇所の原語は「Opfergang」(直訳すると「犠牲の歩み」。「犠牲行」「献身行」とも訳される)。キリスト教の礼拝において、信者が祭壇に向かうさいに供物を捧げることを指す言葉であり、犠牲を払うことの意で一般にもちいられる。邦訳では「ホロコースト」という訳語が充てられているが、もともと古代ユダヤ教で動物を祭壇で焼いて神に捧げる行為を意味するこのギリシア語由来の言葉は、確かに殉教や大規模火災の犠牲者の意味で使われてきたとはいえ、今日ではナチス・ドイツによるユダヤ人の大量虐殺を指していることがほとんどである。『啓蒙の弁証法』が脱稿された一九四四年の時点では、アウシュヴィッツをはじめとする絶滅収容所でのユダヤ人の組織的殺害の事実はまだ明らかになっていなかった。そのため、「ホロコースト」という訳語は、あたかもここで著者たちがヒトラーのユダヤ人政策を直接批判しているような誤解を与えかねないという点で、適切とは言いがたい。

魔術化する言葉

文化産業が大量製造する商品は、広告と一体化している。商品が広告を必要とするのは、おのれが約束する効用など存在しないからである。とはいえ、広告の有無や良し悪しが、製品の売り上げに直接的に影響するというわけではない。どんなに工夫を凝らした広告であっても、「それはお定まりのイディオムへ、文化産業の「様式」へと足並揃えて入っていくだけ」だからだ(三三〇)。各企業が多額の広告料を支払うことの意義とはむしろ、巨大コンツェルン・メディア産業・広告産業などから構成された支配体制にみずからも属しているというお墨付きを得ることにあるのであり、それによって彼らは、「やっかいな部外者《アウトサイダー》」として疑似市場から締め出されることを免れる(三二九)。広告とはつまり「権威を持つ者が、自分の指導的地歩を守ることを保証する」ために出すものにほかならず、「その点で広告料は、全体主義国家において企業の開設と拡張を統制している経済評議会決定と似ていないことはない」(三二九)。

現代の広告は、何らかの商品を宣伝するものから、「自己自身のための広告、社会的権力の純粋記述」になっている(三三〇)。雑誌に掲載された記事と広告とが区別しづらいのはその一例だが、さらに、広告のみならず、商品もまた、個々の要素を意味連関から切り離し、バラバラにして繰り返し使用するというテクニックを採用していることで、その傾向に拍車をかけている。

文化産業においてすべてが広告と化すなか、言語はその実質を失い、透明な「情報」や「質のない記号」という性質を帯びていく。しかし逆説的なことに、それによって「言葉は同時に、ますます不透明になっていく。言語の非神話化は〔…〕今や魔術へと逆転する」(二二二)。というのも、具体的な事象や経験から切り離された「純化された言葉」、すなわち「たんに指示するだけで何ものも意味してはならない言葉」は、その不可解さゆえに、「呪文まがいのもの」となるからである(二二二)。例として挙げられるのは映画スターの名前や流行の言い回し、流行歌の歌詞などであるが、それらは産業資本の音頭のもとに「伝染病」のように急激に広まっていくものの、使っている当人すらその意味は分からない(二二五—二二六)。そして、このような「魔術」と化した言葉の特徴とは、ファシズム体制下で流通するスローガンの特徴でもある。「ある日ドイツのファシストが、たとえば「忍びがたい」という一語をスピーカーをつうじて叫べば、その翌日には民族全体が「忍びがたい」と口を合わせる」(二二五)。「これと思う特定の言葉をひたすら目まぐるしく繰り返して広く流すことによって、宣伝と全体主義的スローガンが結びつく」(二二五)。さらに、ヒトラー体制下のドイツのラジオでは、ステレオタイプ化した言葉の数々がアナウンサーの「気どった標準語《ホッホドイチュ》」で発音されることで、「永年かかって沈殿した経験と言語とを結びつけていた、最後の絆も断ち切られる」(二二六—二二七)。

　結局のところ、文化産業が広告をつうじて消費者に強いるのは、「強制されたミメーシス(=模倣)」である(二二八)。何でも好きなものを選べるという自由とは「常に同一なものへの自由」(二二七—二二八)であって、話し方、親密な反応、パーソナリティなど、個々人に固有だと見なされているすべてのものは、「自分自身を、情動の内部に至るまで文化産業が提供するモデルに見合った効率的装置に仕立てようとする試み」を表わしている(二二八)。かくして、外見のみならず、内面までをも徹底的に物象化された人間が大量再生産されるとき、「大衆欺瞞としての啓蒙」は完成を迎えることとなる。

　このように、文化産業論の最後の二つの節では、文化産業とファシズム体制との密かな共通点が何度も指摘される。そこでの著者たちの狙いとは、端的に言って、アメリカをはじめとする自由主義社会のうちにもファシズムを生み出した構造的要因が潜んでいるという事実を、読者にたいして突きつけることだったと言えるだろう。一般に自由主義とファシズムとは、まったく相いれないものと見なされてきた。とりわけ『啓蒙の弁証法』が執筆された当時、ナチス・ドイツをはじめとする枢軸国勢力とアメリカを中心とする連合国勢力とが交戦状態にあるなか、ファシズムとは集団的狂気であり、自由主義を標榜する社会とは完全に無縁であるとする見方が支配的だった。それにたいして、ここで著者たちは、文化産業が消費者大衆を合理的に管理・操作するメカニズムを、ヒトラー体制における大衆支配のメカニズムに繰り返しなぞらえることで、両者が「一種の新たな野蛮状態」(七)の現われとして完全に同根であることを示唆する。すなわち、資本主義体制において日々営まれている消費活動こそが、ファシズムを支持するような歪んだメンタリティを大衆のなかで密かに醸成しているものにほかならないのであり、つまりはアメリカのような自由主義社会においても、第二のヒトラーを生み出す可能性が潜在しているというのである。

　なお、『啓蒙の弁証法』を脱稿した著者たちは、一九四〇年代半ばから後半にかけて、反ユダヤ主義についての共同研究プロジェクトに従事するのだが、そこではアメリカ人を対象にした面接調査とデータの統計分析とをつうじて、「権威主義的パーソナリティ」の特徴を浮き彫りにすることが試みられている。[6]「権威主義的パーソナリティ」とはすなわち、ステレオタイプ的な思考に固執し、権威や強者に盲目的に服従する一方、社会的マイノリティを排斥しようとする性格類型であり、ファシズムに同調する心理的傾向を強くもっているとされる。このプロジェクトはまさに、大衆消費社会において全体主義が密かに培養されているという、文化産業論で示された思弁的仮説を、実証的・学術的に裏づけようとする試みにほかならないと言えよう。

おわりに

ここまで、『啓蒙の弁証法』の文化産業論の思想内容を、各節を要約しつつ考察してきた。この書物の全体を貫く主題との関連で述べるならば、この論考は「啓蒙は神話に退化する」というテーゼを、読者にとって身近な具体例とともに立証することに捧げられている。太古の神話時代の人々が、自然の圧倒的な脅威をまえに、ただひれ伏すことしかできなかったように、商品資本主義体制に暮らす現代の大衆もまた、社会システムの圧倒的な力にひたすら翻弄されるだけの無力な存在となった。というのも、啓蒙の歴史的過程において人類が自然を支配するための手段として利用してきた合理性という契機が、主体であるはずの人間自身までをも支配するようになった結果として、個々人は支配体制によって合理的に操作・処理される客体と化してしまったからである。そして、そうした管理業務を

(6)　詳しくは、アドルノ他『権威主義的パーソナリティ』田中義久・矢沢修次郎・小林修一訳、青木書店、一九八〇年を参照。

中心的に担っているのが文化産業にほかならない。

すでに「はじめに」で触れたように、今日において文化産業論は、問題を孕んだ過去の教説として否定的に扱われることが多い。とりわけ批判が向けられてきたのが、議論全体の基調をなすエリート主義的な文化観であり、高級芸術の存在意義を懸命に擁護する一方、サブカルチャーや大衆メディアのすべてを産業資本のイデオロギーの担い手として十把ひとからげに断罪するという傾向が問題視されてきた。だが、文化産業論は、真正な芸術作品／頽落した大衆文化という単純な二分法に立脚しているわけではけっしてない。商業映画やポピュラー音楽を全面的に否定するような断言がそこに多々見られることは確かだが、その一方で、すでに繰り返し確認してきたように、「厳粛な芸術」のみならず、「軽い芸術」もまた「変革の諸要素」を孕んでいるという弁証法的な視座のもと、ドタバタ喜劇、続き漫画、アニメーション映画などのうちにも「よりよいものの痕跡」が潜んでいることが随所で指摘されているからである。

ちなみに、アドルノの著作において、大衆文化・メディアのうちに社会批判的な可能性を認めるという視座は、文化産業論だけに見られるわけではない。たとえば、一九四〇年代前半にアドルノが『啓蒙の弁証法』の執筆と並行して取り組んだ『映画のための作曲』(ハンス・アイスラーとの共著)では、映画音楽を変革し、映像と音響とを弁証法的に組み合わせることで、映画メディアのうちに秘められた美学的潜勢力を引き出すべきだという主張が展開されている。さらに、低俗なものがもつ解放的な可能性をめぐる認識は、アドルノが晩年に取り組んだ『美の理論』における「芸術の前芸術的な層」をめぐる議論において、いっそう深められることになる。[7]

文化産業論の後半で示された、自由主義とファシズムとの密かな繋がりをめぐる議論は、いま新たなアクチュアリティを獲得しているように思われる。晩年になってもアドルノは、「野蛮はそのような逆行を促進した諸条件が本質的に存続しているかぎり、持続する」（「アウシュビッツ以後の教育」一一一）と述べるなど、アウシュヴィッツの悲劇が繰り返される危険性にたいして警鐘を鳴らすことをやめなかったが、じっさい、文化産業論の成立から相当の歳月が経過した今日でも、「新たな野蛮状態」は消滅するどころか、権威主義的ポピュリズムやシニシズムの蔓延というかたちで、ますます拡大しているように見える。くわえて、ネオリベラリズムが席捲し、資本主義の暴走が問題視されるなか、文化産業論において繰り広げられた商品資本主義批判の数々は、きわめて予見的だと言える。その意味で文化産業論は、まさにいまこそ再読されるべき〈古典〉なのである。

〔引用文献〕

アドルノ、テオドール・W「文化産業についてのレジュメ」『模範像なしに――美学小論集』竹峰義和訳、みすず書房、二〇一七年、七三―八五頁

――「アウシュビッツ以後の教育」『批判的モデル集Ⅱ――見出し語』大久保健治訳、法政大学出版局、一九七一年、一一〇―一三三頁

『ベンヤミン／アドルノ往復書簡 1928-1940』H・ローニツ編、野村修訳、上巻、みすず書房、二〇一三年

（7）この点について詳しくは、竹峰義和『アドルノ、複製技術へのまなざし――〈知覚〉のアクチュアリティ』青弓社、二〇〇七年、第四章・第六章を参照。

Ⅴ　反ユダヤ主義の諸要素(1)

――同一化としての反ユダヤ主義、その原史

藤野　寛

はじめに

「反ユダヤ主義の諸要素」を論じる『啓蒙の弁証法』第Ⅴ章をヘルムート・ケーニヒは次のように位置づけている。

この章は――幾重もの観点において――「批判理論」の鍵となるテクストである。第一に、それはこの書の中で際立って重要な位置を占める。反ユダヤ主義はナチズムの中心にある狂気だ。そして、『啓蒙の弁証法』とは、序文に言われるように、「何故に人類は、真に人間的な状態に踏み入っていく代りに、一種の新しい野蛮状態へ落ち込んでいくのか」を理解しようとする試みなのだ。第二に、「諸要素」の中で濃密に展開されている反ユダヤ主義との取り組みは、一九三〇年代の初期批判理論を以後の形姿から分かつ分水嶺をなしている。第三に、「諸要素」の中で示さ

れている考察は、ホルクハイマー／アドルノの後期の著作に対して、その歩みを指し示す意味を持っている。全体主義的な反ユダヤ主義の経験は、『啓蒙の弁証法』の著者たちにとって、その人生史のみならず、理論史と作品史にとっても期を画するものだった。（König, *Elemente des Antisemitismus*, 9）

形式面では、第V章は、『啓蒙の弁証法』という著作にあって三つの点で特異の相貌を示す。第一に、七つの節に区分されており、それぞれの節がテーマを持つ。概ね、冒頭でテーゼが提示され、続いてその解説が展開されてゆく。この「テーゼ形式の論究」（一七）は、ホルクハイマー／アドルノには珍しいもので、彼らの哲学的散文の理念（形式としてのエッセイ）には本来そぐわないスタイルだったはずだ。しかし、一九四五年に終戦する保証などさらさらなかった一九四一―四四年の時点で、そんな呑気なことは言っておれなかったに違いない。この章を書くことは喫緊の課題だった。[2]その点とも関連して第二に、この章は、一九四四年版と四七年版ではささやかならず異なっている。

（1）本章は、ホルクハイマー全集第五巻に収録の『啓蒙の弁証法』、つまり一九六九年版を読んで書かれたものである。一九四四年版、四七年版との異同については、そこに申告されている情報に依拠している。引用の訳文は徳永恂訳（岩波文庫）に全面的に依拠しつつ、拙訳である。

（2）この時期、社会研究所はアメリカユダヤ人協会の財政支援を得て、反ユダヤ主義を主題とする調査研究に取り組んでいた。『啓蒙の弁証法』の反ユダヤ主義の章は「この反ユダヤ主義プロジェクトの理論的部分」という性格を持っている（Wiggershaus, *Max Horkheimer*, 146）。

四四年版には第七節が存在しない。四四年と四七年では政治状況が決定的に変わったのであり、そのことが、この章に加筆・改稿を要請した。

第三に、「始めの三つのテーゼをわれわれはレオ・レーヴェンタールと共同で執筆した」(一八)と初版の「序文」に証言されている。これは本書の他の章には当てはまらない事実である。

1　前史——リベラリズムの正嫡子としてのファシズム

一九四一年にアメリカ合衆国東海岸のニューヨークから西海岸のロス・アンジェルスに居を移し、四二年にアドルノと共同で『啓蒙の弁証法』の執筆に着手するに先立つ三八年に、ホルクハイマーは、反ユダヤ主義を主題とする二本の論考を『社会研究誌』に発表している。「絶対的集中の哲学」(書評)と「ユダヤ人とヨーロッパ」だ。そこでは、ナチズムの野蛮と、啓蒙の達成と見なしうるものとしての一九世紀のリベラリズムとの関係が考察の焦点をなしている。

リベラリズムは、ヨーロッパでは終わった。この語によって名づけられた前世紀の社会システムは、資本主義的価値法則の抑制のない支配だった。つまりは、啓蒙であり、それが競争原理の実践へと移行したものだった。〔…〕この経済様式への移行は、歴史的進歩であり、創造性と残虐さの時期をスタートさせたのだ。(Horkheimer, „Die Philosophie der absoluten Konzentration," 297)

啓蒙が歴史的「進歩」と捉えられつつ、その属性として「創造性と残虐さ」が並置されている。この認識が『啓蒙の弁証法』の議論の中心を形作ってゆくことは言うまでもない。

一九三八年にホルクハイマーが強調しようとしたのは、現下のナチズムを、一九世紀このかたのリベラリズムという軌道からの脱線と捉え、元の正しい軌道に一刻も早く戻るべきだ、とするような考え方の拒否だった。そうではない。

ファシストはリベラリズムの正嫡子だ。(„Die Philosophie der absoluten Konzentration," 303)

ナチズムは亡命の地で嘲っていられる俗悪な文学の一種などではない、現代の最も洗練された政治システムだ。(„Die Philosophie der absoluten Konzentration," 304)

ナチズムは自由主義の落とし子なのであり、一九三三年の突然変異の産物などではいささかもない。一九世紀のリベラリズムという「正常状態」への復帰は、したがって、努力目標にはなりえない。ただし、一九三八年のこの時点でホルクハイマーの念頭に置かれていたのは、せいぜいフランス革命以来の歴史過程に留まる。ところが、『啓蒙の弁証法』になると、視野が文明史の全体に拡張される。全体化されるのだ。啓蒙は、「暗黒の中世」の後に始まった運動などでは決してない。ナチズムというこの落とし子が、単に一九世紀の自由主義のそれであるのみならず、古代ギリシアこのかたの

──啓蒙の歩みとしての──西洋文明の首尾一貫した帰結でもある、という認識は、本書『啓蒙の弁証法』で初めて展開されるところとなった。

2　一九四四年(第一─六節)──ミメーシス的衝迫への憎悪、投影

第Ⅴ章は「反ユダヤ主義の諸要素」(三四九)と題されている。この二つの言葉について、まずコメントしておきたい。

「反ユダヤ主義(Antisemitismus)」という言葉は新しい造語だった。「反ユダヤ主義という概念は、一八七九年にドイツの反ユダヤ主義者たちによって、おそらくはジャーナリストのヴィルヘルム・マルの周辺で造られた。学問的であると自己理解し世俗的に根拠づけられるユダヤ人拒絶の形を、もっぱら感情的で宗教的だった古い反感から区別するために」(Bergmann, *Geschichte des Antisemitismus*, 7)[3]。『啓蒙の弁証法』の取り組みの起点にあるのも、眼前のこの新しい現象だった。けれども、著者たちはこの現象を歴史の連続性の中で捉えようとする。それどころか、自然との関係の中にまで掘り下げて分析してゆく。ホルクハイマー／アドルノは歴史主義者ではなかったし、自然主義者でもなかった。「自然史」という観点を肝に銘じていた。人間は自然的存在であると同時に歴史的存在でもある。ただしその同時性は矛盾をはらむ共存であって、「あれも／これも」の平和共存ではない。「自然史」という考えを堅持しつつ、両極の間で二人の思考は揺れ動く(「原史」という言葉が第Ⅴ章にも二度出てくる

つだろう)。

が、この妖しい言葉が「自然史」とどう関係するのかは、本書『啓蒙の弁証法』を読む上で最も厄介な問いの一

ちなみに、Antisemitismusを「反ユダヤ主義」と訳すのはいかにも直訳に過ぎ、能がない。代案としては「ユダヤ人迫害」「ユダヤ人排斥」「ユダヤ人憎悪」「ユダヤ人差別」などが思い浮かぶが、いずれも「アンチ」という否定の前綴りが付された現象の一面しか捉えていない。「主義」と一般的に表現せざるをえない理由でもあるが、「主義」と言うからといって、それは思想信条としてのみ現われるわけではない。運動、あるいは心理、社会現象と、様々な姿形を取る。

「諸要素(Elemente)」というのは複数形だ。反ユダヤ主義という諸現象を一つの要素に還元して体系的に説明しきる理論が提示されているのではないことを、著者たちは自覚している(本書が「哲学的断想」と副題されている事実とも通底する点だろう)。反ユダヤ主義は啓蒙の反対物ではなくむしろその所産だ、とする解釈が一本の筋として通っているのではあるが、ただし、「諸要素」と複数形になっているものが相互にどう関係し合っているのかは、錯綜しており、自明ではない。経済学的要素もあれば、心理学的要素もあり、生物学的要素もあれば、哲学的要素すらある。例えば経済学的な観点は、心理学的な観点によって補われるのか、置き換えられるのか。

(3)　ただし、ホルクハイマーは「反ユダヤ主義――精神分析学的研究構想の社会学的背景」(一九四四／四六)の中でこう言っている。「中世においてはユダヤ人憎悪は反ユダヤ主義ではなく反ユダヤ教だった。〔…〕一五世紀、そして一六世紀になってようやく、重心が民族的、あるいは人種的側面に置かれるようになった」(Horkheimer, „Antisemitismus," 370)。

きれいに整理された解説は断念し、そこに孕まれる問題点を浮かび上がらせる論述を心掛けるしかない。

第一節――リベラリズムから文明史の全体へ

第一節は、反ユダヤ主義が、ファシズムにとってとリベラリズムにとってとでは異なる、対照的でさえある意味を持つ、と語り出される。ファシズムにとっては、それは、人類の運命の帰趨すら決する重大問題である。それに対して、リベラリズムにとっては、それは、「同化」によってすでに解決済みの、せいぜい同化しきれない東方ユダヤ人に該当するに過ぎない見かけ上の問題、真の問題を隠蔽する「口実」でしかない。そして、どちらの受け止め方も「真であると同時に偽である」(二五一)と言われる。どういうことか。

「真であると同時に偽」というこの言い回しはアドルノのテクストに頻出するものだ。概して、理念としては真だが、現実の表現としては偽、あるいは、その逆に、理念としては誤っているが、現実の表現としては真、ということが言わんとされている。ユダヤ人問題は、本来、人類の運命の帰趨を決する問題などでは微塵もないのだが、しかし、現実にはナチズムが「その最終解決」をスローガン化したことで、そうなってしまった。

この第Ⅴ章全体は、ファシズムによって具現された反ユダヤ主義の分析を目指して著わされたわけだが、この第一節では、主要には、もう一方の立場、すなわちリベラリズムにとってのユダヤ人問題が論じられる。ユダヤ人問題におけるリベラリズムの立場とは、同化路線だった。同化とは、少数派であるユダヤ人が多数派であるキリスト教社会の中に溶け込んでゆこうとする運動だ。その際、宗教の差異が障壁となるのだが、それは、改宗によって解消されうる。あるいは、近代の歴史的趨勢の中で宗教の果たす役割がそもそも縮小することで、障壁としての意味を減じてきた。この動向の中で反ユダヤ主義は自ずと消滅してゆくだろう、と多くのユダヤ人は考え、同化の路を歩んだのだった。

同化とは、宗教的信仰ではなく、理性を拠り所とする生き方の選択であるから、啓蒙の一つの形だ。けれども、まさにその同化＝啓蒙においても、「啓蒙と支配の弁証法的絡み合い、〔…〕残虐さと解放に対する進歩の二重の関係」(二五三)――という本書の基本的視点――が顕著に示されてきた、と言われる。順応したユダヤ人はその自己統御によって属する共同体から離反することになるのだが、新たな居場所となるはずだった近代市民層は、一九世紀の終盤から二〇世紀にかけて「人種」という観点を採ることで、新たに組織されることになった。

ファシストの暴力は「誤った社会秩序が自らの中から生み出す絶滅への意志」(二五一)の表現である。問われるべきはこの秩序の正体だが、この誤れる社会秩序を説明することが資本主義という捉え方で可能だとは、ホルクハイマー／アドルノはもはや考えない。「リベラルなユダヤ人は、反ユダヤ主義こそが秩序を歪めるのだと考えた。しかし、真相は、人間を歪曲することなくこの秩序が生きることはそもそもありえないのだ」(二五四)と言われる。それは、人類の文明史の全体からしか説明できない歪曲である。こうして、人類の文明史の全体に照準する思考への道が開かれる。ケーニヒはこう纏める。「反ユダヤ主義について語ろうとする者は資本主義について語らねばならないのではない。いずれにせよ、マルクスがそうしたように資本主義について語らねばならないのではない。そうではなく、理性と文明について、自然と支配について、欲動と抑圧について、犠牲と幸福の約束について語らねばならないのだ」(König, *Elemente des Antisemitismus*, 85)。

文明史の全体に視野を広げることで、本書の議論は全体論的とならずにはすまない――「全体は非真である」(アドルノ『ミニマ・モラリア』)という発言を可能にするように。そのことでしかし、「限定的否定」という方法論的理念を裏切っているのではないか、という問いを招くことになるのではあるが。

第二節――悪しき同一化としての反ユダヤ主義的民衆運動

第二節のテーマは、反ユダヤ主義的な民衆運動だ。それへと人々を衝き動かしているものは何なのかが問われ、心理学的考察が展開されることになる。テーゼはこうだ――「民衆運動としての反ユダヤ主義は、常に、その扇動者たちが好んで社会民主主義者を非難したものだった。つまり、「悪しき平等主義」だった。命令する権力を持たない者は、民衆同様、不遇でなければならない、というのだ」(三五四―三五五)。

「悪しき平等主義」の原語は Gleichmacherei である。辞書には「(軽蔑的に)平等(無差別)主義」とある。異なるものを無理やり同一視することだ。確かに社会(民主)主義は、すべての人々の平等を理念として掲げたわけだが、そこでは人々が等しく幸せになることが標榜されたのだった。ところが、反ユダヤ主義を衝き動かしているのは、誰一人幸せになってはならない、誰もが皆自分と同じように不幸でなければならないという想念、その意味での「悪しき平等主義」だと言われるのだ。

考えてみると、しかし、これは不思議な指摘だ。というのも、反ユダヤ主義とは差別ではないか、平等主義の真逆ではないのか、と反問されうるからだ。ホルクハイマー／アドルノのテクストには、こういう逆説的な断言が頻出し、読者を途方に暮れさせる。わざとそれを狙っていたふしもあり、思考はそこから蠢《うごめ》き出すしかない。

意外なことに、この反ユダヤ主義論に「差別」の語は現われない。その事実は、本章の議論の趣旨に沿っている。というのも、ここで問題視されるのは、差別＝差異化ではなく、むしろその逆、同一化であるからだ。後に見るように、「ミメーシス」にせよ、「投影」にせよ、差異化（差別）ではなく、同一化の操作である。その際、ミメーシスや投影には、「誤った」とか「真正の」といった形容詞が付される。差異化（差別）が糾弾されるのではない。同一化の問題性こそが浮き彫りにされるのだ。そして、「同一性／非同一性」とは、戦後のアドルノ哲学の中心に位置を占める言葉となるものだった。

まず確認されるのは、反ユダヤ主義の運動に参加したからといって物質的に得られるものは何もないことだ。物質的利益という意味での幸福など、この運動は何ももたらさない、という事情だ。では、何が得られることを期待して、人は反ユダヤ主義者になるのか。破壊に向けられる衝動に捌《は》け口《ぐち》が与えられるからだという。その破壊衝動はではどこから生じるのか、が次の問いとなる。

第二段落において、二つの重要な論点が（第V章では初めて）提示される。一つが、「原史的－歴史的な絡み合い」（三五六）であり、いま一つが「文明に深く内在している苦しみ」（三五六）だ（「原史」という本書においても最も問題含みの概念については、第五節を扱う項で詳述する）。

文明化とは欲動充足（幸福）の断念だ、とはフロイトが喝破したことだ。文明化（啓蒙）という「進歩」は、人間に無理を強いる。骨が折れるのだ。何しろ、人間は快楽を、安逸をむさぼる存在でもある、

「一かけらの自然(ein Stück Natur)」でもあるのだから。「文明に深く内在している苦しみ」とは、欲動断念ゆえの苦しみであり、のみならず、その断念＝抑圧が完全には成就されえないがゆえの苦しみでもあるだろう。それが「破壊の欲求」を生み出す。「文明化という苦痛を伴うプロセスを完全には全うすることができなかった文明人たちの抱える破壊の欲求」(三五九)と表現されるものだ。そのような文明人＝民衆にとっては、幸福について考えることは、それ自体が、その不可能性を繰り返し思い知らされることとして耐え難い。ましてや、幸福を享受しえているかに見える存在は許し難い。無理をしている人間にとって、無理をしていない(ように見える)人間は、不愉快な存在なのだ。彼(女)らが成功している場合には、なおのこと。そして、そういう存在が、ユダヤ人の内に認められる(後の分析に従えば、投影というメカニズムを通して)。ユダヤ人は二義的な存在だ。一方で、文明化(資本主義)に乗じる成り上がり者であり、他方で、文明化を姑息にかい潜る者でもある。

自分が懸命に抑えつけようとしているものは、自分が魅かれているものでもある、というメカニズムが「啓蒙」の秘密だ。抑圧の対象は欲望の対象でもある。反ユダヤ主義者にとって、ユダヤ人の内に見出される抑圧されるべきものとは、実は自分がそれに魅かれている当のものなのだ。

第五、第六節でミメーシスと投影の概念を駆使してより立ち入って分析される心理のメカニズムが、ここでは幸福概念を手掛かりに解釈されている。

第三節――市民的(ブルジョア的)反ユダヤ主義の経済的理由

第三節は「市民的(ブルジョア的)反ユダヤ主義」を論じ、「その特殊に経済的な理由」を明らかにしようとする。提示される回答は「生産における支配の偽装」(三六一)というものだ。

反ユダヤ主義の暴力を、経済学の視点から解き明かす、という場合には、一つの定説がある。それによれば、ユダヤ人は、歴史上、生産の領域から締め出され、流通の領域での生存を強いられてきたのだが(そして、そこで一定の成功を収めるユダヤ人もいたのだが)、資本主義がリベラルな段階から国家資本主義段階へと移行した(ホルクハイマーの生涯の友で経済学者のフリードリヒ・ポロックは、この解釈を採っていた)ことで、自由市場は計画経済に取って代わられ、流通の領域はその意義を失い、結果として、ユダヤ人は不必要な存在と化した、だから絶滅の対象となった、というのである。一九三八年の時点ではホルクハイマーもこの解釈に与していた。

しかし、『啓蒙の弁証法』においてこの解釈は放棄されている。不必要な存在になったというだけでは、なぜあれほどにも残虐にユダヤ人が絶滅の対象とされねばならないのかは少しも明らかでないし、そもそも、様々なマイノリティが不必要な存在と見なされうるにもかかわらず、なぜ他ならぬユダヤ人がそれでなければならなかったのかも説明できない。ユダヤ人が経済的に果たした役割(機能)に基づく説明では足りない。とりわけ、それでは「憤怒」「憎悪」「破壊欲」といった、ナチズムの反ユダヤ主義に特有の心理現象の説明として不十分なのだ(ちなみに、アドルノの戦後のテクストには、アウシュヴィッツを可能にした前提としての「市民社会の冷たさ」という表現が散見される。そのことを踏まえた上で、しかし、冷たさと残虐さは区別されねばなるまい。だからこそ、欲動構造が問題になるのだ)。

自ら選んでそうしたわけではないとしても、ユダヤ人が流通領域での生存に追いやられていたことは否めない事実である。その結果として「ユダヤ人は進歩の植民者」(三六四)と表現されるような受け止め方がなされていたことも確かだろう。とりわけ、「文明化という苦痛を伴うプロセスを完全には全うすることができなかった文明人たち」(三五九)にとっては、憎悪の対象でもあっただろう。彼らの「破壊への欲求」を招き寄せずには済まなかっただろう。

ユダヤ人は、経済的に不必要だから絶滅対象になったのではない。経済的不正がそれに押しつけられる「贖罪の山羊」(三六二)として、ユダヤ人は必要とされたというのが、ここに提出されるテーゼだ。「搾取に対して流通領域に責任があると見なすことは、社会的に必要な仮象なのだ」(三六三)。仮象、すなわち真理の逆である。

第四節――反ユダヤ主義の宗教的起源

第四節は、再び「民衆の反ユダヤ主義」を主題化する。ただし、第二節とは異なり、その宗教に光が当てられる。なにしろ、「二千年にわたってユダヤ人迫害に駆り立ててきた宗教的敵意は、容易には完全に消え去りはしなかった」(三六六)からだ。反ユダヤ主義の宗教的起源が探られる。

ホルクハイマー／アドルノはキリスト教の内に「虚偽」あるいは「非真理」を見出す。イエスにおいて実践された自己犠牲としての愛が、自己保存の原理を破るものでありつつ救済でもある、という教え、その「自己忘却という意味付与」の虚偽性である。「パスカルからレッシング、キルケゴールを経てバルトに至る逆説のキリスト教徒、非公認のキリスト教徒」(三七一―三七二)はこの虚偽性の予感を逆手に取って彼らの神学の拠り所としたが、他のキリスト教徒たちはその意識を抑圧し、「不確かに理性を犠牲に供することをしなかった人々のこの世での不幸によって、自らの永遠の幸いの証しとせねばならなかったのだ」(三七二)とされる。キリスト教の虚偽性を薄々感じつつもそれにしがみつく人々が、その欺瞞を共にしない人々に襲いかかることで、その予感が押しつぶされるのだ。

ホルクハイマー／アドルノは、宗教的観点を時代錯誤として却下するのではない。しかし、目下の反ユダヤ主義の暴力性の説明として宗教にさほどの比重を置いてはいない。同じことが第三節の経済学的議論にも当てはまるだろう。そのことは、続く第五節、第六節と比較しての第三節、第四節の分量の少なさにも見て取れる。総じて、「憤怒」「憎悪」「破壊欲」といった激しい言葉が頻繁に現われることは、第V章に顕著な特徴であり、その由来、理由を心理学、とりわけ精神分析の知見を手掛かりに解き明かすことこそ、本章の課題の中心をなすものだった、と言うことは可能だろう。

第五節　――ミメーシス的衝迫に対する病的憎悪

第五節では、第二節を受けつつ、反ユダヤ主義の社会心理学的分析がさらに深められる。第一段落は「病的憎悪」について語り出す。

あらゆる反ユダヤ主義者の［なぜユダヤ人を嫌うかという問いに対する］古来の回答は、病的憎悪を引き合いに出すことだ。〔…〕概念による秩序という水路を通して目的に適ったものへと濾過されなかった自然、〔…〕完全には一緒についてこなかったもの、あるいは何世紀もの進歩がそこに堆積している禁令を傷つけるものは何であれ、刺すように作用し、強迫的な嫌悪を呼びおこす。(三七二)

ただし、これが第五節の論述全体を要約するテーゼになっているわけではない。第二段落で、本書のより重要な中心概念が提示される。

病的憎悪がそれに反応する動機は、出自を思い起こさせる。それは生物学的な原史の瞬間を、聞くだけで身の毛もよだち心臓も止まるような危険信号を復元するのだ。病的憎悪の内では、個々の身体的器官は再び主体の支配を免れ、それだけ独立して生物学的に基本的な刺激に身を委ねる。(二七三)

病的憎悪という心理的リアクションとしての反ユダヤ主義がなぜ起こるのかと、その由来を尋ねると、人類の「生物学的原史」に突き当たることになる。「序文」には「反ユダヤ主義の哲学的原史」(一七)という表現が出てきたのだが、ここでは「生物学的原史」だ。原史(Urgeschichte)とは何か。「原史」と似た言葉に「前史」がある。「自然は盲目の循環だ」と言われる。そこから抜け出すことが、すなわち歴史の始まりだ。その場合の盲目の循環としての自然は「前史」と呼ばれるだろう。「前史」と言われる場合、そこから歴史へと移行することは進歩であり、慶賀される事態だ。それを立ち去ることが、まるで可能であるかのように語られる。

生ける自然の世界にも時間は流れている。それは、しかし、単なる「盲目の循環」「同じことの反復」ではない。進化を考えるとよい。自然と歴史は連続している。「生物学的原史」という言葉が必要となる所以《ゆえん》だ。歴史の基底をなす生物学的制約、と言えようか。そして、にもかかわらず、歴史の始まりについて考えないではいられない。始まりについて考えることは、思弁的、哲学的たらざるをえない。生物学的原史への反省が、哲学的原史と呼ばれるものを要請するのだろう。前史であればともかく、原史となると、それを立ち去ることはできることではない。「原史」は人間につきまとい続ける。

そして、先に「病的憎悪という反応を呼ぶ」とされたものの総称が「ミメーシス(的衝迫)」である。具体例も挙げつつ説明される。

> 迫害された者たちに暴力が遺した徴しにふれて、際限なく暴力に火が点けられる。植物のように生き永らえることしか望まない者は抹殺されねばならない。下等動物が示す、混沌としつつも規則的な逃避に向かう反作用、群らがる者たちの織りなす模様、拷問されている者の引きつった身振りの内に現われているのは、哀れな生の内にあって、なお完全には支配され切っていないもの、つまりミメーシス的な衝迫なのだ。(三七九―三八〇)

ミメーシスとは何か。基本的に、模倣の振舞いを指す。擬態(ミミクリー)とも呼ばれる。動物が敵から姿をくらますために周囲の自然と自らを一体化させる振舞いだ。自然には生ける自然もあれば、死せる自然もあるから、場合によっては死んだ振りであったりもする。木の枝に似せる擬態は、死せる自然への同一化であり、快感は伴うまい。自己保存のための戦略にすぎまい。しかし、一体化したくなるような自然もあるだろう。雨、太陽、花。

つまり、ミメーシスとは、模倣を通して対象に似ようとする、さらには同じになろうとすることだが、その際、同一化のあり方を、ホルクハイマー／アドルノは二種類のそれへと印象的に区別する。

ミメーシスが自己を環境に似せるとすれば、誤れる投影は環境を自己に似せる。（二一八六）

ミメーシスは「誤れる投影」に対置されているのだが、後者はより一般化して「支配」と解することが可能だ（「投影」については、次節で詳論される）。恋愛を例にとって考えてみよう。人と仲良くなろうとし、人の心（身）をとらえようとする場合、二つのタイプがあると言えるのではないか。一方は、相手を自分の意のままにしようとし、他方は、相手の意に沿おうとする。相手の思いを察知し、いじらしくもそれに自分を合わせようとする（「迎合」と否定的に表現することも可能だ）。実際の恋愛にあっては、もちろん、両者は混在しているだろうが。

前者が支配欲の表現であるのに対して、後者がミメーシスだ。支配しようとする者は、相手・対象と隔たりを置き、観察し、操作しようとする。「空間は絶対的疎外だ」（三七四）と言われる。その隔たり、空間性を否定しようとする運動こそ、ミメーシスに他ならない。相手・対象との隔たりをなくし、一つになり、あるいは相手・対象のようになろうとすること。恋愛において、人は相手と「一つになりたい」と口走ったりするではないか。支配とミメーシスは方向性を異にする。真っ向から対立するようにも見える。

ミメーシス的振舞いは、単に生き延びるために戦略的に採用されるだけではない。人間はミメーシス的衝迫と共にある、というのがホルクハイマー／アドルノの根本洞察だ。ミメーシス的衝迫の内に、人間的自然を、その痕跡を認めるのだ。そして、文明化とは自然支配の試みなのだから、文明は、ミメーシスと原理的に対立する面を持つことになる。

とはいえ、ミメーシス的衝迫が文明化の過程で人間の内で根絶されることはない。それがありえないことは性欲を考えるだけでも明らかだろう。ミメーシス的衝迫は生き続け、その姿を変容して現われ続ける。ミメーシス的衝迫の制御を学ぶこと、それが文明化に他ならないと言うこともできる。

問題は、ミメーシスと反ユダヤ主義との、その病的憎悪との関係だ。なぜ、ミメーシスは「病的憎悪という反応を呼ぶ」のか。他者の内にあって制御され切っていないミメーシス的なものに遭遇するとき、なぜ、病的憎悪は抱かれるのか。

> 文明に眩惑された者たちが、タブー化された自らのミメーシス的性向を経験するのは、他者のもとに出会われるような、しかも合理化された周囲の世界の中では孤立した残余として、羞恥を抱かせる痕跡として目立つようないくつものしぐさや振舞いにふれてである。(三七六―三七七)

ミメーシス的衝迫(欲動)は、反ユダヤ主義者の内に(も)ある。「制御されていないミメーシスは追放される」(三七四)。しかし、完全にではない。残滓は抑圧される。そこには抑圧ゆえの苦しみがある。もし、それが充足されれば、それは快をもたらす。ナチのイベントにおいてそのことが実践される。

「政治の美学化」(ヴァルター・ベンヤミン「複製技術時代の芸術作品」一九三五年)によって。そして、他方で、ユダヤ人の内にミメーシス的衝迫の充足が(投影を通して)察知されると、そのことへの憤怒が抱かれ、破壊欲として爆発する。この欲動的な、情動的な土台があるからこそ、反ユダヤ主義は激しい憎悪、激しい憤怒、激しい暴力として現象するのだ。

支配的理性がミメーシスの痕跡を目撃すると不快を感じるのは、自らの内にも残存する、すっかり理性化されてはいないものの苦しみに直面させられるからだ。欲動を自らが完全にではなく、中途半端にしか抑圧・制御しえていない場合、同じ欲動を抑圧することなく享受しえている(ように見える)他者に遭遇することはとりわけ耐え難く、人はとりわけ攻撃的になり、その他者に襲いかかる。そのミメーシス的なものが自己自身にも馴染みのもの、ただし中途半端に抑圧されたものであるからこそ、病的憎悪はことのほか攻撃的となる。これが反ユダヤ主義の暴力性のメカニズムである。

理性は支配しようとし、ミメーシスは一つになろうとする。そのミメーシス的衝迫が自らの内に蠢き出す。苦労してコントロール下に置いてきたこのミメーシス的衝迫を、理性は、自らを貫徹するためにもあらためて抑圧しなければならない。自らのミメーシス的な素姓へと反省を及ぼしそこに立ち戻るのではなく、それを否定し、根絶やしにしなければならない。自己にも他者にも向けられるこの病的憎悪が、ホロコーストの残虐さの理由だ。

生物学的前史においては、人間の行動も、他の生物と同じく、支配という原理ではなく、ミメーシスという原理によって統《す》べられていたのかもしれない。それは弱さの表われであるとしても、しかし、それだけではあるまい。

ただし、ミメーシスは、単純に文明化に対置されているわけではない。ミメーシスは、組織化され、コントロールされうるのだ。アドルノが例えば『美の理論』や『美学講義』で倦《う》むことなく強調するのは、自らを無にして対象に合わせよう、寄り添おうとする姿勢の重要性だ。これが、芸術という営みにあってどれほど本質的かが繰り返し力説される。そして、そこには幸せもありうるとされる。逆に、支配欲によってのみ動かされている人間は、そういう幸せを断念していることになる。

本書でホルクハイマー／アドルノが見据えているのは、啓蒙的理性の内にミメーシス的な蠢きを見出し、それに声を与える可能性だ、と言えるだろう。それは逆説的な要請ではある。だからといってしかし、断念することのできない要請なのだ。

第六節――誤れる投影vs.差異への能力

第六節は本章の哲学的実質を提示する章であり、最も長い。その主題は「投影」である。啓蒙がどのような「精神の病」（四〇九）となりうるかが分析される。「誤れる投影」こそが反ユダヤ主義という「精神の病」を養う「温床（培養土）」（四〇九）だとされる。こう始まる。

反ユダヤ主義は誤れる投影作用（Projektion）に基づいている。この投影は真正のミメーシスとは反対のものであり、抑圧されたミメーシスときわめて深いところでつながり、おそらく病的な性格特性をさえ示し、そこには抑圧されたミメーシスが沈殿している。ミメーシスが自己を環境に似せるとすれば、誤れる投影は環境を自己に似せる。前者にとっては、外的なものが内的なものの順応するモデルとなり、疎遠なものが馴染みのものになるのに対して、後者は、いつでも跳び出す体勢にある内的なものを外的なものへと移し変え、最も馴染みのものにさえ敵の烙印を押す。主体が自己自身のものでありながら自分のものとは認めたくない情動が、客体に、つまり予定された犠牲者に押しつけられる。（二八六）

投影は、何かを認知することではない。反ユダヤ主義者の空想や心の中の葛藤が生み出したもの、自らの内にあるがゆえに既知であるものが外部化されているに過ぎない。自己保存を脅かすものは、魅力的でもある。そこにも、自然の両義性は現われている。そして、自己保存にとって危険なものは、ただ自らの内側へと抑え込まれるだけではない。外部に投影もされ、その上で、撲りかかられるのだ。

文明（啓蒙）はミメーシス（自然）の他者ではない、ということだ。それを内に抱え込み、無理やり（力づくで）抑え込んでいる。そして、他者（ユダヤ人）の内にそれを見出し、まるで他者に対するように、それに襲いかかる。見出しているのは、実は、自分自身の内にあるものであり、それが他者に投影されているのであって、反ユダヤ主義者の暴力性は、自らの内で遂行しなければならない抑圧ゆえの苦しさに由来するものなのだ。本当に他人事なのであれば、それほどの憎悪が生まれることはあるまい。幸福の断念ゆえの苦しみであることが、反ユダヤ主義の暴力の強烈さの根拠なのだろう。

「誤れる投影」が常態化するとき、それは病的な性質を示す。その病につけられる名前こそ「パラノイア（偏執症）」に他ならない。パラノイア患者は世界の中に自分の見たいものしか見ない。だから世界を自在に支配できる。神になったかのように。「常に同一であるものの閉鎖性が全能の代替物になる」(三九三)。

けれども、「誤れる投影作用」について語ることは、誤りない投影作用の可能性を想定していることを意味する。「ある意味では、あらゆる知覚が投影作用だ」(三八七)と言われるのであり、「投影」は本来、価値評価抜きに捉えられうるものなのだ。ここでは、カント以来の観念論的な認識論がフロイトの精神分析理論に結びつけられている。人間学(Anthropologie)化されている、と言ってもよい。

個人の形成に伴って感情的生活や知的生活が分化している人間社会においては、めいめいが一層高度に投影をコントロールする必要がある。個々人が投影をより洗練するとともに抑制することを学ばねばならない。個々人が経済的必要に強いられて自分自身の思考や感情と他人のそれとの区別を学ぶことによって、外面と内面との区別、距離化と同一化の可能性、自己意識と良心が成立する。コントロールされた投影と、それが反ユダヤ主義の本質に属する誤れる投影へと変質してゆく経緯を理解するためには、より一層立ち入った考察が必要だ。(三八八)

「コントロールされた投影」は認識の理想ですらある。この第六節は、人間学化された観念論(理想主義)に立つ哲学的な議論において、第V章の中で、肯定的な発言を最も多く含むものとなっている。こんなふうに語られる。

同一的自我は、投影作用の恒常的な、それも最も後に形成された産物である。歴史的には、それは、人間の生理的素質の備える諸力が発達してようやく初めて実現されえた過程の中で、統一的であると同時に脱中心的な機能として発展してきた。さらに自立的に客体化された場合であっても、自我は、もちろん、客体的世界が自分にとってそれであるものでしかありえない。知覚される外なる世界の優柔と豊穣以外のどこにも、主体の内なる深みはない。（三八九―三九〇）

この最後の文、肯定的な内容が美しく語られている点で、ホルクハイマー／アドルノのテクストにあっても比類ないものではないか。もっとも、論述は直ちにその陰画（ネガ）に移行する。

主体と客体との交錯が分断されると、自我は硬直してしまう。実証主義的に、主体が自らを与えることなく、所与のデータの記録だけに自足する場合には、主体は点へと委縮する。観念論的に、主体が世界を彼自身の根拠のない根源から投企する場合には、頑なに自らを反復すること以外になすすべはない。どちらの場合にも主体は精神を放棄している。（三九〇）

しかし、議論は、再びポジへと反転する。「媒介」の語、「宥和」の語――いずれも弁証法のキーワード――とともに描き出される。

取るに足りない感覚与件が思考をありうる限りの生産性へと全開させ、他方で思考の側も、圧倒的な印象に留保することなく身を委ねるような媒介の内でのみ、自然全体が囚われている病める孤独は克服される。思考によって微動だにしない確実さの内にでもなければ、知覚と対象との概念以前の統一の内にでもなく、それらの反省された対立の内にこそ、宥和の可能性が現われてくる。区別をつけることは、外界を自分の意識の内に持ち、しかしそれを他者として認識する主体の内で起こる。だから、理性の生命に他ならないあの反省作用は、自覚的な投影として遂行されるのだ。（三九〇―三九一）

ここに語られているのは認識の理想であるのみならず、あるべき主体の姿でもある。ホルクハイマー／アドルノが肯定的なあり方についてこれほどにも臆面もなく滔々と語る箇所は、二人のテクストの中でも稀有なのではないか。この一節だけとってみても、『啓蒙の弁証法』を「暗黒の書」扱いすることの不当さが確かめられる。

第四段落では「反ユダヤ主義が帯びる病的な性格」について語り出されるのだが、鍵となるのは「反省」概念だ。

反ユダヤ主義が帯びる病的な性格は投影行動そのものではなく、その内に反省が欠落していることにある。主体が客体から受け取ったものを、客体に与え返すことがもはやできなくなることによって、主体自身は豊かになるのではなく、貧しくなる。主体は二つの方向へと反省を喪失する。つまり主体はもはや対象を反映しないが故に、もはや自己自身を反省しないのであり、そのよう

にして差異への能力を失うのである。（三九一）

あるべき投影と誤れる投影を区別するものは何かと問えば、答えはいたってシンプルだ。反省を伴うか否か。反省とはどういう行為か。日本語の「反省」は、自らの犯した過ちを自覚し悔い改めようとするという、道徳的ニュアンスの色濃い言葉だが、哲学の文脈では、それは主体が客体の世界に遭遇し、それから跳ね返されて（反転・反射して）自己自身のあり方に認識を及ぼそうとする、という行為を意味する。「内省」という日本語に近いが、ただ視線を自己の内面に転じさえすればよい、というのではない。内面性の哲学をホルクハイマー／アドルノが唱道しているわけではない。

「主体が客体から受け取ったものを客体に与え返すこと」、そういう往復運動が「反省」なのであり、だからこそ、反省は「差異への能力」（三九一）だと言われる。「差異への能力」とは、区別（差異化）する能力であるとともに、異なるものを受け止める能力でもあるものだろう。世界の中にあるもの相互の差異、そして、世界の中にあるものの自己に対する差異を受け入れる能力だ。誤れる投影の世界には、差異が、他者が不在だ。自己と、自己が投影された世界があるだけであり、そこには自己しかない。この書では、差別（差異化）が推奨されているわけではいささかもないとしても、しかし確保されようとしているのは「差異への能力」なのだ。

この段落で語られていることは、「経験」能力がどのように喪失されるかの描写だとも見なしうる。アドルノの他のテクストの中で「経験」の一語で無愛想にしか語られないが、しかし常に思い描かれているユートピアが、ここでは饒舌に、しかも美しく語り出されている。経験能力を失うからといって、人間はただ何もできなくなるわけではない。誤れる投影へと硬直してゆくのだ。観念という能力は固定観念化してゆく。

現実へのしっかりした足掛かりを持たない観念は硬化し固定観念になる。(三九二)

3　一九四七年(第七節)――チケット思考(同一性思考)としての反ユダヤ主義

第七節は一九四四年版には含まれていない。一九四七年版が初出だ。三年の時が経過し、政治体制としてのナチズムは瓦解した。「けれども反ユダヤ主義者はもういなくなった」(四一〇)と始めることが可能になったのだ。しかし、そこに解放感、安堵感は漂っていない。そもそも、第六節までがほぼ全く書き変えられることなく刊行された事実は象徴的だ。第七節での「今日」は一九四七年のはずなのだが、一九四一―四四年と連続している。しかも、その状況は今後も続くことが陰鬱に予測されている。

とはいえ、第一―六節から第七節へと滑らかに接続しているとも見なし難い。第七節について節をあらためて考えないわけにはゆかないのだ。

第七節のテーマは「チケット思考(Ticketdenken)」だ。邦訳の訳註に詳しく説明されているように、ここで「チケット」の語によって指示されているのは、「四〇年代当時のアメリカ合衆国で行われた選挙の投票の仕方で、候補者個人ではなく政党ごとの公認候補者リストへ投票し、上位から当選してゆく選挙方式」(四三〇)である(したがって、邦訳では「適宜文脈によって、スローガン、ステレオタイプ、レッテル思考などと訳し分けてある」(四三一))。この統一リストにあっては、一人一人の候補者間の差異は無視され、十把一絡げに、政党に属する複数の候補が選ばれる(あるいは、選ばれない)のだ。

問題は、この「チケット思考」が投票行動に限定されることなく、総じて人々の思考を規定していることだ。その上で、このチケット思考が反ユダヤ主義と等置される。

反ユダヤ的なレッテルにして初めて反ユダヤ主義的なのではない。レッテル貼り的なメンタリティがそもそも反ユダヤ主義的なのだ。(四二二)

ここでは、反ユダヤ主義をめぐって、アメリカ合衆国の現実が選挙に限らず視野に納められている。多くのユダヤ人が働くハリウッドの映画産業の世界だ。

反ユダヤ主義は、ユダヤ人に汚染されていない地域でも、ハリウッドに劣らず成功の見込みがあることが、実際明らかになっている。経験に替わってきまり文句が、経験の内で働く想像力に替わって勤勉な受容が幅をきかす。(四一二)

ここにさりげなく「経験」と語られているが、注意が必要だ。「経験」というありふれた言葉には、哲学のテクストにおいてしばしばとても重い意味が込められる。とりわけ、カント以降、「イギリス経験論」と言う場合の「受動的感覚」と同義の弱い意味ではなく、理性、精神も動員される強い意味で「経験」について語られるのだ。経験するためにはそれを可能にする条件＝能力が必要になる、というのがカントに発する考えなのだが、ここでは「差異への能力」が思い浮かべられるべきだろう。経験するための能力としての「差異への能力」を失うことで、人はステレオタイプ化としての「チケット思考」に陥る。

大量生産の世界では、その図式であるステレオタイプがカテゴリーによる仕事に取って替わる。判断が基づくのは、総合を実際に遂行することではもはやなく、盲目的な包摂である。(四一二)

「盲目的」と形容された「包摂」に、「総合」が対置されていることが目を引く。その点が「チケット思考」批判のポイントになる。ただし、包摂はステレオタイプのみの専売特許ではない。そもそもカテゴリー(概念)もまた包摂をこととするからだ。だからこそアドルノは、概念的思考そのものを同一化する思考と見なし、その問題性を問いただささずにはすまなくなる。「チケット思考」は、後にアドルノが「同一性思考」と呼んで繰り返し批判するものに他ならない(ただし、同一性思考について、第七節では、すこぶる大雑把なことしか言われていない。戦後のアドルノの思考、特に『否定弁証法』で展開されるそれは、ここでチケット思考と呼ばれているものをさらに精緻化する努力だった、とも言えるだろう。「経験」概念が重要な意味成分となる点でも、『否定弁証法』への接続を示す)。

反ユダヤ主義が文化産業と結びつけて論じられていることは一四四頁の引用からも明らかだろう。一九四五年が大団円を意味しなかったのは当然なのだ。戦後も状況は基本的に変わらないとする予測に、アメリカ合衆国の文化産業の現実が支持を与えている。

反ユダヤ主義とチケット思考（同一性思考）を結びつける考えは、戦後のアドルノの思考に接続する興味深いものだが、他方で、反ユダヤ主義解釈としては問題含みでもある。

反ユダヤ主義は、思考のステレオタイプとして生き続けている、のみならず、傾向としてはさらに強まりつつある――この解釈は、強烈な一般化、とてつもない単純化だ、とも言わざるをえないだろうから。チケット思考＝反ユダヤ主義、だとすると、対象が他ならぬユダヤ人である理由（必然性）はなくなってしまい、マイノリティ迫害一般に付けられるレッテルになりうるからだ。ユダヤ人なき反ユダヤ主義。そして、実際、「今日の反ユダヤ主義」と言われる場合、そういう意味でこの語が使われる例も散見される。

この点は、ホロコーストの唯一無二性という問題と関わっており、『啓蒙の弁証法』もそれと無縁ではない。一方に、反ユダヤ主義とは、文明（化）のもとに苦しむ人々の憤怒が爆発したものであり、それがユダヤ人に向けられたのは偶然であり対象は取り替え可能だという解釈がありえ、他方に、反ユダヤ主義を文明化に対する反応というふうに一般化はできない、とする解釈がありうるのだ。

反ユダヤ主義を西洋文明の問題と捉えることは、その特殊性を薄める議論につながりかねない。すると、ホロコーストの残虐さは、程度の問題でしかなくなってしまう。チケット思考、そして「差異への能力」という論点が提示されることで、その傾向は頂点に達するだろう。異なる存在がユダヤ人だけでないことは、明らかではないか。

おわりに――啓蒙の「限界」をめぐって

第V章には「啓蒙の限界」という副題が付いている(この「限界」も複数形であり、本当なら「諸限界」と訳すべきなのかもしれない)。

「啓蒙の限界」とはどういうことか。ぎりぎり行けるところの終点、それ以上は進めないところ、という意味か。啓蒙には、原理的にここまでのことならできるが、それ以上はできない、その限界、ということか。あるいは、それとも、啓蒙は現実において、これだけのことしか成し遂げることができなかった、限界に突き当たっていた、という歴史認識が表明されているのか。具体的には、啓蒙は反ユダヤ主義を、その暴発を阻止することができなかった、そこに啓蒙の限界があった、と考えられているのか。

この第二の解釈を支持するかに見える文が、第V章には含まれている。何よりも、最後の文だ。

自己自身を意のままにし、暴力となる啓蒙そのものなら、啓蒙の限界を突き破ることができるかもしれない。(四二三)

邦訳の訳註によれば、「後に付加された」(四三一)というこの文、その意味は――とりわけ「暴力」の語を含むことで――恐ろしくつかみ難い。接続法(仮定法)なのだから、反実仮想、ユートピアの表現だ、と言えるだろうか(ちなみに、この第Ⅴ章には締め括りの文が実質的に二つある。一九四四年版(第六節)のそれと、一九四七年版(第七節)のそれだ。結びの文なのだから決め台詞のはずだ。第六節の最後の文も、同じく接続法だ。「誤れる投影を自らの内に鎮める術を心得ているのであれば、ユダヤ人の誰一人、動物であれ人間であれすべて迫害される者にと同様、彼にも意味なく襲いかかる災厄に似てなどいないだろう」(四〇九)。これまた晦渋極まりない文だが、「ミメーシスが自己を環境に似せるとすれば、誤れる投影は環境を自己に似せる」(三八六)というキーセンテンスを受けていることは疑いを容れない)。

「啓蒙の限界を突き破る」とは、歴史的現実としての啓蒙は不徹底だったので、それをさらに徹底することで、限界の外に出る、という意味なのか。第六節で「反省を伴う啓蒙」について語られていたが、これは、啓蒙の徹底への要請と受け止められうるものだった。

しかし、この解釈は、そもそもこの書の基本コンセプトに反する。「余すところなく啓蒙された地表は、今、勝ち誇った凶徴に輝いている」(二三)と診断されたのだった。徹底的に推し進められた啓蒙こそが反ユダヤ主義という凶徴を生み出したのであり、その凶徴の責任は啓蒙にこそある、とされたのだった。啓蒙の徹底化が「啓蒙の限界を突き破ること」でありうるはずがないのだ(そもそも「反省を伴う啓蒙」が現実の啓蒙に対する代案になりうる、とは考えられない。なにしろ、歴史上の啓蒙は、常に反省を伴うものだったはずなのだから。理性を道具的理性へと矮小化した上で、反省によってその限界を突破できると考えるのは、安易だ)。

だとすると、啓蒙の限界を突き破ることとは、そもそも「啓蒙という限界」を突き破ること、「啓蒙の外部へと脱出すること」――この表現で何を理解するにせよ――だ、と言わざるをえなくなるのではないか。啓蒙には支配との絡まり合いということが必然にして不可避であり、その内部でのユートピアはありえない。そのことが「啓蒙の限界」という表現に託されているのか。

けれども、この解釈を本章の結論とすることもできない。この書の中で「啓蒙」がそれ自体として批判され斥けられている、と言うことはできない。投影には「誤れる」、包摂には「盲目的」という形容詞が付され、その上で初めて却下されてもいたのだ（それゆえ「進歩的なチケット」――邦訳では「進歩的レッテル」「進歩派の綱領」（四二二）――という言葉も出てくる）。過去への回帰はありえない。前に向かって突き進むしかない。啓蒙が陥った袋小路を突破できるとすれば、それは、啓蒙のさらなる徹底、啓蒙を啓蒙すること――それが、単純な（一義的な）進歩ではもはやありえないとしても――を通してしか可能ではないという認識を、ホルクハイマー／アドルノは幾度も表明しているのだ。そもそも、『啓蒙の弁証法』という書物そのものが啓蒙を救い出すためにこそ書かれたとさえ言われている。「啓蒙の救出こそわれわれの切なる願いなのですから」（Horkheimer, Adorno, „Rettung der Aufklärung," 597–599 / Noerr, „Nachwort des Herausgebers," 447）と。

ただし、もう一つの解釈可能性がある。啓蒙に外部はない、という考えだ。すると、それがいかに不可避的に支配と絡まり合っているとしても、そのジレンマ、緊張関係を耐え通す（austragen）こと以外には路はないことになる。この路は「啓蒙の弁証法」、それも否定的な弁証法という考えに最もふさわしいようにも感じられる――「啓蒙の限界を突き破る」という言葉と相性が悪いとしても。

最後の文が書名を裏切っているのかもしれない書物、それが『啓蒙の弁証法』だ。丁寧に読めば読むほどそのポジションに留まっていることが難しくなる、そういう書物ともなりうる。ハーバーマスやホネットに起こったことだ。彼らの進んだ道が唯一の選択肢だった、とは言えないとしても。

〔引用文献〕

Bergmann, Werner, *Geschichte des Antisemitismus*, München: C. H. Beck, 2002.

Horkheimer, Max, „Antisemitismus: Der soziologische Hintergrund des psychoanalytischen Forschungsansatzes," in ders., *Gesammelte Schriften*, Bd. 5, Frankfurt am Main: Fischer, 1987.

———, „Die Philosophie der absoluten Konzentration," in ders., *Gesammelte Schriften*, Bd. 4, Frankfurt am Main: Fischer, 1988.

Horkheimer, Max und Theodor Adorno, „Rettung der Aufklärung: Diskussion über eine geplante Schrift zur Dialektik," in Horkheimer, *Gesammelte Schriften*, Bd. 12, Frankfurt am Main: Fischer, 1985.

König, Helmut, *Elemente des Antisemitismus: Kommentare und Interpretationen zu einem Kapitel der Dialektik der Aufklärung von Max Horkheimer und Theodor W. Adorno*, Weilerswist: Velbrück Wissenschaft, 2016（本章はケーニヒのこの著作から多大の示唆を得て書かれたものである）.

Noerr, Gunzelin Schmid, „Nachwort des Herausgebers. Die Stellung der »Dialektik der Aufklärung« in der Entwicklung der Kritischen Theorie. Bemerkungen zu Autorschaft, Entstehung, einigen theoretischen Implikationen und späterer Einschätzung durch die Autoren," in Max Horkheimer, *Gesammelte Schriften*, Bd. 5, 1987.

Wiggershaus, Rolf, *Max Horkheimer: Unternehmer in Sachen »Kritische Theorie«*, Frankfurt am Main: Fischer, 2013.

Ⅵ　手記と草案——新たな弁証法的人間学へ

見附陽介
古賀　徹

はじめに

『啓蒙の弁証法』という必ずしも理解の容易ではない著作の中でも、「手記と草案」はそこで語られていることの意図がことさらに捉え難い謎の部分として受け取られているかもしれない。あるいは、そもそもそのような誤解から読み飛ばされてしまっているかもしれない。意図が捉え難いと受け取られることの原因は、もちろん小さな断章が並べられたその形式にあるだろう。しかし、この「手記と草案」は『啓蒙の弁証法』という著作の難解な哲学的議論に対するわかりやすい入り口ともなり得るものであることを、はじめに解説しておきたい。

「序文(初版)」の記述によれば、これらの断章は「いくつかの覚え書や目論見」であるという。「それらの一部は、先立つ章の思想圏内に属しながら、そこでは所を得なかったものであり、一部は、これからの仕事に属する諸問題のさしあたっての見取図となるもの」（一八）とされる。つまり、「手記と草案」の断章群には、『啓蒙の弁証法』の圏内にありつつも、「啓蒙の概念」から「反ユダヤ主義の諸要素」までのような自立的内容を持った単独の論考として構成のうちに位置付けることのできなかった議論、しかしそれゆえに、抽象化されて諸論考のまとまった構成のうちに取り込まれることを回避した、具体性を持った議論が保存されていると言える。そのため、「手記と草案」の断章の多くは、著者たちのある種卑近な生活経験に即した、まさに「人間学」たる生々しい「啓蒙の弁証法」を語るものとなっており、それが読者に対して、難解な議論への親しみやすい入り口を提供するのである。

また、すでに見たように「手記と草案」の断章群には「所を得なかった」議論だけではなく、これからの仕事の「見取図」も含まれるという。ここに言う「これからの仕事」との関わりは、単に各断章の内容においてだけでなく、断章が並べられるというその形式においても捉えた方が、この「手記と草案」の意義をよく理解できるだろう。『啓蒙の弁証法』の後に続く仕事において、自立的で体系的な構成を持ったものとして思想を示すのではなく、諸断片のつながりから思想を描くという形式に積極的な意義を見出し強く取り組んだのは、アドルノである。[1]『否定弁証法』などにおいて「コンステラチオン（星座的布置）」という言葉で語られる言語形式が哲学の言語のあるべき姿として論じられ、バラバラの言葉あるいは概念の間に読み渡される意味の〝星座（相互的意味連関の構図）〟にこそ同一性の下に対象を抑圧することのない認識の可能性が求められている。断章から成る「手記と草案」は、まさに「啓蒙の弁証法」という理念的認識対象に対して、これを行っていると考えられる。もちろん著作『啓蒙の弁証法』自体が、「哲学的断想（Philosophische Fragmente）」という副題を持つことからもわかる通り、同様の方法論に基づいて執筆されている。その意味では、「手記と草案」は一つのまとまった論考になり損ねたさらに小さな断片たちから成るのであり、その意味と連関の読み取りはむしろ読者に委ねられている部分が大きいとも言える。このような方法論の意図については、これから検討する断章の中でもまさに「見取図」として示されているため、そこで確認することにしよう。

以下では「手記と草案」の前半（1から16までの断章）を見附が、後半（17から24までの断章）を古賀が担当し、各担当者が重要な意義を見出した断章を中心に取り上げて解説する。

〔見附陽介〕

1　自然史としての文明史

文明史の地下水脈

断章16「肉体への関心」において、著者たちは「文明によって傷つけ殺されてきたもの」として「肉体への関係」（四七九）を挙げる。文明化の過程で分業態勢が構築される中で、肉体は「粗野な力」

（1）　もう一人の著者であるホルクハイマーがそのような議論をしていないということではない。『理性の腐蝕』（山口祐弘訳、せりか書房、一九八七年）においても、アドルノが語るのと同趣旨の言語理解が示されている。

の作用する非文化的な領域と捉えられるようになった。近代市民社会において、肉体により近い位置にある「下に立つ者」(四八〇)たちは、かつての「外からの物理的強制」からは解放され個人となりつつあったが、しかしその反面、文明化の過程にあった上下の分裂、いわば文明と野蛮、そしてそこに伴った「権力による肉体蔑視」がこの解放された個人の内面に持ち込まれ、分裂を生み出したと著者たちは捉える。

著者たちは、この過程の果てにファシズムが現われると考える。ファシズムは一方では、文明化における肉体の扱いを引き継ぐ。それも、より強化された形で引き継ぐ。「文化の中で、初めて肉体は、権力と命令の総体としての精神から、対象・死せる物体・物(corpus)として区別された」(四八一)。文化を司る精神にとって肉体は野蛮を司るものであり、それは精神の意のままに動くべき魂なき客体である。この構図は、さきに見た個人の内面における分裂の様相であり、また個人のうちに内面化された自然支配でもある。

自然な生理的プロセスを退けるこの性格は、ファシズムにおいては強化された形で体操や陸上競技の称揚として現われる。訳者の徳永恂が注釈するように、『啓蒙の弁証法』の著者たちはこの断章ではベルリン・オリンピックを念頭に置いているだろう。さらにその背後には、ヒトラー・ユーゲントにおいて取り組まれた肉体鍛錬なども想定され得るだろう。「身体の操作者」は、「身体を、動く機械、組み立てられた部品とみなし、肉体を、骸骨を包むクッションとみなす。彼らは身体やその部分を、すでに自分から切り離されているかのように取り扱う」(四八六)と著者たちは述べる。これもまた、自己のうちへと内部化された自然支配の姿に他ならない。アスリートたちは自らの身体を支配の客体としての単なる物体と捉え、その苦痛に非常に冷淡になることで、トレーニングを通じて肉体をその能力の限界に至るまで操作・使用するのである。しかし、ここにはある残虐性が同時に現われている。

ファシストの肉体への関わりを、著者たちは「愛憎両面感情〔Haßliebe〕」(四八一)と捉える。ただし、これは「近代のあらゆる文化を彩っている」ものでもあると語られる。「愛憎両面感情」とは、すなわち「肉体は踏みつけられるもの、奴隷化されるものとして、再度馬鹿にされ足蹴にされると同時に、禁止されたもの、物象化され疎外されたものとして熱望される」(四八一)事態を言う。もちろん、文明化における「昇華」を通じて、「医学においては、人間の身体が物として扱われることへの精神的反動、技術においては、全自然が物象化されることへの精神的反動」(四八四)が創造性を持ち得るとも著者たちは言う。文明において物象化は一方通行ではなく、それへの反動として、自然を取り戻す、肉体を取り戻す社会運動や芸術活動を生み出すだろう。それもまた、文化の一側面である。では、たとえばさきに言及したヒトラー・ユーゲントにおける自然に親しむ野外活動もそのような昇華であったのだろうか。しかし、著者たちは「全体主義のプロパガンダが喧伝する自然への愛や運命への愛とは、肉体に囚われていることに対する、つまり成功しなかった文明に対する、薄弱な反動形成にすぎない」(四八五)と断ずる。

反動形成とは精神分析学において、抑圧され隠された自らの衝動を制御するためにそれとは反対のことを強調する防衛機制を言う。ここの構図はやや複雑である。ファシズムにおける自然やその不可逆的な成り行き(運命)の称揚の背後にある隠された衝動とは、自然への愛の反対物、すなわち自然へのそして肉体への蔑視と加虐の衝動である。しかし、この蔑視と加虐の衝動それ自体は、愛憎両面感情として抑圧された肉体への熱望から生み出されている。ファシズムは、抑圧されたものとして希求する肉体に対して、昇華ではなく操作者として支配と加虐のさらなる強化を目指すことで肉体との接触を保つ。そして同時に、そこにある自らの残虐性を隠すために自然への愛というロマンティックな肉体解放の外装を纏うのである。これが、「愛憎両面感情」の複雑な中身である。ヒトラー・ユーゲントの実施する自然に触れるキャンプや肉体鍛錬は、容易に青少年の予備的軍事訓練へと変貌を遂げることになる。

著者たちは、この愛憎両面感情は「破壊的態度」に至ると考える。それは、「物象化に対する怨恨の現れ」に他ならない。「前後を忘れた憤怒に駆られて、彼らはもはや取り返しようもない、生の精神とその対象への分裂を、生きるものに対して反復しようとするのである。〔…〕彼らは人間を身体に還元する。何ものも生きることを許されてはならない」(四八四―四八五)。生への、あるいは肉体への愛憎両面感情に由来するこの破壊的態度がもっとも強烈に発揮されたのが、ナチス・ドイツの「強制収容所」(四八六)であったのは言を俟たないだろう。

著者たちはまた、支配と物象化という文明化のメカニズムとその帰結としての野蛮な残虐性をこのようにファシズムのうちに描き出しながら、この断章においてもう一つ重要な指摘を行っている。強制収容所における残虐性は「タブー化された自然の、昇華されることなく抑圧された叛乱」(四八六)だと指摘するのである。自然としての肉体への暴力が、自然の叛乱とはどういうことか。この断章ではまた、文明化に伴う物象化に即して次のようにも述べられる。「人間が自らを物体へと引きずり降ろしたことで、自然は、人間が自然を支配の対象に、たんなる原料に引きずり降ろしたことへ、復讐しているのである」(四八一)。これらの言葉をよく理解するためには、次に「自然史」という考えを見ておく必要がある。

自然史という視座

断章11「歴史哲学の批判のために」から自然史という発想を確認しよう。人間は、自己保存すなわち自らの生命の維持のために自然を支配するが、その際の武器は「頭脳」であり「知性」である。それは、「熊にとっての牙のようなもの」であり、「人類は、その機械や化学薬品や組織力を含めて、この時期における適応の「最新型」(le dernier cri)なのだ」(四六〇)と著者たちは述べる。この議論の背景には、進化論への参照がある。つまり、人間の知的成果は「人間という種の自然的チャンス」(四六一)を高めるものとして生み出されてきたと考えられている。このような理解は「世界史を自由や正義といったカテゴリーの観点から構成しようとする」歴史哲学の「酔狂」(四六〇―四六一)に対する批判をもたらすものとして重要な意味を持つと言えるだろう。

なるほど、「人間社会の内外で自然を犠牲にしながら進行する高度の分業」に発揮される人間の自然支配の組織力とそれを促進する文化からも切り離された「生粋の思考、純粋な形の理性」が、いつしか「狂気の相を呈する」のも確かである。そうして「理性が人間性のうちで決定的な勝利を収めることにでもなれば、種としての人間の優位は危殆に瀕する」(四六二)だろう。しかし、他方で著者たちは、このような意味で単純に人類を自然史からの「逸脱種」と考えるのであれば、それは一面的だとも考えている。理性は、野生から離れる「鎮静剤」のようなものではなく、「適応の道具」として

「人間をひたすら先へ突き進む野獣に仕立てあげ」(四六二)るものだと著者たちは考えるのである。理性は自己保存の道具としてある限りで、自然支配という野生を継続する。

このような意味では、自然支配の力の量的増大だけをもって自然を超えた「超人」を想定するのは、自然支配という適応の力の進歩の先に超人として「超両棲類人間」を想定するのと同じくらいに馬鹿げている。「実際のところ、擬人観に即して、自然史はいわば人類でうまくいったような大当たりを予想もしていなかった、というのはある程度まで正しい」(四六三)のであり、自然史なるものが自ら予想もしていなかった成功、すなわち人間の文明が地球上の生物を絶滅させ得るほどの力にまで至ってしまった以上、人類の後にいわば適応の必然を超えた「自然史的に一段高い類」が現われる可能性はほとんどないと著者たちは考えている。そういう意味では、人類は「適応の「最新型」(le dernier cri)」であると同時に〝極致(le dernier cri)〟でもあるのだ。文明を生み出した人類は、変わらずに自然史の中にあり続けている。

自然支配を行う文明がしかし自然を継続するという、自然史の観点に立つこのような理解のより具体的な内容を探るために、加えて断章5「それでも、やはり」の記述も参照しよう。そこでは、次のように語られている。

人間が生来の弱点を克服し、物質的・精神的な作品を製作するようになったのは、外圧にうながされてのことだった。〔…〕そういう外圧は究極的には外的自然の抵抗に帰着するのだが、それは、社会の内部でさまざまな階級によって続行され、個人としては、誰でも子供の頃から、隣人の冷酷さという形で体験している。人間は、自分より強い者に何かをして欲しいと頼む場合には弱腰になり、自分より弱い者から頼まれると突っけんどんになる。（四四九―四五〇）

自然支配における自然の継続は、たとえばこのように、社会という組織における人間の人間に対する支配のうちに見出され得る。支配の原理を通じて人間が自然に対して、そして人間自身に対してとる厳しい態度は、再び擬人観に即して言うならば、実のところ自然が人間に対してとる無慈悲な態度（精神を無視した物質的扱い）の継続なのである。容赦なく襲いかかる雨風、日照りや洪水、地震、津波の外圧は、社会における強者の弱者に対する冷酷な支配権力あるいは直接的な暴力として再演されている。その一端は内部化されて、たとえばさきに見た自身の肉体を極限まで鍛え上げるアスリートのうちにも、支配の原理たる物象化の作用を通じて現われ出ていると言えるだろう。これをもって著者たちは人間の物象化を、さきに述べたように、自然の「復讐」と捉えるのである。人間が自然を支配するために人間は自然が人間に加えるのと同じことを繰り返さざるを得ないという物象化の過程を通じて、自然は意趣返しをしているというわけだ。

ここに、さきのファシズムにおける愛憎両面感情の話を接ぎ合わせるならば、ファシズムの暴虐のうちに「タブー化された自然の、昇華されることなく抑圧された叛乱」が見出されたことの意味連関の構図も明らかになるだろう。著者たちの見るところ、ファシズムは単純に抑圧された肉体の叛乱という意味で自然の叛乱なのではない。実際、そこには肉体の解放などはなかった。そうではなく、そこにあったのは「抑圧された叛乱」、すなわち自然が、自然としての肉体を支配し暴虐を加えるという形で起こした叛乱だったのである。解放されるべき自然は、自然を引き継いだ文明の暴虐によって抑圧され、かつ自然としての肉体への加虐を通じて自然の本性が歪んだ形で解放される、と言い換えてもよい。自然の叛乱とは、このような二重の、矛盾した意義に行き着くものであり、これは他方で、啓蒙が自然を支配しながら、その極致において自然が暴虐として解放される、ということと同義である。これこそが「啓蒙の弁証法」であり、著者たちはまさしくその体現をファシズムのうちに見出したのである。

2　思考と支配との絡み合い

物象化としての思考

ここまで見てきたように、自然と文明の間の断絶かつ連続という矛盾した関係を形作るのは、支配と物象化であった。『啓蒙の弁証法』という著作の一つの狙いは、このような支配と物象化が、他方で啓蒙が磨き上げるところの思考という人間の能力とも深く絡み合っていることを、思考の対象として分析し反省することにあった。

断章3「理念の支配側への変身」において著者たちは、パウル・ドイッセンのウパニシャッド研究における見識にヒントを得て、インド思想、ギリシア哲学、キリスト教などを例に挙げながら、それらが持つ思想的また社会的「組織能力」の検討をしている。著者たちの理解によれば、歴史において

「生き残る」ことに成功したのは組織力をもった思想であった。しかし、そこには代償も伴われた。すなわち、「実践面での同調であり、理念の支配側への変質」(四四四)である。著者たちの基本的な理解はおそらく、真の知性は「現状から距離をとる理念」(四四一)のうちにあるというものだろう。そのような理念をとる「妥協することを知らない人々」として、たとえばバプテスマのヨハネやキニコス派の人々が挙げられる。しかし、このような人々は「たとえ文明人に対して真理を語っているとしても、社会生活のペースとは歩調が合わない」がゆえに「狂人扱いされ」、「歴史のアウトサイダー」(四四一―四四二)となった。他方で、たとえばパウロ以降のキリスト教やストア派のように、名声を得て多くの人々を従える思想となったものは「大勢順応的な運動」(四四三)であった。それらは「支配的現実に反対する革命的な傾向や若々しいラディカリズムを、裏切るような」性格を持つものであり、「統一的理論体系の強化」(四四一)を通じて「下に向かっては閉じられたヒエラルヒーをがっちり構築」(四四三)するものだった。

このような閉じられた体系は、体系を維持せんとそれが包摂する対象との交感を閉ざすことで、対象と同時にその主体をも支配し、客体と主体の間の断絶を硬直化させる。断章14「進歩の代償」では、一九世紀のフランスの生理学者、ピエール・フルーランスの書簡に題材をとり、支配としての科学と物象化との関わりが議論されている。フルーランスは書簡において二つのことを述べる。一つは、クロロフォルムは痛みを消すのではなく、神経器質に影響を与えてその痛みの記憶を喪失させる作用を持つものだということ。もう一つは、医学はこの薬の濫用によって積極的に外科手術を用いるよう駆り立てられ、動物での実験を超えて、人間の患者において研究のための実験がなされていくのではないかということである。

著者たちは、この医療技術の発展を通じて、ある意味では「神の世界統治の暗黒の方途〔die dunklen Wege〕」(四七六)の正しさが示されると考える。この暗くはっきりとは見えないが神話の世界認識から啓蒙にまで確かに引き継がれている世界統治の方法とは、おそらく第一論文「啓蒙の概念」で論じられる「等式の原理」のことと考えてよいだろう。「罪とあがない、幸福と不幸とは、一つの方程式の両項」(四四)であり、同じように、実験のために動物を死に追いやる「動物の死刑執行人」(四七六)としての人間は、その罪のあがないとして、文明において自らをその動物と同じ位置に置き、同じ苦しみを味わうことになることが語られている。人間の自然支配の原理が、同時に人間自身に対してもおよぶというこの発想は、これまでの議論に見てきた通り、『啓蒙の弁証法』という著作の中心にいつもあり続けている。

まるでクロロフォルムの作用のように、人間は「手術を耐え抜いた後で自分自身に対して取るのと同じ態度、つまり苦痛に対して目をつぶる態度を、人間に対しても、いや生ある者すべてに対して取っているのではないか」(四七六)という疑念を著者たちは提起する。人が動物の苦しみの声を聞きながら酷使し、畜殺し、あるいは実験をすることは、認識においてその苦しみに対して鈍感になることで可能になる。人間に対する「医療技術」も動物を含めた自然を操作するための「それ以外の技術」も、まさにそのような苦しみを覆い隠す「眩惑」によってはじめて可能になった自然支配の同じ一部をなしていると考えられているのだ。著者たちはこのように自然支配の根底に物象化の作用を見出したうえで、のちにアクセル・ホネットによって取り上げられる規定(2)、すなわち「あらゆる物象化は忘却である」(四七六)というテーゼを提示することになる。断章16「肉体への関心」においては、苦しみを覆い隠す眩惑として作用し、「科学の超越論的前提として」(四七六)あるこの物象化が、まさに自然だけでなく人間自身に対しても振り向けられる状況がファシズムとの関連から論じられていたのである。

他なる理性の可能性へ

著者たちは、支配に同調しその原理を体現する、首尾一貫した論理による体系を回避しようとする。断章5では、「論理が人間性に反する場合には、論理を無視することも必要なのだ」(四五一)と語られている。おそらく、『啓蒙の弁証法』の読みづらさはここに起因する。『啓蒙の弁証法』という著作は、つねに弁証法的な二義性を伴う錯綜した意味連関を捉え、読み手が自ら〝星座〟を描く構成的態度とともにその内容を読み込まなければ意味をなさないものなのである。

著者たちが守ろうとする前記の「人間性」とはなんだろうか。断章12「人間らしさの記念碑」においては、「声の抑揚や言い廻し、凝った食事、娼家や鋳鉄製共同便所の存在など」が人間らしさを示すものとして挙げられており、それらは「個々の物への尊重(Respekt vor dem Einzelnen)」(四六六)という一点において捉えられている。これはより抽象的には、断章16で「失われた直接性」「根源的な統一」

(2)　アクセル・ホネット『物象化——承認論からのアプローチ』辰巳伸知・宮本真也訳、法政大学出版局、二〇一一年。

「分離を克服した生」（四八七）などと表現されており、「支配がすべての人間をそこから引きはが」すより以前にあった「肉体と大地」(四八四)といった言葉も見える。これらは、ちょうど物象化の記述の逆と考えることができる。すなわち、支配のために確立された主体と客体の分裂に先立つ人間と自然との物象化されていない一つ一つのつながりであり、したがって主体と客体の間の統一、直接性のうちに保存されるものである。

しかし問題は、知はいかにして知においてこれを守ることができるかという点である。著者たちは哲学者として、支配に基づく知性を超えた知の可能性を諦めることはできない。そうでなければ、『啓蒙の弁証法』という著作を記すこと自体無意味になってしまうだろう。おそらく自分たちの著作に「哲学的断想」という副題を付した意図は、断章3で語られた「妥協することを知らない理念」(四四〇)の側に寄り添うものと思える。「歴史のアウトサイダーたちの理論的・実践的諸体系は、あまり緊密なものではなく散漫であり、アナーキー気味な点で、大きな成果をあげた体系とは区別される」(四四二)ものだった。著者たちは、しかし、支配を逃れた知の可能性をこの排除されたアウトサイダーたちの「散漫[nicht zentralisiert]」な知の形態のうちにこそ見出したのではないだろうか。

あるべき理想をそれとして示し、統一的体系を構築することを著者たちは避ける。断章7「ヴォルテールのために」の言葉を引けば、必要なのは、「否定的な全体の中で」対象を「止揚」(四五四)する知であり、著者たちは、これを太陽を拝む「偶像崇拝」に対置する形で喩えている。「灼熱の陽光に枯れ果てた樹を目にして、はじめて、世界を照らしつつも焦がすことなき日の尊厳への予感が、息づき始める」(四五五)と。ここに言う「日の尊厳」とは、物象化とともに主客の分裂をもたらし世界を枯らしてしまう理性にはよらない、別の可能性としての啓蒙あるいは文明の喩えであろう。あるいは、他なる理性の可能性そのものかもしれない。

［見附陽介］

3　非同一性の思考に向けて

首尾一貫性という陥穽

自己自身からたえずずれていく、すなわち非同一である思考の可能性について『啓蒙の弁証法』は積極的に主張する。だがその非同一性はこのようなものだと肯定的に書き記すことができず、むしろ同一性を事細かに分析するさなかに〈同一的でないもの〉として示唆されるほかないものである。著者たちによればその同一性がもっとも強く現われるのが、われこそは権力に対抗しているのだと自称する思考である。

断章18「矛盾」では、現実を批判する思考が平板化と一体化に陥る事態が描写されている。

貴君は現支配権力を不正だとお考えのようだが、ひょっとすると権力などはまったくなくカオスが支配するのを望んでおいでかね。貴君は生活の画一化と進歩を批判されるのかね。ならば中世のように、夜にはローソクを点し、われわれの街中に塵芥の悪臭が漂えばいいのか。貴君は家畜

を殺すのがお好みでないようだが、世間では今後生野菜を食べろとでもいうのかね。（四九一―四九二）

原子力発電所に反対だといえば電気を使っているじゃないかと言われたり、家畜の取り扱いについて問題にしたりすれば肉を食べている以上は文句を言うなと脅される、そんな物言いを耳にすることがある。この論法が問題なのは、現実を改善するもがきを矛盾だと言って切り捨てるがゆえである。すべての矛盾は誤謬である、そうした形式論理の公理に従えば、身をよじりながらも行使される批判はひとしなみに誤謬ということになる。

たとえば、動物の苦しみを思う心と工業的な食品生産のおかげで肉を容易に食する自己の肉体は矛盾する。このとき、と畜の現実を擁護して自分の心を否定するのは悪党の思考である。逆に心の方を正当化し、その反動でと畜の現実を全面的に否定し、食肉業の生産者や肉が大好きな自分自身をぎりぎりと追い詰めるのは善人の思考である。どちらの思考も「あれか、これか」（四九二）の二者択一を迫り、論理的に首尾一貫しているがゆえに自分は正しい、腐敗から潔癖であると主張する。

著者たちは、この首尾一貫性のうちには論理によって相手をねじ伏せようとする支配欲が潜んでいると言う。というのもこうした思考は、相手が首尾一貫しないことをもって論破したと称し、非真理の刻印をその人に押して、その反動で自分の優位を主張するからである。

こうした思考に対抗するのは、君の言っていることは一般論としては正しいけれどいまの自分にはそれはできないとか、肉食を全部やめることはできないけれどせめて量を減らしてみたいとか、全面否定でも全面肯定でもなく留保をつけて距離を取るあり方である。著者たちが第一論文「啓蒙の概念」で言及している「限定された否定」(五七)にはこうした意味が含まれている。社会的現実を思考が批判すれば、その思考自身もまた当の現実に深く根差しているがゆえに矛盾に陥っていく。〈このようにありたいけれど、こうでしかありえない〉という思考と現実のねじれ、すなわちもともと社会が抱え込んでいる「客観的矛盾」(四九三)は、現実を少しでもよくしようと望む思考にも必然的に訪れる。著者たちによれば、このねじれを否定するのではなくそれを受容し、生の矛盾をそのままに肯定するニーチェの「超人」としての思考が必要なのである。

「限定された否定」は対案を提示しない思考というかたちで現われることもある。批判するなら案を出せ、行動せよ、という論法は、現実と思考とがいつでも隙間なく一致するべきだと考えている。そこでは「すべての人が置かれている恐るべき状態をもう少し自分自身にはっきりさせたいだけ」(四九四)といった物言いは、書斎の安楽椅子に座る知識人の自己満足だと否定されてしまう。だが、そうした限定的否定の姿勢をお互いが取りあうその支えあいこそが、自分たちが組み込まれた現実から距離をとることを可能にする。このようにしてはじめて、染み入るような「会話」(四九六)の空間が生み出されるのである。このような語りあいにおいては、自分たちが批判するその現実のうちに自分の存在が否応なく組み込まれていることを自覚しつつ、なおそこから離脱する可能性を相互に探りあうことができる。これこそが著者たちのいう「思想」(四九六)であり、ひいては「理論」の姿である。現実と思考との間に距離をおくこの空間こそ、変革への最初の、場合によっては最後の可能性というわけである。

同一化から逃れる回路

断章17「大衆社会」や断章19「崩壊の徴し」においては、成功や適応において進行する同一化について論じられる。社会と格闘し、辛苦の末に確立したはずの自分自身そのものが、固まった化石のようなものだと主張される。

今や本当のことが判ってくる。与えられた状況の下では、技術的であれ知的であれ、一つの技能を身につけて、たんに生きていくだけなら、壮年にしてすでに老人性痴呆症にかかってしまう、ということが。（四九八）

両親や職場の上司、そのうえ教師など、言っていることは間違っていないのだがどこか変である、会話は続いているがどうにも話が嚙み合わない、なんだかがちゃがちゃしていてブリキのおもちゃっぽいな、という思いを抱いた経験は誰にでもあろう。就職したての若い頃は社会に適応するのに精一杯である。だがひとたび組織に適応し、一定のやり方で成功を積み重ねていくと、いつしか思考や行動のパターンが固まり、そのパターンでのみ外界や他者を見るようになり、結果として外界に適応できなくなる。変化する世界や他者の繊細を感受できなくなるばかりか、相手の発言は次に自分が物を言うまでの休憩時間になっていく。

標準化された部品のようになれと社会は若い人に言う。これに対して個性はその圧力への防壁となる。だが、社会の圧力のなかで揉まれて成功し、ようやく自分らしくなれたと思い込むその「自分」こそが、じつは社会に許された適応の型であり、社会が与えた「傷痕《きずあと》」(四九九)なのである。著者たちは言う。「個人は自分の心の奥底にある小部屋で、彼がそれに直面して自分自身のうちに逃げ込んだはずの、あの権力と同じ権力に出くわす」(四九九)。このようにして「個性的性癖」(四九九)なるものが生まれ、しかもそれを信奉することで、個人と社会は別の可能性を失い干からびていく。「世慣れた人でも例外ではない。それはあたかも人々が、若い頃の希望を見捨てて世間に順応した罰として、早過ぎる老衰に見舞われているかのようである」(四九八)。とはいえ、自己同一性の支配がこのようにして個人と社会を同時に貫くとしても、それでもなお、個性はそれ自身のうちに、自分でも気づかない同一化されない何かを密かなかたちで保持していると著者たちは主張する。

断章23「プロパガンダ」では、権力に対抗するための言語が陥る罠について述べられる。

世界を変革しようとするプロパガンダ、何というナンセンス！　プロパガンダは言葉から、道具を、梃子を、機械を、作り出す。それは、社会的不正の下で生成してきた人間たちの組織体制を、彼らを動揺させることによって、かえって固定化してしまう。(五二四)

たとえば明白な侵略戦争に対して、たとえば沖縄のアメリカ軍基地に対して、たとえば原子力発電所の事故に対して人々は街頭に出てデモ行進をする。そのとき〈戦争反対〉や〈米軍は出てゆけ〉、〈原発いらない〉などのスローガンが唱和される。誤った支配体制を動揺させようとそれは短く、声高に、繰り返し発声される。だが著者たちによれば、それらの言葉は支配体制に揺さぶりをかけようとするあまり逆にその体制を強化してしまうという。なぜならそれらのスローガンは、言葉を政治の道具、つまり他者の思考と行動を一斉に動かすための「梃子」にしているからである。悪しき政治が一律の何かを人々に強要するのだとすれば、それらの言葉たちもまた、多様な現実を生きる人々に一律の概念を押し付けているのである。

著者たちによれば、言葉とはこのように何かを同一化する道具ではなく、現実のうちに潜む多様な差異を花開かせ、人々のあいだの違いを豊かに育むべき媒体である。一人ひとりが自分の言葉で問題を語り、自分の感じ方を表現し、そのように差異を豊かに展開することによって、語り合う人々の間に「共通の見解」(五二五)がはじめて認識され、何らかの政治的な意思表示が、それぞれの人たちにしっくりくるような表現と行動においてそのつど上演される。差異の豊かな展開こそ、一律の何かを押し付ける権力に対抗する真のレジスタンスとなる。それゆえに「真のレジスタンスは、いかなるプロパガンダも知らない」(五二五)。連帯とは、誰かが苦しんでいるときには自分も同じように苦しむといった、心を一つにする「嘘の共同体」(五二五)を形成することではない。それは、それぞれの人々が、別個に、その苦しみについて自分の言葉で語り表現するかたちをとるのである。抑圧を目撃し、人々のそうした表現を聞き分けてくれる「架空の証人」(五二六)が、あたかもそれらの豊かな語りのなかに浮かび上がるかのように思わせる、連帯とはそのような事態を指しているのである。

4　新たな人間学に向けて

理性の暴力を超えて

理性を自任する主体は、動物や女性など、理性を欠いているとみなす存在に対して様々な暴力を行使してきた。だがそうした暴力を受けることで動物や女性たちもまた、その内部に暴力を抱え込み、ときにそれを噴出させる。そして同時に、暴力を振るう側にいたはずの理性的主体もまた、自らが振るう暴力に苛まれ、反省する理性を失っていく。加害者も被害者も暴力というメディアを通じて身動きが取れないほどに縛りつけられ、そのメディアの内部で溶解し、その一部になっていく。断章22「人間と動物」では、理性を持った人間がそれを持たない動物に対して当然のように振るう暴力とその帰結について、緻密な論述が展開される。

今日の人間が動物に暴行を働くことで示しているのは、人間が、そして全被造物のなかで人間だけが、自由意志によりながら、まるで縛られたまま専門家に利用される犠牲動物の痙攣さながら、まったく機械のように盲目的かつ自動的な働きをしている、ということなのである。（五〇六―五〇七）

動物実験を行う心理学者や生理学者は、無防備な動物たちの皮膚に電極を差し込み、電流を流して、その反応を見る。そうすることによって研究者たちは、刺激と反応との間に成立する回避不能な因果法則を見出そうとする。実験台に拘束され、ただ反応を見せることだけに行動を制限された動物たちには自由もなければ理性もない。そのとき研究者たちは、相手を単なる因果関係の束へと貶めることで、そのような貶めを行使しうる自らの特権、すなわち研究する主体の自由と理性を逆に誇示しているのである。

だが拘束された動物に付き従い、逃れられないその姿を法則のうちに写し取るとき、研究者たちの思考もまたその拘束に同化していく。研究者たちが動物の皮膚に流す電流は、人間の思考と行動をも同様に支配しているのだと研究者たちは主張し始める。それはまさしく、実験を行う研究者の思考自体が、このように貶められた動物の反応に同化し、自ら流す電流を通じて真理を追求しているからなのである。

動物実験を行う「死刑執行者」(五〇七)たちは、こうした因果法則の背後にある動物の生の実相、その実存を見落としている。それは「心の動きのままに動く」(五〇七)という動物たちの自由である。心理学は、動物の拘束され硬化した姿を非真理として批判し、まさしくその自由なあり方こそを真理として肯定すべきなのに、まさにその逆の事態に陥っている。

イメージの流動に満たされた感覚の世界に取りまかれているとき、その渦の背後に存在すると思われる実体に至りつくためには、流れゆくイメージを概念がピン止めする必要がある。だが動物は、その概念、つまり観念や言葉をはじめから持たない。動物の心には人間なみの感情や欲求、精神ですら備わっていると著者たちは言うが、しかしそこにはそれを固定するものがなく、幸福も苦しみもまるで夢のように移り行くばかりである。

『啓蒙の弁証法』を特徴づける有名な言葉にイメージの禁止（「図像化禁止」）というものがある。その掟によればイメージとは幻想の産物であり、人間たるもの理性と概念を用いてつねにそれを吟味し、ファクトをチェックしなければならない、というわけである。イメージの世界に埋没する動物のあり方から理性は抜け出そうと欲する。正しく認識する努力、つまり啓蒙は、イメージに埋没する存在を実験台の拷問にかけて吟味し、場合によっては処刑することを通じて、はじめて人間を人間にしてきたのである。動物が人間に差し向ける鋭い眼光はそうした暴力の写し絵である。と同時に著者たちによれば、先述のように、人間もまた動物に暴力を振るうことで自らを暴力機械と化し、反省するための概念を失い、いうところの動物的存在へと身を落としていったのであった。メルヘンに描かれる王子様もまた、その支配的地位を維持するためにこの暴力と無縁ではなかった。王子様もまたかのプロセスによってカエルへと姿を変える。とはいえ、

王子様には理性が残されていて、時が来れば彼は自らの受難を語り、妖精に助けてもらうこともできた。だが理性を欠く動物は、過去の因縁によって心を一にする人間が、呪いを解く科白を見つけ、それによって無限が持つ石化した心を、いつの日か和らげてくれるのでなければ、永遠にその姿から抜け出すことはできない。（五一〇）

「受難」の暴力を概念によって規定し反省することは、人間にしかなしえない。獣の姿を取るに至

った人間は、動物に行使する暴力を反省し自ら差し止めることによって、もういちどかつての人間の姿に戻ることができる。そのとき動物もまたそのするどい眼光を和らげ、「心の動きのままに動く」存在へと還ることだろう。このようにして、動物と人間とが暴力によって互いに拘束されてきた「過去の因縁」はあるいは緩むのかもしれない。「呪いを解く科白」とは、自ら働いてきた加虐と犯罪の物語のことである。動物への暴力を和らげ、イメージの豊饒さと和解するには、人間はその科白を力のかぎり唱えなければならない。それが人間に残された理性の可能性である。

傷口と愚鈍さへのまなざし

断章22の後半では、理性的であるがゆえに支配的権力を振るってきた男性と、その権力によって支配されてきた女性との関係について述べられる。

美とは、かつてそこに棘がささっていた傷口を示す蛇なのだ。しかし美人に対する男性の賛美の陰には、いつでも、力を持つ者が力ない者へ投げかける高笑いと不埒な嘲りと野卑な猥談が待ち伏せている。そういうもので彼は、自分も無力な者・死・自然へと堕ちることへのひそかな不安を鎮めようとするのである。（五一三）

旧約聖書の『創世記』以来、蛇とは人々を誘惑し堕落させるものと相場が決まっている。美が蛇であるというのは、暴力を受けた傷口をのぞき込むように誘惑し、しかもその傷口によって魅惑し、あたかもそれが傷ではないかのように思わせ、支配の傷痕を称賛するようひとを欺くからである。男性を誘惑する女性の青白き美しさというのは、力ある者によって力と自由を奪われ無力化された存在が、それでもその力ある者に対して影響力を行使しようとする狡知に基づいている。そのような復讐を果たすために女性は、男性のまなざしが気に入るように自己を再構成し、完全無欠の演技をこなす「蛇」になる。

したがって美とは、カントが言うような統一感のある形象を指すのではなく、むしろ健全なる形象が暴行を受けその深部においてすでに壊されているところに陽炎のように立ち上るものなのだ。女性たちが今日、ビジネスやプライベートの「身だしなみ」(五一四)として受け入れている化粧や服装の機能美は、男性の権力によって娼婦を強いられた女性たちの妖術が脱魔術化し、男性社会でなお力を発揮できることを示す記号へと合理化されたものである。他方、蛇によって誘惑される者たちは、完璧に縁どられた女性たちの外見の上に、自ら行使する暴力が十分な効果を上げていることを看て取り、しかもそれらが労働力や商品の洗練されたイメージとして十分に機能していることに深い満足を覚える。

そのような病んだ美にすら幸福のイメージがなお残存していると著者たちは言う。だからこそ女性も男性もそうした美に引き付けられ、あたかも失われた遠いあこがれを満たすかのようにそれを心深くに受け入れるのである。「かつて障害を持った道化師たちが鈴つきの頭布をかぶって飛んだり跳ねたりする様子には、壊された自然の悲しい幸福がまつわっていた」(五一三)と著者たちは言う。障害を持つがゆえに労働に従事することを許されず、生産の共同体を追放されて道化師として生きていくほかなかった人たちは、自分たちをそのような運命へと追いやった人々の眼前においてその人々を楽しませて生きるほかない。そのかぎり、その幸福のイメージにはたしかに影が差している。だがそれゆえに、硬直した労働を強制される市井の人々はその哀愁に引き付けられ、「心のままに動く」自由な身体の幸福を道化師たちのぴょんぴょんとした動きに重ね合わせて見るのである。だが道化師たちのうちには当然のことながら抑圧された怒りのマグマが累積している。それゆえ、

抑圧された女性は、メガイラ〔復讐の女神であるエリニュスの三女神の一人。ため込んだ嫉妬や恨みを正義に仮託して晴らそうとし、猛烈な怒りをあらわすとされる〕として時代を超えて生き残り、鍛えられた男女の肉体モデルがすでに支配者によって定められているような時代にあってもなお、そういう肉体の画一性の中で消えていったあの表情、傷ついた自然の苦痛に歪んだ渋面を示しているのだ。こういう大量生産の背景の前では、少なくとも他人とは異なる自分自身の顔を保持しているメガイラの罵声が人間性のしるしとなり、醜さが精神の痕跡となる。（五一五）

スポーツジムで鍛えられた男女の肉体に傷が残されているとは思われない。そうした肉体は、テレビや広告によってモデルとして拵《こしら》えだされたものであり、人々はそれをかたどるように自らの身体を整えていく。同様にナチスもまた、そのような肉体や野生動物の鍛え抜かれた身体を理想とし、生存に適さない個体が淘汰されることで美の理想が維持されると考えた。

とりわけそうした身体の支配が苛酷に行使されるのが女性である。そのつるつるした美しい表皮の

下には、社会の理想に合わせて身体をかたどるように強制され、それにあわせて格付けされ、淘汰される身体の悲鳴が隠されており、ときとしてそれは「メガイラの罵声」として噴出する。

著者たちのいうメガイラの罵声とは、一方で栄誉と名声、富と権力を求めて男性に同化し、政治や学問、芸術などの様々な文化的目標を「社会的ハイエナ」(五一五)として追求する女性の生き方を指している。他方で、ハイエナ競争に耐えられない女性たちにはスピリチュアルな「泥沼」(五一六)が待ち受けている。通常であれば肯定的に評価されるべき社会参加する女性たちの生き生きした表情を、あえて著者たちは、「苦痛に歪んだ渋面」と呼び、「醜さ」と表現する。というのもそれは、女性に対して行使された男性の暴力が再現されたものであり、ジェンダー支配の傷跡なのだからである。

だが著者たちによれば、その「醜さ」にこそ精神が宿るという。というのも、整えられた身体は権力による工業生産品であり、そこに精神は存在しないからである。精神が宿るのは、そうした大量生産品へと自ら身を添わせながらも、なおそれにはどうしても同一化しえない身体の悲鳴、つまり「罵声」のうちにである。社会参加する女性たちは――それは実は女性に限らないのだが――全力を傾けて社会のシステムに同化しようとするその努力において、それになり切れない非同一的なありようを、身の置き所のなさ、心身の不調、それでもなお社会に服従同化しようとする自己自身への自己憎悪として曝してしまう。その怒りは深く内面化されていつしか心身を内側から食い破っていく。そのような「醜い」身体は、著者たちによれば自然生命としての身体が文字通り身をよじりながら「思考」しているあり方なのである。

ひとが女性の美に魅惑されるのは、その美しく整えられた表皮の背後にそれに同化しえない深みを同時に感じ取るからである。同化ユダヤ人に代表される社会的なスケープゴート、道化師たちが、支配に適応しようとして適応し切れないあの身体の苦しみ、かの「二重構造」(五一七)を曝しており、それゆえに人々はそれに注意を引かれる。人々はその姿が自己自身の写し絵であることを心のどこかで感じ取るとしても、その姿を見て自らを反省することはない。その代わりにそれに暴力を振るい、自らがそうした矛盾を抱え込む存在であることを必死に否定しようとする。著者たちは言う。「しかし自分が自然から由来し自然に堕しているという事態をありありと屈辱的に想い出させるような人間の顔立ちは、抗いがたく当然のことのように殺人をそそってやまない」(五一九)。

セクハラやパワハラの被害者をバッシングしたり、性労働に従事する人々を侮蔑したり、通勤する女性を公共交通機関で辱めたり、ホームレス状態の人々が住む段ボールハウスを蹴ったり、あるいは生活保護の人々を指弾したりするように、支配の傷を受けた人々にさらなる暴力を容赦なく加える。そうすることで自分が自己の潔癖な制御者であることを人々は自分に納得させようとするのである。

芸術作品もまた、その表面的な美の背後に支配の傷痕を示すかの二重構造によって人々を引き付ける。だが芸術はその構造を反省し、意識的に「表現」(五一七)へともたらすと著者たちは言う。支配の傷をたんに「事実」(五一八)として曝すのではなく、それを意識して表現することのうちに芸術の「仮象」(五一七)、つまりフィクションとしての可能性がある。人々は自らと同じ構造を共有する芸術作品に引き付けられ、いわば暗号としてそこに書き込まれているかの二重性をそこに読み取ることで、自己自身が抱え込む矛盾を自覚し、それを反省するのである。

後続の断章24「愚鈍さの発生史のために」では、環境に適応するために生物が備えるに至った能力やその姿こそが一つの廃墟、愚鈍さとして引き続き示される。

知性の目印は「手探りする眼」がついているカタツムリの触角である。(五二七)

生命はいつも新たな可能性を求めていて、何らかの希望をもっておそるおそる触角を伸ばす。だがそこに硬いもの、恐るべきものがあれば、柔らかな触角はすぐに殻の中に引っ込められる。それがあまりに恐るべきものである場合、触角はもうそこに伸びなくなる。著者たちはこれを「驚愕による器官の退縮」(五二八)と呼ぶ。

ダーウィンの自然選択説に従えば、現存する動物たちの形姿は環境適応がうまくいった勝者の姿、進化の証ということになる。だが著者たちは、いま動物たちが備えるに至ったその姿かたちは、恐ろしいものに直面して硬化した退化の証、すなわち「そこで希望が停止してしまった停止点《ステイション》」(五三〇)なのだと言う。戦場や訓練で厳しい試練を経て鍛え上げられた兵士が暴力に鈍感になるように、柔らかな手探りの可能性を失ってしまったという点で、その形姿は知性をなくした愚鈍さの証、「瘢痕」(五二九)である。

愚鈍な存在は新たな状況を探知しそれに柔軟に適応することができない。子どもはそうやって大人になり、女性はそうして男性に適応し、社会はそのように制度化され、モノはそうやって製造され、すべては固まっていく。この社会ではそうした硬化した形式を正確かつ高速に反復できることが有能さの証となる。そうやって成立したすべての姿かたちは、そこで美しいと形容されるものも含めて生命の触角をもはや魅惑せず、すでに飽きられている。その意味でそれらのかたちは生命が打ち捨て、そこからすでに生命が抜け出してしまった「化石」(五三〇)である。

暴力を行使するのは理性であり、かつ暴力を行使されるのは自然である。だが著者たちによれば、その理性もまた自然がその歴史のうちでその姿をとるに至った自然そのものなのである。暴力を振るい振るわれ、かくのごとく暴力を軸として展開していく自然が、その傷口、瘢痕を手掛かりとして、自らのうちに抱え込む暴力と支配を反省にもたらすか、それともそれを糊塗してさらなる支配に向かうのか、そうした歴史的な転換点にいつも人間は開かれている。著者たちにとって自然史は進化の歴史であるとともに退化の歴史である。文明と知性の歴史であるとともに野蛮と愚鈍の歴史でもある。

［古賀徹］

第Ⅱ部　コンテクストを読む

Ⅰ　『啓蒙の弁証法』の思想史的位置と意味
――その前史から後史へ

高幣秀知

はじめに

本書『『啓蒙の弁証法』を読む』第Ⅰ部がテクストそのものにそくした内在的な論考集成であるのにたいして、この第Ⅱ部「コンテクストを読む」はそのテクストのいわば外延を考察することになる。本章では「『啓蒙の弁証法』の思想史的位置と意味」と題して、その前史としてホルクハイマー、アドルノにとっての問題としてのG・ルカーチ（1885-1971）と、より直接的な先行者としてのW・ベンヤミン（1892-1940）について略述する（第1節）、続いてアドルノそのひとの哲学的主要著作『啓蒙の弁証法』（一九四七年）、『否定弁証法』（一九六六年）、『美的理論』（遺稿、一九七〇年）に焦点をあわせてそれらの内在的連関をあきらかにしたい（第2節）。そのうえで、このテクスト『啓蒙の弁証法』が現在においてなお生ける古典として指示している問題群をめぐって若干の考察をすすめることを主題とする（第3節）。

1 『啓蒙の弁証法』への前史

最初期社会研究所の実像

「フランクフルト学派の批判理論」と総括的に語る以前に、その拠点となったフランクフルト大学社会研究所の創設にまつわる風説を正しておかなければならない。研究所創設の中心人物F・ヴァイルの「回想断片・草稿」ほかによれば、一九二二年、K・コルシュ(1886–1961)、ルカーチ、K・A・ヴィットフォーゲル等を参加者とする会合や、ヴァイル、F・ポロック(1894–1970)、M・ホルクハイマー(1895–1973)等の話し合いなどから研究所創設の構想が育まれ、その設立維持団体として「社会研究協会」が設定され、そして一九二三年一月、フランクフルト大学附置機関として正式に認可された。そして一九二三年五月、出版されたばかりのルカーチ『歴史と階級意識』[1]と完成途中のコルシュ『マルクス主義と哲学』草稿をメイン・テキストとした「第一回マルクス主義研究週間」が、テューリンゲン州イルメナウの近郷ゲラベルクで開催されていた。

ところがこれが、ホルクハイマーのあたたかい序言を冒頭においたM・ジェイ『弁証法的想像力』

(1) G・ルカーチ『歴史と階級意識』平井俊彦訳、未来社、一九六二年、城塚登・古田光訳、白水社、一九六八年。

の記述では、第一回マルクス主義研究週間は「イルメナウで一九二二年の夏に開催された。〔…〕第二回マルクス主義研究週間は、それに代わるもっと野心的な企て〔社会研究所の創設〕が生まれて沙汰止みとなった」と変造されていた（『弁証法的想像力』四ほか参照）。ホルクハイマーは「社会研究協会」に、生涯にわたる盟友ポロックとともに名を連ねていたが、一九二三年開催の「研究週間」には参加していない。その結果、社会研究所の歴史は、一九二二年の何らかの準備的会合から一九三一年ホルクハイマーの所長就任講演までのあいだについては、ほとんど空白のまま単線化されてしまう。ホルクハイマー新所長のもとでの、E・フロム（1900–1980）等を中心とした精神分析学・社会心理学的調査・研究など新しい展開の積極的意義を否認する必要は毛頭なかろう。しかし、一九二〇年代の初期社会研究所に関与したコルシュ、ルカーチらのほか、D・リャザーノフ、M・アドラー、H・ケルゼン等々、日本でも知られることになる人びとの存在を消去することはできないであろう。また、コルシュに誘われて一九二三年「研究週間」に参加していた福本和夫（1894–1983）のその後の日本での理論的・政治的命運は極めて示唆的であり、さらに問いすすめられるべき問題をおおく残している。

先行者ルカーチという問題

アドルノによる「ルカーチ批判文書」として、中期ルカーチのモスクワ亡命時代に由来する文学論を論難した『強制された和解』がこの国でもひろく知られている。たしかに、その舌鋒は鋭利を極め、その論評は読む者をして痛快な気分にさせるところがあろう。(2) しかしながら、ルカーチの含意はファシズムとスターリン時代に対抗する二正面作戦だったのであり、またなによりもアドルノの論説が発表された一九五八年は、一九五六年の「ハンガリー動乱」、すなわちドイツ・ナチス支配に続くスターリン・ソ連支配に抗する革命的動乱と壊滅の直後なのである。ナジ政府閣僚として七一歳のルカーチは動乱に参画後、ルーマニアに抑留されている。東西冷戦構造のなか、フランクフルト社会研究所の存立のために、ホルクハイマーがアドルノにこうした政治主義的文書を発表させたのだ、というA・ヘラー(1929-2019)の言明は説得的である。そうだとすれば『強制された和解』とは、いわば「強制された批判」とこそいわれなければならない。M・ハイデガーをナチスの「黒幕」、ルカーチを東側の「広告塔」とみなすホルクハイマーの位置どりとは異なって、アドルノは一九六〇年代中頃すぎ、ルカーチの助手をつとめてきたヘラー、加えてルカーチ著作集の西ドイツでの出版に尽力してきたF・ベンゼラーを介して、和解の試みを重ねている。ルカーチからは、拒絶がその応答であり、アドルノにしても残念で気の毒な経緯である、ということになる。

これより以前の一九二五年、作曲家A・ベルクのもとに弟子入りすべくウィーンへ移住した二一歳の青年アドルノは、同じくウィーンで亡命状態にあったルカーチを訪ねて対話を試みている。「話し合いは対話というよりインタビューであった」とS・クラカウアー宛ての報告にある(*Nachgelassene Schriften*, Bd. 7, 384 f.)。また、「彼〔ルカーチ〕は殆んど他の誰よりも、私〔アドルノ〕に精神的影響をあたえてきたのに、理解しあうことができなかったことが、とりわけ辛くおもわれます」と、ベルク宛の

(2)「無理強いされた和解――ジェルジ・ルカーチ『誤解されたリアリズムに抗して』」杉橋陽一訳、『アドルノ文学ノート1』三光長治ほか訳、みすず書房、二〇〇九年、三二一―三五二頁、ほか。

手紙にある（*Briefwechsel, 1925-1935*, 18）。さらに四〇年後『否定弁証法講義』（一九六五―六六年）での回顧では、「客観的歴史的な立場を体現している前衛党のほうが、ただ思考の論理のうえだけで進歩した位置にある自分の立場より正当なのだ」としたルカーチの当時の政治状況的発言にたいして強い衝激を受けたという。[3]「否定弁証法」の理念への萌芽のひとつであろう。

ここで紹介しておくべき貴重な資料がある。それはフランクフルトにあるアドルノ・アルヒーフ所蔵のルカーチ『歴史と階級意識』であり、そこにはアドルノによる綿密な読解の跡が見出される。[4]同書第五章「史的唯物論の機能変化」において、絶対的精神の諸領域（芸術・宗教・哲学）では人間と自然との対決、「しかも人間をとりかこむ自然との対決であるとともに人間自身のうちに見出される自然との対決」が本質的なものとなる、という箇所にアドルノの書き込みがある。略記すれば「弁証法的運動は、セイレーンの呼び声にたいして、諸形式の王国にたいして、どのように対決するのか」、と判読される。後の『啓蒙の弁証法』における、オデュッセウスとセイレーンの物語をめぐる有名なアレゴリー解釈という主題への発端がここに見出されるのではなかろうか。自然の実在性という問題、そして芸術の位置という問題がルカーチの「ヘーゲル主義的」構成に対抗して、提起されようとしている、と考えられる。

直接的先行者としてのベンヤミン

『啓蒙の弁証法』執筆にいたる著者たちの行跡に決定的な刻印をのこしているのがベンヤミンである。アドルノ最初期の『キルケゴール論』『哲学のアクチュアリティ』『自然史の理念』などへのベンヤミンからのインパクトについてはここで再論するまでもなかろう。一九二九年アメリカ発の世界大恐慌がドイツにも波及して社会的危機と不安が拡大するなか、ナチスが勢力を急速に増強する一方、ワイマール左派のあいだの分断は克服されないまま、敵対する政治集会への妨害活動、街頭での衝突などが各地で常態化していった。一九三一年、社会研究所の新所長に就任したホルクハイマーとその盟友ポロックの住居がナチス突撃隊SAによって占拠されたのが一九三三年一月三〇日、ヒトラーが連立内閣の首相に就任したその日である。研究所は同年三月、SA・警察によって封鎖され、所員たちはそれぞれに国外脱出、亡命の途につくことになる。ホルクハイマーたちはジュネーヴ、パリを経由、ニューヨークのコロンビア大学を拠り所として、一九三四年から四一年まで国際社会研究所を名乗ることになる。パリで『パサージュ論』にとりくんでいたベンヤミンが、ややおくれて正式所員となり、アメリカに向かおうとする途上、ピレネーの山中で自死を遂げさせられたのが第二次世界大戦の二年目、一九四〇年九月。その絶筆『歴史の概念について』(5)をH・アレントを介して受け取ったアドルノは、その内容をホルクハイマーに報告して、「永続的な破局としての歴史という観念、進歩と自然支配への批判、野蛮としての文化にたいする態度」等々と記している。ここに、『啓蒙の弁証法』へとひとまずはとりまとめられる諸主題が特定されているのである——もちろん、著者たちの立ち位

(3) テオドール・アドルノ『否定弁証法講義』細見和之ほか訳、作品社、二〇〇七年、三三頁参照。
(4) 日独科学協力事業「現代の社会哲学研究」(日本学術振興会)のドイツ側代表者アクセル・ホネット教授(当時の社会研究所所長)の尽力により、ようやく開示された。本格的な再調査が要求される。
(5) ヴァルター・ベンヤミン『新訳・評註 歴史の概念について』鹿島徹訳、未来社、二〇一五年。

置からして、ではあるが。「もし敵が勝利を収めるなら、その敵に対して死者たちさえもが安全ではないであろう〔…〕しかも、敵は勝つことに止めてはいない」（ベンヤミン『歴史の概念について』テーゼⅥ）。たいして、「絶滅を前にしての完全に意識化された恐怖だけが、死者への正しい関係を設定する〔…〕なぜならわれわれもまた死者たちと同じ情勢の犠牲者であり、同じ幻滅させられた希望の犠牲者だからである」（四四七）。ここには両者の同時代感覚と哀悼の念が直接的に語り出されている、と考えられる。

「アドルノはあきらかにルカーチにたいして恩義があるが、この遺産を否認するという強い傾向を常にもっていた」とはA・ホネットの発言である（*Georg Lukács und 1968*, 262 参照）。本節ではこの事実関係を確認するとともに、アドルノ特有の展開への萌芽を指摘しておいた。また、ルカーチは最晩年のあるインタビューで述べている、「異常なまでに才能にあふれていたベンヤミンは、全く新しい諸問題を洞察していた。彼はそれを様々なやりかたで探求したが、そこから脱出することはついになかった——時代が如何に困難であったかを考えあわせていただきたい」。次節でアドルノにおける独自の達成をみたうえで、第3節の「技術・科学と「道義性の摩損・軽視」」では、ベンヤミンが洞察していたとされる諸問題のうちから、「技術の蜂起」をめぐる構想をも再考することになろう。

2　アドルノの反体系的体系構成

『啓蒙の弁証法』と社会的自然支配の逆理

「自然の持つ現実的な優越した力〔reale Übermacht der Natur〕」（四二）（あるいは、実在的自然の圧倒的威力）、これが『啓蒙の弁証法』を構成する根本概念のひとつである。「社会は、持続的で組織化された強制力となって、恐るべき自然を継承する。その強制力は、個々人のうちで首尾一貫した自己保存というかたちで自己を再生産しつつ、自然に対する社会的支配というかたちで逆に自然のほうへと打ちかかる。科学とは同一なるものの反復である」（三七五）。

こうした根本的把握のうえで、真・善・美といった古典的価値分類にしたがえば、⑴啓蒙主義的理性のあからさまな神話への退化、⑵啓蒙主義の範例たるカントにおける厳格主義的倫理の両義的危険性、⑶文化的価値の擬似体験への拡散・代置などは、それぞれなりに理解可能であろう。しかし、「V　反ユダヤ主義の諸要素——啓蒙の限界」は安直な読解を許さない。この章が書かれたのは「ホロコーストの全貌が明るみに出るより前だったのではないか」、との推定が徳永恂によっておこなわれている（『フランクフルト学派の展開』一五二）。それにしても、「下等動物が示す、めちゃくちゃのようでありながら規則的な、恐怖への反作用や、群衆の織りなす模様、拷問されている者の引きつった身振りのうちに現れているのは、哀れな生のうちにあって、なおかつ完全に支配され切っていないもの、つまりミメーシスの本能なのである」（三八〇）、といった文言をただちに正面から受けとめることができるだろうか。また続いて、「被造物の死闘という自由のまったく対極のうちに、抵抗しがたく自由の光が、物質とは対角をなす規定として、さしこんでくる」（三八〇）、といった文言はどうか。

こうした無惨なまでの現実問題がアドルノ自身にあっては、後に続く『否定弁証法』（第三部）での省察をはじめ、徹底的に追求されていく。アウシュヴィッツに極まる事態こそが、その哲学への動機づけをなす、とされているのである。

『啓蒙の弁証法』は自然を、自己保存の欲動を強いる恐るべき威力としてばかりでなく、人びとを魅惑する源泉としても、それらの双面において把握している。ホメロス『オデュッセイア』でのセイレーンたちとの対面・対決の場面——「自分では歌声を聴くことのない同行者たちは、ただ歌の危険を知るだけで、その美を知らない。彼らはオデュッセウスを帆柱に縛りつけたままにしておく、彼と自分たちとを助けるために。彼らは抑圧者の生命を自分たちの生命とひとつのものとして再生産する。そして抑圧者のほうは、もはや彼の社会的役割から脱出することはできない」（七五）。自然にたいする社会的支配においては、分業のもとで労役に従事する者たちには禁欲が、指揮・命令してその成果を享受する者には策略が振りあてられる。その結果として、「人間の内なる自然を否定することによって、外なる自然を支配するという目的ばかりか、自らの生の目的すら混乱し見通せなくなってしまう」（一一八）。この有名なアレゴリー解釈にたいしてここでは、F・カフカの遺稿「セイレーンたちの沈黙」をあげておこう(6)。セイレーンたちはオデュッセウスにたいしては歌わずに黙しつづけたのではないか——たしかに、策略によって自他の自然を瞞着しおおせると盲想する支配者にたいしては黙殺こそがふさわしかろう、あるいはまたオデュッセウスはセイレーンたちの沈黙に本当は気がついていたのかも知れない、というのである。本章では、第3節の「「オデュッセウスvs.セイレーンたち」の再解釈」で、いまひとつ別の解釈を提示することになろう。

この範囲での問題は、この神話と叙事詩の英雄、あるいは啓蒙への先行的祖型、はたまた神話へと退行する啓蒙主義のカリカチュア、ひろくは半教養のパラノイアたちにたいして傷つけられた自然の呼び声はどのように響くのか、であろう。欺瞞的支配の諸主体は、それに従属・追従する者どもをも含めて、傷つけられた呼び声・叫び声を黙殺し、自己の感受性をすら抹殺することをもって、自己の存立、同一性の確立をはかり続けてきたのではないか。「自己自身と分裂した自然としての精神の自己認識のうちで〔…〕自然は自己自身に呼びかける」（八四）、と記されてはいる。そうした精神の自己省察のうちに、宥和されざる自然として支配が認識されるとき、支配と思考との連結を解除すべく思考それ自体、思考する主体それ自身が方向づけられることは不可能ではなかろうが。この可能性を美的感受性の理論として位置づけようとする『美的理論』に対して、社会的自然支配の強制力が「同一性原理」の支配として映現する場面を批判的に究明するという課題がここに浮上する。

『否定弁証法』と同一化強制批判

その課題が、「構成的主観性の欺瞞を主観の力によって打破すること」、と『否定弁証法』では綱領化されている。同一性原理こそが同一的ならざるものを抑圧することによって、敵対関係を永続化していながら、みずからを和解として通用させようとする。政治的支配における同一性強制・統制、経済的交換関係における交換価値による全般的同一化、文化的諸特性の消去・無差別化など、支配的関

（６）『カフカ・セレクションⅡ 運動／拘束』柴田翔訳、ちくま文庫、二〇〇八年、二三六―二三九頁。

係原理としての同一化強制にたいして、そして思考そのものの同一化性向に抗して、非同一性こそが救出されるべきものとされるのである。こうした一般的規定はしかしながら、救出されるべきもの、同一的ならざるものへの方向性を指示する一方、他方ではそれぞれの次元・場面での特殊性をまさに「同一化」してしまうという危険をあわせもつのではなかろうか。超越論的主観性の原理を商品の交換形態・社会的機能連関から説明しようとしたA・ゾーン＝レーテルとの討議を承けてアドルノは、「交換において同一性原理はその社会的モデルをもっている。同一性原理なくして交換はない」、とまで書いている（*Gesammelte Schriften*, Bd. 6, 149. 邦訳『否定弁証法』一七九）。逆である。交換なくして同一性原理はないであろう。同一化、同一性強制（Identitätszwang）が指摘され批判されなければならないとしても、同一性なるものが実体化されてはならない。それぞれの存在領域にそくした種差別化が必要であろう。

同一化強制にたいして非同一性の契機を救出して構成的主観性の欺瞞を打破するということでのプログラムは、『否定弁証法』第三部、「いくつかのモデル　Ⅰ自由——実践理性批判へのメタ批判」ではより説得的に展開されている。「行為には純粋意識以外のもの、不意に現れてくるものがあるのであって、それこそが自発性である。カントはこの自発性をまたもや純粋意識へと移植した。さもなければ、〈われ思う〉の構成的機能が危険にさらされたであろうからである」（『否定弁証法』二七九）。「付け加わるもの」と訳されてきた契機（das Hinzutretende）がある。そうすると、あたかも合理性にひとつ別のものが追加されるかのように表象されようが、むしろそれは精神的なものであると同時に身体的なものでもある自由への衝動として、意識にとっていわば双方向から「迫りくるもの・達するもの」

と言い換えられてよいであろう。「主体の犠牲なき非同一性」――ここに、「啓蒙主義の啓蒙」という『啓蒙の弁証法』以来のユートピア的展望が、構成的主観性における同一性強制への批判を介して、表明されているのである。ちなみに、『否定弁証法』執筆やそれに直結する講義「否定弁証法講義」「道徳哲学講義」の時期と、イェルサレムのアイヒマン裁判、フランクフルトでのアウシュヴィッツ裁判の進行とが重なる。アイヒマンはカントの定言命法を改釈して、「法律は法律であり、それが総統の意志であれば従わなければならない」、としていたという。

実在的自然の圧倒的威力を逆理的にも支配しきろうとする「頽落の自然史」の延長上に位置する同一性思考・イデオロギー的虚構――これらに対置されるのが、非同一的なるものの痕跡としての「自然美」であり、「芸術作品」の理念となる。

『美的理論』と感受性の現象学

「自然美とは、全般的な同一性という呪縛にとらえられている事物における、非同一的なるものの痕跡である」――『美的理論』におけるこの暗号めいた言明を理解するためには、『否定弁証法』における同一性・非同一性をめぐる立論をふまえるだけではなく、『啓蒙の弁証法』における威力と魅惑としての双面的な自然把握が想起されなければならない。そこにある自然がただちに美である、などというのではない。『オデュッセイア』にあっても、セイレーンたちはその誘惑が撃退されたからには、沈黙を強いられるほかなかった。「オデュッセウス」に率いられた軍団が通過したその跡には、草木すら健やかには生育し難かったであろう。Ｅ・ブロッホのファンタジーを付記しておけば、「セイレーンたちはなお《底なし》の、少くとも未決着の自然の両義的な秘密のなかに住みついている」(『未知への痕跡』二四六)。芸術が「抑圧された自然の歴史的語り手」となるというアドルノの鮮やかな提題がこれを補強している。

アドルノは「芸術に関するなにものも最早、自明ではない、ということが自明となった」といった状況認識から出発する一方、他方で作品の理念的なものにかかわる水準においては、ひきつづきカントの『判断力批判』における崇高論との対決を試みている。「自然にあって崇高なものはカントにあっては、感覚的実在の圧倒的威力に直面しての精神の自律にほかならない。その自律は精神化された芸術作品のうちにはじめて達成される」。さらに体験としての美的震撼にあっては、自我はみずからが究極のものではない、仮象のようなものである、との意識にとらえられる。こうして芸術は「抑圧の内なるエージェントである自我原理にたいして最終的に批判的になる」(*Gesammelte Schriften*, Bd. 7, 364 f. 邦訳『美の理論　新装版』四一六以下参照)とされる。

社会的自然支配から生じる無惨ともいうべき啓蒙の自己破壊(『啓蒙の弁証法』)、主体の自己同一性といったイデオロギー的虚構(『否定弁証法』)、そこに現出する廃墟としての「頽落の自然史」を脱却すべき作品の理念(『美的理論』)――こうした構成のうちに、反体系を自称するアドルノの体系構想が、ひいては「啓蒙の自己啓蒙」ともいうべき『啓蒙の弁証法』のプロジェクトが、すがたをあらわしつつある。もとより、以上の論述のうちに示唆してきたいくつかの留保のうえで、である。ひきつづき「感受性の現象学」を構想するアドルノの構成にそくしてもなお、その都度に新しく創造され受容される〈芸術〉作品を事実的にもまえもって指定しておくことは逆理となろう。ひとは問いの前に立つ。

アドルノが着手しようとしていた個別課題は「音楽学の著作」「道徳哲学に関する著作」等であったと伝えられる。

ちなみに、アドルノの美学・現象学構想にひとつの示唆をあたえたと推定される初期ルカーチの『ハイデルベルク論稿――芸術の哲学(一九一二―一九一四)、美学(一九一六―一九一八)』にあっては、「美学の現象学とは規範的主体性の自我被拘束性からの自己解放の行程」(『ハイデルベルク美学1916–1918』)と予告的に把握されていた。(7) 歴史の現実の場面での飛躍と反転とをはらんだ容易ならざる過程がその論理的帰結である。『美的理論』でのアドルノは、「いずれの芸術作品もがみずから完遂する過程はあり得べき実践のモデルとしてはたらく。そこでは総体的主体 Gesamtsubjekt のようなものが構成され、社会のほうへ遡及する」、としていた。こうした総体的主体の成立を、彼はしかしながら、同時代西ドイツの「'68年運動」、とりわけフランクフルト大学での「エスカレーション戦術」のうちに視ることはなかった。むしろ、フラッシュ・バックのように「反ユダヤ主義」シンドロームが感得されていたのだ、との指摘がある。彼の生はそれほどまでに深く傷つけられていたのだ、ということになろう。対して、ルカーチの言明をも併記しておこう、「ひとが学生運動のうちに左翼ファシズムをみてとることができると考えるとすれば、私はそれをひとつのデマゴギーと判定する」(*Ist der Sozialismus zu retten?* 72)。こうして、《新しい現象学》の実践的階梯は、いまや決して一義的ではあり得ない。あるいはむしろ逆に、多極化し多次元化する現実がこうした多様性のうちに映現していた、と

(7) なお、『ハイデルベルク美学1916–1918』の邦訳が鋭意進行中である。

いうべきか。

3　この時代への架橋のために

本章に続く「Ⅱ　来たるべき啓蒙への問い――フランス現代思想と『啓蒙の弁証法』」、「Ⅲ　『啓蒙の弁証法』から新自由主義批判へ――アメリカ批判理論の展開」では、ホルクハイマー、アドルノらに次ぐ批判理論の継承世代、例えばJ・ハーバーマスによる「コミュニケーション的行為論」「討議倫理」などへの試みをも含めて、フランス、アメリカなどにおける問題状況が検討されるであろう。ホネットによる「承認をめぐる闘争」論の展開は、まさに現在進行形である、と考えられる。本節では、ハーバーマスのように『啓蒙の弁証法』を意識哲学の枠内にあるとして克服しようとする立場をとるのとは異なり、あるいはホネットのように物象化論と承認論とを連接して時代状況に対応しようとする観点をとる前に、ひとまずは『啓蒙の弁証法』のテクストそのもののうちなお展開されるべき論点・問題点を問いすすめる、という手順をとる。(1)『オデュッセイア』解釈をめぐって、(2)テクノロジーとビューロクラシーとの連結をめぐって、(3)ポロック「国家資本主義論」から「新自由主義」問題をめぐって――これらを以下の論説の範囲内ではとりあげる。

「オデュッセウスvs.セイレーンたち」の再解釈

第2節の「『啓蒙の弁証法』と社会的自然支配の逆理」での引用を確認しておけば、「〔オデュッセウスの命令で耳を蠟で塞がれた同行者たちは〕抑圧者の生命を自分たちの生命とひとつのものとして再生産する。そして抑圧者のほうは、もはや彼の社会的役割から脱出することはできない」(七五)、とある。そうだろうか、ホメロスのテクストを読みなおしてみよう。女神キルケーはオデュッセウスにたいして、「もし、おまえが欲するのなら、セイレーンたちの歌を聴くがよい」とだけ託宣するのを、オデュッセウスは歪曲して、部下たちにたいして「驚くべきセイレーンたちの歌を避けるよう、キルケーは命じた。私オデュッセウスだけがその歌を聴くべきだ、というのだ」、と伝えている[8](『オデュッセイア』第一二歌)。スキュラとカリュブディスの脅威をかろうじて通り抜けたあと、部下たちは飢餓からタブーを破り、全滅してしまうのである。キルケーの予言によれば、家畜に害を加えるようなことになれば、部下の全員を失う、オデュッセウスのみ難を逃れるにせよ、とある。彼はこのことを心得ていた。オデュッセウスの所業は、単なる知略による自己保存一般ではなく、支配関係を前提とした欺瞞と被支配者たちの犠牲による、みずからのためだけの保身戦術でもあるのだ。

「耳を塞がれたプロレタリアート」(七八)たる部下の漕ぎ手たちには何の手立てもない、というのであろうか、あえて考えすすめてみる。キルケーの警告を歪曲して伝えるオデュッセウスにたいして、部下たちのあいだに動揺と不安の声がひろがろう。彼等は相互に話し合うことはできないとしても、その不安の声が悲鳴であれ怒声であれ一層おおきくなるとき、誘惑をこととしていたセイレーンたち

---

(8) ホメロス『オデュッセイア』上、松平千秋訳、岩波文庫、一九九四年、三〇九―三三一頁。

の歌声は一瞬途絶えよう。漕ぎ手たちの叫び声が、荒ぶる畜獣を鎮めたというオルフェウスの技には遠く及ばないまでも、不協和のまま唱和するとき、セイレーンたちが諧和してはじめて本当に歌いはじめるかも知れない。そしてセイレーンたちが彼等とあわせて歌うのを部下の漕ぎ手たちが見るとき、漕ぎ手たちはその耳を塞いでいた蠟を取り除くであろう。そのときには最早、なんの充分な理由もなく自分を帆柱に縛りつけさせたままのオデュッセウスは愚劣と滑稽の極みとしか見えないはずである。(9)

ただしかし、部下たちが不安と不満を抱き危険を感知するだけでは、その悲鳴はオデュッセウスの策略に対抗しきることはできない。そこに彼等の悲惨がある。オデュッセウスは彼等の怒声をすら抹殺しながら、船をすすめるよう命令し続けるであろう。そこに彼の卑劣がある。部下たちが全滅するに至っても彼には悔いるところはないのかも知れない。たいして、その部下たちがみずから絶滅を予知することができていれば、絶叫のうちに没落してしまいたくなければ(bei Strafe des Untergangs. 四一二参照)、ことは別様にはこばれもするであろうが。ところがそうではなくて、危機にあってはむしろ命令への従属、同調こそがみずからを没落から救う、と考えられてしまう。「経験のかわりに決り文句が、経験のうちに働く想像力のかわりに熱心な受容が、現れてくる。急激に没落したくなければ、各層のメンバーは方向づけという課題を課せられている。〔…〕権力の既定方針のひとつへの同調という意味でも、彼らは何らかの方向づけをしなければならない」(四一二)。――「まさしくそれ故に、同調をためらう者は、すでに脱走兵として社会的制裁を加えられる」(四一八)。同調と統合を強制してきただけの社会が破綻を露呈するのは、ようやく事後になってからである。

ここに、支配されるだけの者の悲惨、その無惨を代償に支配し続けようとする者の欺瞞と卑劣、その交差連結のうえに反復される廃墟の根源がある。古代ギリシアの伝承だけではない。前世紀の「反ユダヤ主義」国家の事例だけではない。この国でも悪名たかい「インパール作戦」にあっては、「五〇〇〇人殺せば〔敵陣地を〕とれる」といった会話が、軍司令部内部で公然とおこなわれていた、という証言がある（『戦慄の記録　インパール』一〇〇以下参照）。五〇〇〇人とはみずからの師団の死者数をさす。こうして作戦命令者は生き残ろうとする。沖縄戦末期、予想されていた敗戦「講和の条件を有利にする」ために、当地での徹底抗戦が命じられていたという事実は、比較的には以前からも知られていよう。

技術・科学と「道義性の摩損・軽視」

本章第2節の「『啓蒙の弁証法』と社会的自然支配の逆理」冒頭での引用には、「〔威力としての自然を継承する社会的強制力は、個々人のうちで首尾一貫した自己保存というかたちで自己を再生産しつつ〕自然に対する社会的支配というかたちで逆に自然のほうへと打ちかかる。科学とは同一なるものの反復である」（三七五）、とあった。科学が、それぞれの実践の現場においては進歩であれ退歩であれ、かならずしも「同一なるものの反復」とはいえないだろうとして、ここでの問題は技術・科学として「自然

（9）　おおくの事例があろうが、例えば二〇一一年ニューヨーク・ウォール街での占拠運動のスローガンが連想されたとしても、決して唐突ではない。“We Find Each Other.” こうした再解釈には、西洋古典学の安西真氏からの応接をいただいた。

のほうへと逆に打ちかかる社会的強制力」である。「技術の勝利とともに、人間がつくりだしたさまざまなものは、支配可能なものになると同時に、強制力をもつものになる」(三七六)。この問題をベンヤミンは、「技術の蜂起」という直観のうちに把握していた。「社会がまだ技術を自分の器官として使いこなすまでに充分には成熟していなかったこと、そして技術が社会の基本的諸力を制御するほど充分に成長しているのではなかったということを、戦争がその破壊をもって証明している」(「複製技術時代の芸術作品」六二八)。社会と技術とのこうした危機的相関関係の把握に先行していたのが、「自然とは社会的カテゴリーである」といったルカーチのテーゼである。その含意は、科学・技術の進歩が社会的進歩の基準となるというのではなくて、新しく実現されるべき社会が技術・科学をもふくむ社会と自然との新しい関係を創出するのでなければならない、という展望であった。しかし、アドルノたちの時代にあっては逆に、倒錯した社会に相応した技術・科学が選好的に調達され、それに対応した組織が動員・編成されるといった壊滅的相関関係の段階になり至る。「マンハッタン計画」の進行が『啓蒙の弁証法』の執筆時期と同時並行していたのである。「「自然への頽落」と社会の進歩は不可分である。生産性の向上は〔…〕技術的機構とそれを操縦する社会的諸集団とに、それ以外の人民を支配する計り知れぬ優越性を賦与する」(一三)。「マンハッタン計画」に動員された現場の労働者・技術者たちには、そもそも何がつくられているのか、知らされてはいなかった、という。

「原子力の平和利用」といわれもした「原子力発電」とは、核兵器開発の知識・技術・組織そして資材の戦略的転用である。それは、正確には「核発電」と言わなければならない。事故は不断に発生していた。「安全神話」がチェルノブイリ、フクシマで吹きとばされた後では、いつの間にか、危険を自明の前提とした危機管理・避難対策へと焦点が移動させられてしまっている。二〇一七年、国際連合では加盟国のおよそ三分の二を占める一二二カ国の賛同を得て「核兵器禁止条約」が採択され、二〇二一年一月には五〇カ国以上の批准を経て発効している。ただ、核発電と核兵器との互換性にもかかわらず、「平和目的での原子力保有」禁止が明記されてはいない[10]。「原発反対」だけの各国・地域運動の限界と対蹠的である。『啓蒙の弁証法』でいわれていた「新しい野蛮状態」への墜落が深化し全面化されようとしている。「自然のほうへと打ちかかる社会的支配」の具体的事例としてアドルノ『美的理論』は、技術の平和的ならざるあり様、動物・風景・女性などを列挙していた。近年にあっては、気候危機に関する年少者たちの抗議の声が高まるまでになっている。どうしてこの事態にまでなり至っているのか。技術・科学論の観点からここでは若干の補足を加えておく。

マルクス『資本論』第一巻一五章以下にみられる moralischer Verschleiss, moral depreciation がこれまで「道徳的摩損」と訳されてきたために、そこにマルクスがこめた批判的含意はほとんど理解されてこなかった。Verschleiss とは、ここでは軽視を意味している（depreciation の反対語は appreciation、評価である）。社会的自然支配の媒体としての技術・科学が、資本制生産にあっては特別剰余価値の実現を動因として展開されるかぎり、その結果として(1)機械の使用にあっては、技術革新による減価を回

(10) 安全保障理事会の常任理事諸国に加えてインド、パキスタン、イスラエル、北朝鮮など核兵器保有とみなされる諸国、NATO傘下諸国や日本ほかが不参加。批准完了が二〇二一年六月末の時点で六六カ国・地域。

避するために、労働時間の延長、労働の強化がもたらされる。(2)利潤に結びつかないかぎり、安全への投資はできるだけ節約、ないし無視される。(3)固定資本への投資分が回収されないかぎり、新しい技術・科学の導入が抑止される。道義性の軽視がそれらの帰結である。こうした「死せる機械」との類比から、ウェーバーは官僚制を「生ける機械」と評していた[11](「新ドイツにおける議会と政府」一九一九年)。テクノクラシーとビューロクラシーとは交差連結して制御困難な自動機械装置、すなわちテクノ・ビューロクラシーとビューロ・テクノクラシーとの連結体をかたちづくる。二〇一一年、フクシマ複合災害はこうした人工的構築体が破綻した明白な実例である。原発へと投資され事故後に投入された借入分を弁済すべく運転期間の延長・再稼働をはかるに至っては、もはや道義性の破壊というほかない。

しかしここでは「モラル」だけを論題としているのではない。フクシマ複合災害の直後、二〇二二年までに原発を全廃し再生可能エネルギーを普及させるという「エネルギー転換」政策をうちだしたドイツ首相メルケルの「英断」が賞賛されるところではあった。ただ、一九九八年からの「ドイツ社会民主党」と「'90年連合・緑の党」との連立政権のもとで、「二〇二〇年代までには」ドイツ国内の原発をすべて廃止するとの決定が――地道な環境保護運動、時には激しい現地闘争を背景に――下されていた。そして二〇二二年ともなれば、原発の耐用年数、減価償却期間はおおよそ完了するという計算が成り立っていたのである。巨大技術・科学の興亡の決定的契機のひとつがここにある。そしてこれが、経営・組織の動向と連動している。A・フィーンバークの「技術の批判理論」にそくして、さらにこの点を検討しておこう。

ハーバーマスが『コミュニケーション的行為の理論』(一九八一年)において経済システムが貨幣を、政治・行政システムが権力を媒体として生活世界のコミュニケーション・ネットワークを「植民地化」するという構成をとったのにたいして、フィーンバークはいまひとつの媒体として技術を導入する。「技術の民主主義的な合理化」というその示唆的な議論のうち、ここではGMのケースとエイズをめぐる問題に限定する。GM経営陣はホンダによって開発されていた層状給気エンジンを導入せず、汚染コントロール効果がすくないうえに複雑な汚染物質制御装置を装着するにとどめた。何故か、についてフィーンバークは述べていない。新技術への投資は高くつき、対処せずとも独占市場から顧客が離れることはなく、株主にとっても彼ら自身の地位保全にとっても、そうするほうがより好ましい、と考えたのである(二〇一―二〇二頁「道義性の摩損・軽視」(2)、(3)に該当)。複合的背景はあろうが、GMの破産は二〇〇九年である。また、エイズ治療に際しては、ネットワークをとり結んだ活動家たちが治験に参画して成果を収めた、という。しかし、フィーンバーク一九九九年の著作『技術への問い』の記述はここまでである。[12] エイズ・パンデミックは収束せず、「グローバル・サウス」の範囲での死者は近時にあっても毎年一〇〇万人に迫っている。二〇〇一年、南アフリカでの製薬会社大手を相手どった裁判闘争を経て、ほどなくジェネリック薬品の使用はやや容易になったとはいえ、なおそ

(11) マックス・ヴェーバー「新秩序ドイツの議会と政府」中村貞二訳、『政治論集2』中村ほか訳、みすず書房、一九八二年、三三三―四八六頁。
(12) アンドリュー・フィーンバーグ『技術への問い』直江清隆訳、岩波書店、二〇〇四年。

れでも高価にすぎるという人びとが多い。この構造を維持しているのが、アメリカで軍需産業を超える政治献金を提供し続けている「ビッグ・ファーマ」と、WTO（世界貿易機関）の法外な特許システムである。

フィーンバークの提唱する「技術の民主化」論は、もちろん広範な射程をもち得よう。しかし同時に、そのプロセスを阻む諸モーメントが考慮にいれられなければならない。物的デブリ、核廃棄物がチェルノブイリ、フクシマに処理不能なまま残存しているだけではない。組織的、そして人的デブリが遍在している。それら残骸の撤去こそが《理性的な刷新》の条件である。

「国家資本主義」から「ネオ・リベ」問題へ

こうして、経済・政治的問題群が前景化してくる。これまでの論述の範囲（第2節）からでも、それらの欠落・未分節は指摘され得たところであろう。ことは、『啓蒙の弁証法』の成立事情にかかわる。ホルクハイマー全集の編集者G・シュミット＝ノエルによれば、ホルクハイマー自身は『啓蒙の弁証法』の「哲学的フラグメンテ」としての完結直前になるまで、ポロックによる政治経済学的論稿を期待し続けていた、という。現時点では、それに相当する準備草稿類は見出されていない。ホルクハイマーの論説「権威主義国家」（一九四二年）の背景をなすポロックの「国家資本主義」モデル（一九四一年）は、政治的権力集団による市場への介入・指令を通じて統合された国家主義体制をさす。これにたいして、『ビヒモス』の著者F・ノイマンは、ナチ党・国防軍・官僚群そして大企業体が相互に抗争しあいながら民族主義へと国民を組織化する「全体主義的独占資本主義」論を提起していた。両者のあいだの生産的な論争はしかしながら、戦争という時代状況とその後の冷戦の時代にあっては続行されることはなかった。バラン、スウィージー『独占資本』の共著者Ｐ・バランが、かつてのポロックの助手としてかろうじて知られているにとどまる。この関連で日本での、宇野弘蔵の経済学研究と丸山眞男の政治思想史研究といった達成について附言しておけば、社会のトータルかつクリティカルな把握という社会研究所以来の課題にたいして、経済学・政治学の相互啓発的な研究の任にあたるべき続く世代が、一九七〇年代以後とりわけ研究者集団として編成される機会がすくなくなっていた。

ここでの限られた範囲では、既におよそ半世紀の前歴をもつ「ネオ・リベラリズム（新自由主義）」について瞥見しておく。「ネオ・リベ」は歴史的には、一九七一年アメリカの金・ドル兌換停止と続く変動相場制への移行、一九七三年チリでの社会主義政権にたいする軍事クーデターなどに淵源する。つまり米主導の戦後資本主義の危機的転換と反革命とである。「シカゴ学派」などの虚名はその結果にすぎない。Ｍ・フーコーなども、はやくから警告を発していた。しかし、その思潮は一九八〇年前後から英国、米国、日本ほかの西側諸国ばかりでなく、後には中国、そして旧ソ連地域などにまで波及していく。

日本について振りかえれば、「規制緩和」「民営化」などはひとまず大方にはやや肯定的に受けとめられた。続く「自己責任」といったキャッチ・コピーにたいしては同調と疑念とが共存していた。そして「トリクル・ダウン」に至っては、そのあからさまなデマゴギー性がひろく認識されはした。しかしそのときには既に、「格差」とか「非正規雇用」、貧困の問題などが牢固とした社会的構造として定着していたのである。教育・福祉ほかの市民的公共にかかわる諸部門までもが収益のみを原則として再編され、行政の然るべき指導・監督は機能不全となる。その荒廃にはしばしば通常の想像を超える事例がある。無法地帯が拡散しようとしている。

ポロックの「国家資本主義」モデルを変様すれば、いわば「危機管理型資本国家主義」とでも仮りにいうべき体制が前面化しているのではなかろうか。支配にとっての危機が軍事をふくめた強権的管理の強化によって制御されようとしている。もはや単一の「基軸通貨」をもたないグローバル・カジノ資本主義にあっては、資源・領土などをめぐる抗争は安直に軍事行動へと連結される。「最終兵器」を控えさせた「新しい野蛮状態」の最新形態がここにある。著者たちは『啓蒙の弁証法』以後、それに続いて『偏見の研究』シリーズ、『権威主義的パーソナリティ』(一九五〇年)といった社会心理学的実証研究にたちいっていた。昨今の危機管理型国家主義体制という政治経済的対象構造のもとで、どのように倒錯した言説が蔓延し、退行した行動形態が支配的となろうとするのか、この問題圏があらためて設定されなければならないことになる。

この第3節では以上、社会的支配構造のもとでの自然支配、その媒体としての技術・組織の資本制的編成、そしてポロック以降の危機管理型国家主義について、『啓蒙の弁証法』の概念配置をこの時代へと架橋すべく、限られた範囲での論述を試みてきた。ひきつづき、「文化」の問題次元における多様な批判モデルが構成され、トータルな連関のなかで編成されなければならないであろうことはいうまでもない。

おわりに

規定された否定、または特定の否定(bestimmte Negation)という――ヘーゲル由来の――『啓蒙の弁証法』の方法的中心概念がある(五七参照)。それは、規定し同定することが、対象を、そして主体を限定し否定することであるのにたいして、その限定を、すなわちその否定を否定する行程をさす。そのプロセスは、さしあたりはその対象に規定されて限定された過程となるかぎり、「限定された否定」という局面を呈示しようが、そうした限定を廃棄し脱却するところにこそその否定の本質があるかぎり、限定を否定するという意味では限定否定といいかえられる。そして、そうした揚棄の過程のうちに新しい規定(Bestimmung)の生成、主体・客体関係の形成が準備されているのである。

アドルノはその『道徳哲学講義』(一九六三年)で、「真なるものは真なるものと偽なるものとのインデックスである」というスピノザの命題(『エチカ』第二部、定理四三、備考)を転換して「偽なるものが偽なるものと真なるものとのインデックスである」、といいかえようとしていた(八四参照)。ここには、その哲学への初心に意外なまでに忠実でもあるその立ち位置と作法とが確認されるのである。一九六九年、その突然ともみえる途絶に至るまで。[13]

(13) 本章の簡略化された論述をより詳細に補完するものとして、第1節、第2節について、①『思想』二〇一一年四月号、八四―一〇四頁、六月号、一〇八―一二三頁の高幣秀和「ルカーチvs.アドルノ問題再

〔引用文献〕

アドルノ、テオドール『道徳哲学講義』船戸満之訳、作品社、二〇〇六年

NHKスペシャル取材班『戦慄の記録 インパール』岩波書店、二〇一八年

ジェイ、マーティン『弁証法的想像力――フランクフルト学派と社会研究所の歴史 1923-1950』荒川幾男訳、みすず書房、一九七五年

徳永恂『フランクフルト学派の展開――二〇世紀思想の断層』新曜社、二〇〇二年

ブロッホ、エルンスト『未知への痕跡』菅谷規矩雄訳、イザラ書房、一九六九年

ベンヤミン、ヴァルター「複製技術時代の芸術作品」久保哲司訳、『ベンヤミン・コレクション1 近代の意味』浅井健二郎編訳、ちくま学芸文庫、一九九五年、五八三―六四〇頁

ルカーチ、ジョルジ『芸術の哲学――ハイデルベルク美学論稿 1912-1914』城塚登・高幣秀知訳、紀伊國屋書店、一九七九年

Adorno, Theodor W., *Gesammelte Schriften*, Bd. 7: *Ästhetische Theorie*, herausgegeben von Rolf Tiedemann, Frankfurt am Main: Suhrkamp, 1970（大久保健治訳『美の理論 新装版』河出書房新社、二〇一九年）（改訳新版が望まれる）.

――, *Gesammelte Schriften*, Bd. 6: *Negative Dialektik; Jargon der Eigentlichkeit*, herausgegeben von Rolf Tiedemann, Frankfurt am Main: Suhrkamp, 1973（木田元・徳永恂ほか訳『否定弁証法』作品社、一九九六年）.

――, *Nachgelassene Schriften*, Bd. 7: *Ontologie und Dialektik*, herausgegeben von Rolf Tiedemann, Frankfurt am Main: Suhrkamp, 2002.

Adorno, Theodor W. und Alban Berg, *Briefwechsel, 1925-1935*, herausgegeben von Henri Lonitz (Theodor W. Adorno, *Briefe und Briefwechsel*, herausgegeben vom Theodor W. Adorno Archiv, Bd. 2), Frankfurt am Main: Suhrkamp, 1997.

Dannemann, Rüdiger (Hrsg.), *Georg Lukács und 1968: eine Spurensuche*, Bielefeld: Aisthesis, 2009.

Ist der Sozialismus zu retten?: Briefwechsel zwischen Georg Lukács und Werner Hofmann, herausgegeben von György Iván Mezei (*Hefte des Georg-Lukács-Archivs*, 10), Budapest: T-Twins, 1991.

考」(前・後)を、また第3節「技術・科学と「道義性の摩損・軽視」」については、②「震源域・核発電・再稼働」(家田修編『語り継ぐべき原子力災害――福島とチェルノブイリ』東信堂、近刊予定)、③ "Moral Depreciation, Automatic Machinery and Rational Transformation," 中央大学法学部『法学新報』一二八巻九号(星野智先生退職記念論文集)、三三一―三四七頁、二〇二二年三月、ほかを参照されたい。

ほかに、参考文献として邦語では、①高幣『ルカーチ弁証法の探究』未来社、一九九八年、②八木紀一郎『二〇世紀知的急進主義の軌跡』みすず書房、二〇二一年、ならびに書評、高幣『図書新聞』二〇二二年二月(三五三〇号)がある。なお、I・ウォーラーステイン、A・ホネット、N・フレイザーほか『資本主義と危機』岩波書店、二〇二一年では、広義の批判理論の現在地がそれぞれに記されている。

Ⅱ　来たるべき啓蒙への問い
——フランス現代思想と『啓蒙の弁証法』

宮﨑裕助

はじめに

『啓蒙の弁証法』は、アメリカ亡命の最中に二人のドイツの哲学者によって執筆された書物であること、そこには世界大戦の惨禍、とりわけ当時ナチス・ドイツのもたらした破局が深く影を落としていることは、本書を読むさいに念頭に置くべき不可欠な前提である。にもかかわらず、他方、本書がたんにドイツ固有の文脈を離れ、二〇世紀後半のフランス思想(「フランス現代思想」と呼ぶ)との関連がしばしば指摘されてきたことも事実である。

フランクフルト学派第二世代の哲学者ユルゲン・ハーバーマスによる『近代の哲学的ディスクルス』(一九八五年)は、その関連を理解するうえで、もっとも大きな影響力をもった著作であると言えるだろう。ハーバーマスはそこで、ヘーゲルを頂点とする近代《モダン》哲学以後の時代にあって「ポストモダン」と呼ばれてきた現代思想との論争に取り組んでいる。彼によれば、ニーチェの近代批判のうちにひとつの大きな分水嶺が認められるのであり、二〇世紀のフランス思想こそは、ニーチェの企てを展開した主要な帰結のひとつとみなさなければならない。

ポストモダンのこの動向には、形而上学批判（ハイデガーからデリダへ）と、力ないし権力理論の探究（バタイユからフーコーへ）というおおむね二つの方向があるとされる。ハーバーマスによれば、これらに共通しているのは、徹底した理性批判ないし合理主義批判である。ニーチェ以後、ニーチェを引き継ぎつつ、ニーチェを超えて展開したフランス現代思想の手前で、この理性批判をもっとも深く追究し、仮借なき厳格さで遂行した企て、それこそは、本書『啓蒙の弁証法』なのである。

『啓蒙の弁証法』についてのハーバーマスのこうした整理は、しかし、実際にはどの程度妥当なのだろうか。本書がニーチェの影響下で戦後フランス思想の展開の先鞭をつけた試みだとして、それがフランス現代思想に与えた影響といったものを語ることはできるだろうか。『啓蒙の弁証法』もフランス現代思想も、その徹底した理性批判ゆえに、反啓蒙の急先鋒として毀誉褒貶に曝されてきたが、実際には啓蒙をめぐっていかなる立場をとっているのだろうか。こう問うとき、両者の関係はどのようなものとみなせばよいのだろうか。

以下では、ハーバーマスを介して曖昧なままに放置されているように思われるこの問題に一定の見通しをつけることを試みたい。啓蒙というトピックをめぐって、二〇世紀後半のフランス思想のなかでこの主題に明示的に取り組んだ二人の哲学者、ミシェル・フーコーとジャック・デリダの仕事を参照することにしよう。ハーバーマスが取り上げているこの二人との関係を通じて、現代思想における『啓蒙の弁証法』の命運が素描されるのだとしたら、それはどのようなものだろうか。

1　クロソウスキーとサドの問い

パリとフランクフルトの懸隔

まず大前提として、『啓蒙の弁証法』のフランス語圏での受容を確認しよう。本書の初版はアムステルダムで一九四七年に出たが、一九六九年にドイツで再版(フィッシャー社刊)が出るまで、専門家のあいだでの知る人ぞ知る「伝説の書」といった扱いであり、一般にはほとんど認知されていなかった。フランス語訳が出たのは、再版刊行五年後の一九七四年(ガリマール社刊)である。

この事実から端的に引き出しうることは、『啓蒙の弁証法』が、フランス現代思想の主要な論者たちに直接の影響を与えることはなかったということである。彼らの一連の思想がパリ五月革命の理論的支柱たる「六八年の思想」(フェリー／ルノー)と呼ばれていたように、それを担ったとされる思想家たち(アルチュセール、ラカン、フーコー、ドゥルーズ、リオタール、デリダら)の主著は、『啓蒙の弁証法』が一般に知られるようになった一九六〇年代末までにほぼ出ている。実際、彼らの六〇年代の著作において、ベンヤミン、アドルノ、ホルクハイマーなど、フランクフルト学派の仕事が言及されていることは皆無である。このことを裏付ける興味深い発言を、一九八三年のミシェル・フーコーのインタビューに見いだすことができる。

フランスは〔…〕批判理論をほとんど知らず、フランクフルト学派もほぼすっかり無視していたのです。このことはしかも、ひとつの小さな歴史的問題を提起し、私の興味をそそるのですが、まったく解明できないままです。一九三五年、フランクフルト学派を代表する多くの人々がパリに避難場所を求めてやってきたのは周知の事実です。しかし、彼らはたちまち去っていきました。おそらくうんざりしたのでしょう――何人かはそう言ってさえいたのですから――、いずれにせよ、反響を呼ばなかったことを悲嘆したのです。〔…〕フランクフルト学派とフランス哲学思想とのあいだで、科学史、それゆえ合理性の歴史を通じて確立されたであろう相互了解、それがなされたことはありませんでした。実際、私が学生だったころ、教授陣の誰かの口からフランクフルト学派の名前を聞いたことなど一度もなかったことは請け合いますよ。（「構造主義とポスト構造主義」三〇八―三〇九）

パリとフランクフルト、地理的には直線でおよそ五〇〇キロメートル弱の距離しかないのにもかかわらず、少なくとも哲学者や思想家たちのあいだには、今日想像する以上に深い懸隔があった。一見してみてとれる変化がようやく生じるのは一九七〇年代以降である。モーリス・ド・ガンディヤックによるベンヤミンの仏語訳が出始めるのが一九七一年、そして先にも記したように、一九七四年に『啓蒙の弁証法』および『美学理論』の仏訳が出ると、少しずつフランス語圏でもフランクフルト学派の仕事は認知されていった（ただし、例外的にアドルノの音楽論の仏訳『新音楽の哲学』（一九六二年）と『ヴァーグナー試論』（一九六六年）のみが六〇年代に出ているが、受容は限定的だったようだ）。「六八年の思想」

を担った哲学者たちのテクストで言えば、リオタール「悪魔としてのアドルノ」(一九七二年執筆、『欲動装置』所収)や、ヴァレリオ・アダミの絵画「ヴァルター・ベンヤミンの肖像」を論じるなかで「複製技術時代における芸術作品」に言及しているデリダ「+R」(一九七五年初出、『絵画における真理』所収)は、その受容の比較的初期のテクストだと言うことができるだろう(ただしいずれにおいても『啓蒙の弁証法』は扱われていない)。

「カントとサド」のコンテクスト

ところで、『啓蒙の弁証法』が執筆された時期と同時代のフランス思想には、特筆すべき主題の符合が存在する。本書第三論文「ジュリエットあるいは啓蒙と道徳」では、近代的市民の倫理的義務を担うカントの道徳法則が、その徹底した形式性ゆえに、かえって途方もない性的享楽の厳格な追求を実現してしまうというパラドックスが明らかにされている。その追求のあり方を緻密に記述したことこそマルキ・ド・サドの功績である。カントの道徳とサドの悪徳は対立するどころか「無感動《アパテイア》の義務」(二〇〇二)によって深く通じ合っているのであり、この厳格な禁欲主義によってこそ近代の主体はみずからの欲望の強度を高め、最大の快楽(一方では「尊敬」、他方では「冒瀆」)を享受できるのである。

　こうしたパラドックスにみられるカントとサドというカップリングは、ジャック・ラカンのセミネール『精神分析の倫理』(一九五八―五九年)および論文「カント と《アヴェク》 サド」(一九六二年、『エクリ』所収)の重要な主題である。また、フーコー『言葉と物』(一九六六年)でも、カントが近代的エピステーメーを確立した結節点をなす存在であることが説明されるさいに、サドの閨房哲学がカントの批判哲学と表裏をなしていることが指摘されていた。ラカンにとってもフーコーにとっても、カントとサドの対は、いずれも『啓蒙の弁証法』の参照なしに――おそらく本書の存在を知ることさえなしに――提示されているが、これはたんなる偶然の一致ではないだろう。

ラカンの「カントとサド」の結論部で印象的な仕方で参照されていたのは、ピエール・クロソウスキーの『わが隣人サド』(初版一九四二年)であった。同書のうちの一篇をなす「サドと大革命」は一九三九年に、社会学研究会《コレージュ・ド・ソシオロジー》で発表された講演にもとづいている。この会は、一九三七年「聖社会学」を掲げてジョルジュ・バタイユ、ロジェ・カイヨワ、ミシェル・レリスが創始した研究組織であり、その活動は二年間続いたことが知られている。発表者には創始者のほか、クロソウスキーをはじめ多様な人物が登壇したが、その会合の聴衆もまた多様であった。そのなかには「ヴァルター・ベンヤミンがフランクフルト学派の亡命者たち、ホルクハイマーやアドルノと連れだって来ているのを見ることができた」(オリエ編『聖社会学』一七)。

クロソウスキーがベンヤミンの「複製技術時代における芸術作品」(一九三五年)の仏訳者でもあることは有名だが、当時はホルクハイマーの翻訳も手がけており(未出版)、フランクフルト学派の面々となんらかの交流があったことは想像にかたくない。クロソウスキーの先述の講演に彼らが参加していたかどうかの記録は残っていないが、『わが隣人サド』をひもとけば、『啓蒙の弁証法』執筆と同時期に発表されたクロソウスキーのサド論には、カントとの対照はないものの、「無感動の実践」や、自然概念、ニーチェとの関連など、『啓蒙の弁証法』のジュリエット論に共通のモティーフを見いだすことができるだろう。

クロソウスキーやバタイユのサド論が、ラカンやフーコーをはじめとする戦後のフランス思想のサド理解にたいして根本的な貢献をしたことは言うまでもない。しかし、クロソウスキーという媒介者がいたにもかかわらず、フーコーのインタビューでも述べられていたように、フランクフルト学派の人々はパリに自分たちの活動拠点を置くことなく、「たちまち去って」しまった。

フーコーが同じインタビューで指摘しているのは、「きわめて近接した思想形態間の不浸透という奇妙な問題」である。「もし私がフランクフルト学派を知っていたならば、当時すでに知っていたならば、多くの仕事を省くことができたでしょうし、〔…〕多くの回り道を避けることができたでしょう」(「構造主義とポスト構造主義」三〇九)とフーコーは述懐していた。後世から振り返ると、『啓蒙の弁証法』とクロソウスキーのサド論の共鳴関係は、フランクフルト学派とフランス現代思想のミッシング・リンクにとって、その最初の交叉の痕跡をとどめているのである。

2　フーコーと啓蒙／近代性の問い

理性の弁証法をめぐる疑義

冒頭に言及したハーバーマスの『近代の哲学的ディスクルス』は、一九八三年のパリのコレージュ・ド・フランスでの講演にもとづいており、ハーバーマスはグローバルに展開していた戦後フランス思想の動向を鋭敏に察知して、彼なりの総括を試みた。ハーバーマスは一九八四年に死去したフーコーへの追悼文のなかで、フーコーと知り合ったのはようやくパリ講演の八三年のことであったと述べている（「現代の心臓に打ち込まれた矢とともに」一七二）。ハーバーマスとフーコーとのこの遭遇のうちに、『啓蒙の弁証法』という書物がフランス現代思想に残した諸効果をみてとるための必須の範例を見いだすことができる。

いま一度フーコーの晩年のインタビューを参照しよう。そこでインタビュアーが端的にフーコーに問い尋ねているのは、『啓蒙の弁証法』で言われているような「理性の弁証法」、つまり「理性が自己自身の力によって頽落し、変容し、技術者（道具）的なものの知の形態へと還元される」（「構造主義とポスト構造主義」三一〇）という仕方での理性批判に同意するかどうかということである。

フーコーの回答は原則的に次のようなものである。自分自身は、理性の一回的な分割についてではなく、実際には多様で絶え間ない分岐、一種の豊饒な分岐のようなものを語ろうとしており、これは技術者的なものには還元できない、と。フーコーにとって「理性は自己創造的」（「構造主義とポスト構造主義」三一二）である。フーコーが分析しようとしているのは「合理性の（複数の）諸形態」であって、理性が全体を包括する一者としてみずからを自己否定し崩壊するような契機はそもそも特定することができない。「理性の自己崩壊」というようなテーマは「私の問題ではありえない」とフーコーは断言するのである（「構造主義とポスト構造主義」三二〇—三二一）。

フーコーは『啓蒙の弁証法』が提示しているような近代的な理性が道具的合理性へと反転し「啓蒙の自己崩壊」にいたるといった類いの理性の弁証法的歴史観（主にホルクハイマーの議論だが）をきっぱりと斥けており、それが「ヘーゲル以後の近代思想のもっとも有害な諸形態」とさえ述べている（「構造主義とポスト構造主義」三二一）。フーコーは明言していないにせよ、ハーバーマスが『近代の哲学的ディスクルス』で採用しているような、モダン／ポストモダンといった図式的な整理もそうした形態に入るだろう。フーコーによれば「理性がひとつの長い物語で、いまや終わりを告げようとしており、別の物語が始まろうとしている、こういう命題にはなんの意味もない」のである。

　他方でフーコーは、全体を包括するようなこうした大文字の理性史観を斥けているだけではない。フーコーは、近代哲学に支配的な理性主義の発端としばしばみなされているカントの哲学を取り上げながら、そうした理性主義とは異なる「批判」の実践としてカントの「啓蒙とは何か」という問いの重要性を力説している。つまり「啓蒙」の名のもとに「私たちの現在性《アクチュアリティ》」へと問いかけることこそは、フーコーによれば、カント以後の哲学的思考に不可欠な課題を指し示すものである。そして「ヘーゲルからニーチェ、マックス・ウェーバーを経てフランクフルト学派にいたるまで、こうした哲学のかたちは、私〔フーコー〕がそのなかで仕事をしようとしてきた考察の形態を基礎づけたものだ」（「カントについての講義」一八二）と言われるのである。

　カントの「啓蒙とは何か」をめぐるフーコーの最晩年の講義が、フランクフルト学派にいかに負うものであるのか、その内実をフーコーは明らかにしていない。率直に言って、フーコーが自身の仕事の基礎づけを見いだすほどに『啓蒙の弁証法』をはじめとして、ホルクハイマーやアドルノの著作、また同時代を生きていたハーバーマスの仕事に通暁していたのかと問うなら、おおいに疑問の余地がある。しかしながら、『啓蒙の弁証法』の行なっている弁証法的な理性批判がフーコーの立場と相容れないことを確認してもなお、本書の企図に、フーコーのカント講義が寄与する余地があるとみなすことはできないだろうか。つまり、『啓蒙の弁証法』が「序文」で述べていた「啓蒙についてのある積極的概念」（一五）の可能性を、フーコーが「われわれのアクチュアリティの問い」として練り上げている啓蒙概念のうちにみてとることはできないだろうか。

アクチュアリティの問いとしての啓蒙

よく知られているように、カントは「啓蒙とは何か」の冒頭で次のように啓蒙の概念を定義していた。「啓蒙とは人間がみずから招いた未成年状態から抜け出ることである。未成年状態とは他人の指導なしには自分の知性を用いる能力がないことである。この未成年状態の原因が知性の欠如にあるのではなく、他人の指導がなくとも自分の知性を用いる決意と勇気の欠如にあるのなら、未成年状態の責任は本人にある」（「啓蒙とは何か？」一一五）。

フーコーがこの定義にかんして注意を促しているのは、カントが啓蒙を「抜け出ること」という過程ないし「出口（Ausgang）」という敷居とみなしているという意味で、どこまでも消極的に提示しているという点である。なんらかの出発点（未成年状態）や到達点（成年状態）そのものに啓蒙があるのではない。未成年状態からの脱出の過程、出口へと抜け出るという行為そのものをカントは啓蒙と呼んでいるのである。

もう一点注意すべきは、この行為には、本人の決意と勇気が必要になるとされていることである。カントは「啓蒙」を、なんらかの状態としてたんに描写しているわけではない。続くカントの説明が示しているようにそこには「sapere《サペレ》 aude《アウデー》（あえて賢かれ、知る勇気をもて）」という命令が含まれているのであり、それは、この命令をみずから引き受けることで実行する勇気の行為であり、そのようなものとして集団的なプロセスを構成する。

　啓蒙は、人々の集団総体としてみれば、「未成年状態からの脱出」として記述しうるが、重要なのは、そのように記述する当人も含め、各人それぞれがその行為主かつ当事者であることだ、とフーコーは強調している。つまり啓蒙は、たんにそう記述されるのみならず、当人の決意と厳命のもとで実現されるべき行為なのである。言語行為論の用語を借りれば、それはみずからそのように命ずることで当の出来事を実現するパフォーマティヴ（行為遂行的）な活動だと言えるだろう。

　こうしたフーコーの解釈の独創性は「啓蒙」を時代区分や時代の兆候として扱うのではなく、カントの定義のうちに、私たちの「現在」にたいするひとつの態度をみてとった点にある。啓蒙をひとつの脱出プロセスとして記述する一方、それを命ずる知への決意と勇気のもとでこれをみずから実現するという二重性は、まさにカント自身に跳ね返ってくる。つまり、そうした定義を通じてカントはたんに「啓蒙とは何か」という問いに答えているだけではなく、当の答えを通じていまここに啓蒙を実践し実現しようとしているのである。フーコーはこの点に「歴史における差異としての「今日」」、つまり「アクチュアリティ（現在性）」をめぐるカントの反省をみてとっており、「啓蒙とは何か」という「このテクストの新しさ」を強調している（「啓蒙とは何か」一一）。

　啓蒙をめぐるこうしたカントの反省は、批判哲学そのものの態度であり、フーコーはこれを、近代性《モデルニテ》の態度とも呼んでいる。つまりこうした批判を通じて、当の態度そのものの「絶えざる再活性化」を試み、私たちの自律において自己自身をいまここに新たに創出することをみずからに要求するのである。このようにしてフーコーは、カントの啓蒙のうちに、みずからが追究する「歴史批判的」かつ「実験的態度」を見いだし、「私たち自身の批判的存在論」（「啓蒙とは何か」二二）を素描している。

こうしたカント＝フーコーの啓蒙概念は、『啓蒙の弁証法』のパースペクティヴからするとどのように解釈できるのだろうか。すでに述べたように、フーコーは、人間の本質を大文字の理性として規定する啓蒙史観に与しない。実際、フーコーは、理性主義よりも包括的な意味での人間主義を引き合いに出し、「人間主義のテーマと啓蒙の問題とを混ぜ合わせるような歴史的および道徳的な混同論を逃れなければならない」（「啓蒙とは何か」一九）と明言している。たしかにフーコーが『言葉と物』でカント哲学を問題視したのは啓蒙概念ではなく、その「人間学的なまどろみ」であった。

『啓蒙の弁証法』の理性批判は、先にみたように一方では大文字の理性主義を前提としているが、他方でその批判の徹底性のもとで、フーコーが警戒する人間主義への批判として読むことができる。本書がフーコーの斥けるような「「啓蒙に賛成か反対か」という知的かつ政治的恐喝」を迫るものではないというかぎりで、本書の啓蒙にたいする立場は、カント＝フーコーの啓蒙概念と相反しない。というのも『啓蒙の弁証法』は、人間による自然支配によって自己自身が支配されるという啓蒙の野蛮を告発するが、それとともに、当の啓蒙概念の可能性、つまり「これまで盲目的支配に巻き込まれていた状態から啓蒙を解放することのできる、啓蒙についてのある積極的概念」（一五）をも提示しようとするからである。

『啓蒙の弁証法』がそうした概念に触れている数少ない一節を引こう。それによれば、そうした自然の「支配を緩和するというこの見通しの実現は、ひとえに概念の働きに依存している」。

科学というかたちで盲目の経済的発展傾向に繋がれている他ならぬ思考自身の自己省察として、概念は、不正を永遠化する道のりの距離を見究めさせる。主体のうちにある自然へのそういう追想〔Eingedenken〕、その遂行のうちにあらゆる文化の隠された真理がひそんでいるのだが、そういう追想によって、啓蒙は支配一般に対立する。（八五）

啓蒙の弁証法によれば、科学は自然支配のために人間を自然から隔て、その支配そのものに人間自身が翻弄されることになる。しかしそこに働く概念はかえって自然との距たりが人間主体の内面のうちに印づけてきた記憶を「あらゆる文化の隠された真理」としていま、こ、こ、に読み取らせる。こうした文化の記憶こそは人間を、自然と人間の支配関係から、つまりは人間自身の罪責から救済する可能性を開示するのである。

このような概念の弁証法的展開のうちに支配関係からの解放の可能性をみてとる『啓蒙の弁証法』の語彙（カント以後のドイツ観念論の用語系が踏まえられており、とくに「概念」はヘーゲルの用語だ）は、けっしてフーコーのものではない。しかし他方、フーコーが、ボードレールの有名な批評「現代生活の画家」（一八六三年）にみてとった「近代性の態度」のうちに、同様の解放の可能性を重ね合わせることはけっして不可能ではないだろう。

詳しい説明は省かざるをえないが、そこでボードレールが挿絵画家コンスタンタン・ギースをめぐって問題にしているのは、「現在」にこそ結びついた近代人特有の美的経験である。これは「いま」

という時間に次々現われてくる、たんに新しさに驚く感情や、移ろいゆくはかないものの受動的な経験なのではない。過去の記憶を背景としてただ現在が受容されるのではない。まさに「現在についての記憶」(「現代生活の画家」一七二)とボードレールが呼んでいるように、現在という瞬間にこそ、これまでの世界を変貌させ、現在をいまそうであるのとは異なる仕方へと解き放つ、記憶＝追想の力が宿っているのである。

「そこにおいて「自然な」事物は「自然以上」になり、「美しい」事物は「美しい以上」のものとなる」(「啓蒙とは何か」一四)とフーコーは述べている。現在に書き込まれたこの「〜以上」の剰余ないし距たりを、技術や道具の支配関係へと還元するのではなく、それとの対峙、葛藤を通じて、自己自身を修練し、新たな自己創出という「脱出」へとつなげてゆくことこそ、フーコーのいう「啓蒙」なのである。

3　デリダと来たるべき啓蒙への問い

行為遂行的矛盾はいかなる矛盾か

一九八四年、フーコーのカント「啓蒙とは何か」講義公刊と同じ年の六月、フーコーは死去した。七月に発表されたハーバーマスのフーコーへの追悼は、全体としてはフーコーへの賛嘆に満ちた文章であるものの、『近代の哲学的ディスクルス』以来の論点を反復してもいる。それによれば、一方で

『言葉と物』においてフーコーは、カント哲学を、近代特有の人間学的な思考にとらわれた「真理の分析論」の代表的論者として批判していた。他方、フーコーがこの講義で提示しているのは、そうした人間主義を超克せんとする「知への意志」――ニーチェの「力への意志」にも通じる――をそなえた革新的な批判家としてのカントである。

ハーバーマスはこの二つのカント像のあいだに「矛盾」があることを強調する。「フーコーは、アクチュアリティによって傷ついた権力批判を真理の分析論に対立させたが、この対立のために、前者が後者から借りてこなければならないはずの規範的基準が失われてしまい、そのために矛盾に巻き込まれた」(『現代の心臓に打ち込まれた矢とともに』一八〇、強調引用者)。この種の矛盾にかんして『近代の哲学的ディスクルス』では、「フーコーは、彼が主観性の哲学に属するとみるアポリアのすべてを解消するのに、主観性の哲学自体から借りてきた権力概念に拠ることはできない」(『近代の哲学的ディスクルスⅡ』四八七)と言われている。「矛盾」とは、フーコーに限らず、ハーバーマスがニーチェ以後を指標とした「ポストモダン」の哲学を批判するさいにきまって持ち出す概念である。

たとえば、『啓蒙の弁証法』の理性批判は、当の批判そのものの妥当性の根拠であるはずの理性にも向けられる以上、批判は全面化し、批判そのものの自己破壊に行き着く。にもかかわらず、理性批判の叙述は「みずから死亡宣告をした批判をやはり使わざるをえない」(『近代の哲学的ディスクルスⅠ』二〇八)。まさに自身が主張しようとしている身振りによってみずからの主張が切り崩されてしまうこの事態をハーバーマスは「行為遂行的矛盾」や「遂行論的矛盾」と呼び(この用語自体はカール＝オットー・アーペルの超越論的語用論に由来する)、ポストモダン哲学を特徴づける過度の理性批判を斥けるために援用するのである。

そのひとつとしてハーバーマスは、ジャック・デリダの思想の鍵語として知られる「脱構築」にたいしても「行為遂行的矛盾」を見いだし、疑義を呈している（『近代の哲学的ディスクルスⅠ』三二四―三二五）。それにたいしてデリダが『有限責任会社』（一九九〇年）や『メモワール』（一九八八年）で反論しているのは、ハーバーマスの議論の進め方そのものについてである。『近代の哲学的ディスクルス』でデリダ批判を展開している「付論　哲学と文学のジャンル差の解消」と題された箇所は、デリダ自身のテクストをまったく参照することなく、脱構築についてのジョナサン・カラーの概説書に依拠しながら、言語行為論をめぐってデリダと論争したジョン・サールを一方的に支持し、デリダを反駁すると称している。「他者のテーゼを理性的に討議すると主張しながら、それを調べて読んだり聞いたりする最小限の努力も払わないということよりも重大な「遂行論的矛盾」は存在するでしょうか」（『有限責任会社』三三九）とデリダはハーバーマスを厳しく詰問している。

デリダの反批判は、ハーバーマスの粗雑な討議の作法に向けられているだけではない。ハーバーマスの掲げる「討議倫理学」そのものにも及ぶ。そもそも『近代の哲学的ディスクルス』は「対話的なコミュニケーション理性」の擁護により、ポストモダンにおける理性批判の哲学的過激主義を斥けている。ハーバーマスの「討議倫理学」によれば、こうした対話的理性は、討議の理念としてコミュニケーションにとっての「理想化する想定」を規範的に先取りすることで主張されている。(1)

（1）　とくに、ユルゲン・ハーバーマス『討議倫理』清水多吉・朝倉輝一訳、法政大学出版局、二〇〇五年、ハーバーマスの目指している理想的な発話状況がもし達成されるとしよう。それは、誤解や齟齬の生ずることのない、透明で一義的なやりとりに沿ったコミュニケーションである。打てば響くような心地よいコミュニケーション。それは突き詰めるなら、ほとんど何も言わなくても、相手が忖度し先取りしてくれるような以心伝心のコミュニケーションだろう。しかし、そもそもこれはコミュニケーションという名に値するやりとりなのだろうか。その理想とはもはやコミュニケーションの必要がない状況ではないか。

実のところこうした理想化は、デリダの議論を敷延して言えば、定義上コミュニケーションの達成を目指すにもかかわらず、その構造によって「それでもなお必然的に達成しえず、かつ達成してはならないもの」と理解されねばならない。つまり、コミュニケーションの理想化はまさに不可能であり続けるかぎりで主張可能になるのであり、当の不可能性は、注意して取り除くべき偶発事などではなく、「もっとも内密でもっとも還元不可能なその他者として、他者そのものとして、その本質に、その本質において帰属している」のである（『有限責任会社』二七七―二七八）。

実際、ハーバーマスは、討議倫理の理想化ないし規範化を論証するために、いっそう頑迷で理想化を共有しない懐疑論者を召喚せざるをえない。彼らはハーバーマスが「精神分裂」や「自殺への退行」（『道徳意識とコミュニケーション行為』一六二）とまで言うような理想化不可能な他者である。こうした存在は、それなくしては討議倫理学がみずからの理性的な立場を基礎づけることができない限界事例であり、その基礎づけのためにはむしろ、みずからの裏面たる理解不可能な他者や狂気の排除が積極的に——たんに事実上ないし偶発的にではなく——必要になるのである。理性的ないし合理的たろうとすればするほど非理性（狂気）の囲い込みを声高に主張し、その排除をみずからの成立条件とせざるをえないという、討議倫理学のこうした身振りほど深刻な「行為遂行的矛盾」は他にあるだろうか。結局のところ、理性批判にも理性擁護にもなんらかの「行為遂行的矛盾」はつきまとう。いかなる言明にも、事実確認的次元（言明の意味内容）と行為遂行的次元（言明行為の諸効果）という二重性を見いだしうるかぎり、行為遂行的矛盾の可能性を根本的に解消することはできない。ただ、少なくとも私たちに言いうるのは、そうした矛盾から解放されていると思い込む潔白意識の表明以上に致命的な行為遂行的矛盾はないということである。(2)

来たるべき啓蒙へのオマージュ

ハーバーマス自身も承知していたように、『啓蒙の弁証法』の身振りはむしろ「行為遂行的矛盾を矛盾として保ち続け、安直に割り切らず、その矛盾を理論的に克服しようとはしない行き方を取る」（『近代の哲学的ディスクルスⅠ』二一三二）。たしかにハーバーマスはそうした方向を「矛盾」として批判している。しかしインタビューなどの発言に照らせば（『新たなる不透明性』二二三二）、行為遂行的矛盾の

第六章第七節「道徳的観点の解明における理想化の役割」参照。
（2）『有限責任会社』でのデリダの議論は、ハーバーマスの討議倫理学を明示的に批判するものではない。以上のハーバーマス批判は、筆者（宮﨑）が『有限責任会社』のジョン・サール批判から再構成している。さらなる説明としては、次の拙論を参看願いたい。「行為遂行的矛盾をめぐる不和――デリダと討議倫理学の問題」『フランス哲学・思想研究』第九号、日仏哲学会、二〇〇四年、一七二―一八五頁。

この否定性にとどまろうとするこの身振り（とりわけアドルノの身振り）のうちに、ハーバーマスは実際には一定の敬意のもとでその必然性をすら認めているように思われる。

デリダの思想はそうした矛盾を粘り強く引き受けてきた点にかんするかぎり、『啓蒙の弁証法』のそれと大きく異なるものではない。残念ながら、デリダの著作には『啓蒙の弁証法』に取り組んだ形跡はほとんどみとめられない。晩年のデリダにとってはしかし、『近代の哲学的ディスクルス』によって一九八〇年代に生じていたハーバーマスとの敵対関係は時とともに収束し、フランクフルト学派との関係は比較的穏やかなものになっていた（とりわけ二〇〇三年のイラク戦争開戦を機にヨーロッパの新たな政治的責任を主張したデリダとハーバーマスの共同声明は、二人の和解を印象づけるものであった[3]）。

この経緯にかんして、二〇〇一年のアドルノ賞受賞は、デリダにとって決定的な機会となった。受賞記念講演では、アドルノにたいする負債をなぜはっきりと認めないのかとデリダは自問している。デリダは、自分が「フランクフルト学派の継承者ではないのか」と問いかけつつ、率直に「その通り（ウィ）」と答えてこの負債を認めるにいたっている（『フィシュ』四九―五〇）。しかし七〇歳半ばにさしかかり、病魔の影が差していた最晩年のデリダにとって、当の負債を明らかにすべくアドルノやフランクフルト学派の仕事に取り組むには遅きに失したと言わざるをえない。そのことを自覚してか、デリダは、そのことがもし可能となり、自身が夢見る一冊の本を書くとすれば、と述べ、全七章の構成をもつ書物の執筆計画のようなものを示している。

その項目のみを紹介しておくなら、次の通りである。第一章、フランスとドイツのそれぞれにおいてヘーゲルとマルクスを相続した観念論と弁証法の比較思想史。第二章、両国におけるハイデガー受容と遺産にかんする比較史（「およそ一万頁を割く」と言われる！）。第三章、精神分析への関心。アドルノのフロイト受容。第四章、「アウシュヴィッツ以後」の主題をめぐるアドルノの功績。第五章、ガダマーやハーバーマスといった（デリダと）同世代の哲学者たちとの差異、誤解、齟齬、不和をめぐって生じた出来事の歴史（これは新たなヨーロッパの政治的責任を提起している）。第六章、アドルノと共有する文学への関心。第七章、動物の問題。

『啓蒙の弁証法』との関連では、とりわけ第七章を特筆すべきだろう。というのも、デリダはここで『啓蒙の弁証法』とアドルノの『ベートーヴェン』における動物にかんする断章に注意を向けているからである。『啓蒙の弁証法』における最終章「手記と草案」の「人間と動物」の一節によれば、「動物には理性がないということで、人間の尊厳は証明される」（五〇六）。アドルノに言わせれば、人間の尊厳や自律性というカントの概念は、動物への憎悪と表裏一体なのであり、超越論的観念論者にとって動物は潜在的に、ファシストにとってのユダヤ人と同じ役割を担っているのである。デリダがこれを敷延して述べるように「動物を、いやそれどころか人間のなかの動物を罵るとき、ファシズムは始まる」（『フィシュ』六四）。

（3）　ジャック・デリダ、ユルゲン・ハーバーマス「欧州知識人の発言　われわれの戦後復興——ヨーロッパの再生」瀬尾育生訳、『世界』二〇〇三年八月号、八六—九三頁。彼らの関係の経過は二〇〇四年ハーバーマス七五歳の誕生日のさいにデリダが寄稿した以下の文章に詳しい。ジャック・デリダ「われらの誠実さを！——ハーバーマス七五歳の誕生日に寄せて」鈴木直訳、『現代思想』二〇〇四年九月号、二〇—二九頁。

もちろんファシズムが吹き荒れた『啓蒙の弁証法』の時代とは異なり、現代では動物権利論が唱えられ、動物愛護は当然視されるようになっている。しかしそうした動物への共感が、ヒトラーの菜食主義や動物愛好がそうであったように、その実人間に都合よく飼いならされた身近な動物たちを囲い込むことによって、同じ人間すらも人間扱いせずに人種差別や格差拡大を容認し続けている者たちの疚《やま》しい良心の発露となっていないかどうか、厳しく問い質す必要がある。カントのいう啓蒙が理性にその本質を見いだす人間主義として、「人間のなかの動物を罵っ」たり、「人間を動物扱い」したりするための口実とならないかどうか、どこまでも警戒し続けなければならない。

晩年のデリダが「啓蒙」に正面から向き合ったのは、実際には『啓蒙の弁証法』によるのではなく、フッサールを通じてである。フッサールのウィーン講演(一九三五年)に遡ってデリダが検討していたのは、危機の時代における理性批判の意味であった。戦間期のフッサールが対峙したのは、同時代に蔓延する非合理主義だけでなく、計算的合理性を過信して陥っている「啓蒙かぶれ」としての客観主義にたいしてであり、理性がもたらした計算的合理性がかえって理性自身を硬直化させるというフッサールの問題提起には、『啓蒙の弁証法』の精神に通じる危機意識をみてとることができるだろう。

デリダは、理性の暴走がもたらした「啓蒙の野蛮」をたんに告発して済まそうとしているわけではない。デリダはむしろフッサールとともに「理性の名誉を救」おう(「来たるべき啓蒙の「世界」(例外、計算、主権)」二二六)と試みるのであり、そこで目指されていたのは、いかなる人間中心主義的な主権とも袂を分かつ理性の無条件性を肯定することである。理性には本性上、批判のいかなる既存の基準からも離脱する無条件性がそなわっている。デリダは、あらゆる計算可能性から逸脱していくその出来事性にこそ「来たるべき啓蒙主義の理性」(二七九)の核心を突き止めるのである。

かくしてデリダは、脱構築と呼ばれてきたみずからの仕事のうちに「ひとつの新たな、まったく新たな啓蒙にたいする敬意を込めたオマージュ」(『有限責任会社』三〇四)を認め、「来たるべき啓蒙」を遠望していた。それが『啓蒙の弁証法』の企図を引き継ぐものであるよりは、どちらかと言えば、フッサールが切り開いた伝統のうえにあるという点は事実だろう。しかしながら先述したように、デリダと『啓蒙の弁証法』やフランクフルト学派とのあいだには多くの接点が存在しており、デリダが遺した仕事のうちには、本書の問いを継承し新たに展開するいくつもの議論を見いだすことができる。

おわりに

以上ではフランス現代思想との関連をめぐって、とくにミシェル・フーコーとジャック・デリダという二人の思想家を取り上げることで、『啓蒙の弁証法』以後のさまざまなコンテクストをみてきた。彼らは『啓蒙の弁証法』の理性批判をそれぞれに引き継ぎながら人間中心主義の罠を逃れ、理性の限界とその先を透視するかのように「啓蒙のアクチュアリティ」ないし「来たるべき啓蒙」の所在を見据えていた。『啓蒙の弁証法』の著者とは異なる言語、時代、場所、コンテクストにありながらも、彼らは、前世紀の破局を経てなおもみずからの運命を照らし出す別の光を私たちに指し示そうとしていたのである。

かつて「自然の光《ルーメン・ナチュラーレ》」と呼ばれた人間理性の源泉は、原子爆弾の閃光がそうであったように、いつしか光の暴力として光自体を呑み込んで人々の目を焼き潰した。冬山などで雪や雲が視界全体を覆い、真っ白になって空間の方向感覚を失わせ、周囲が識別不可能になる現象を「ホワイトアウト」と呼ぶが、可視性の条件たる光がそのような「白い闇」として視界をくりぬいてしまっている時代には、当の不可視性をすかし見させるような薄明、いわば――X線のように――光そのものの影を浮かび上がらせる別の光が必要であるだろう。前世紀の思想家たちが投げかけようとしたそれらの光は、依然混迷のうちにある現代に『啓蒙の弁証法』を手に取ろうとする私たちにとって、あらためて啓蒙という「知る勇気をもつ」ための不可欠な探照灯であり続けている。

〔引用文献〕
オリエ、ドゥニ編『聖社会学――1937–1939 パリ「社会学研究会」の行動／言語のドキュマン』兼子正勝・中沢信一・西谷修訳、工作舎、一九八七年
カント、イマヌエル「「啓蒙とは何か?」という問いへの答え」(一七八四年)福田喜一郎訳、『カント全集14――歴史哲学論集』福田ほか訳、岩波書店、二〇〇〇年、二三―三四頁
デリダ、ジャック『有限責任会社』高橋哲哉・増田一夫・宮﨑裕助訳、法政大学出版局、二〇〇二年
――『フィシュ』逸見龍生訳、白水社、二〇〇三年
――「来たるべき啓蒙の「世界」(例外、計算、主権)」高橋哲哉訳、『ならず者たち』鵜飼哲・高橋哲哉訳、みすず書房、二〇〇九年、二〇二―三〇二頁
ハーバーマス、ユルゲン「現代の心臓に打ち込まれた矢とともに」『新たなる不透明性』河上倫逸監訳、上

村隆広・城達也・吉田純訳、松籟社、一九九五年、一七一―一八〇頁
――『近代の哲学的ディスクルスⅠ・Ⅱ』三島憲一・轡田収・木前利秋・大貫敦子訳、岩波書店、一九九〇年
――『道徳意識とコミュニケーション行為』三島憲一・中野敏男・木前利秋訳、岩波書店、一九九一年
フーコー、ミシェル「構造主義とポスト構造主義」黒田昭信訳、『ミシェル・フーコー思考集成Ⅸ――自己／統治性／快楽』蓮實重彦・渡辺守章監修、筑摩書房、二〇〇一年、二九八―三三四頁
――「カントについての講義」小林康夫訳、『ミシェル・フーコー思考集成Ⅹ――倫理／道徳／啓蒙』蓮實重彦・渡辺守章監修、筑摩書房、二〇〇二年、一七二―一八四頁
――「啓蒙とは何か」石田英敬訳、前掲『ミシェル・フーコー思考集成Ⅹ』三―二五頁
ボードレール、シャルル「現代生活の画家」『ボードレール批評2』阿部良雄訳、ちくま学芸文庫、一九九九年、一四九―二一六頁

Ⅲ　『啓蒙の弁証法』から新自由主義批判へ
――アメリカ批判理論の展開

日暮雅夫

はじめに

二〇世紀末に始まった新自由主義の生み出した暗黒状況《ディストピア》は、世界の風景を一変させた。新自由主義の実態は、国家の機能を縮小させ個人の自由を最大限に実現するという、新自由主義者の夢の実現ではなかった。つまり、彼らの言うユートピアは、中流階級の没落、貧富の両極化を生み出し、分断を前景化させるものだった。その結果として生み出された格差社会のなかで、ポピュリズムが進行し、フェイクニュース等のポスト真実《トゥルース》と言われる状況が現われ、こうした状況を背景としてトランプ大統領が登場し、その排外主義・自国第一主義が具体化されていった。この一連の流れは、新自由主義の実現が社会分断を生み出し、それに対する反応としてポピュリズム的権威主義を呼び起こしたこととして捉えられる。

マーティン・E・ジェイによれば、トランプ大統領の登場は、アメリカ批判理論に、自らの存在意義を再考させるほどのショックを与えたという。こうしてジェイらは「新自由主義の危機と、それから生じたと思われる新しいポピュリズム的権威主義とを理解しようとする試み」(『アメリカ批判理論』vi)に着手し、それとともにフランクフルト学派の理論は再生《ルネサンス》を経験することになった。もともと批判理論は、近代的啓蒙がその反対物――例えば権威主義のような「新たな野蛮」――に転化することに照準を合わせた理論であった。それではアメリカ批判理論は、どのように今日の「新たな野蛮」を分析し、対応を模索しているのだろうか。その問い返しのなかで、学派第一世代の思想が現在の布置連関のなかで新たな生命を吹き込まれていることも明らかとなるだろう。

以下では、アメリカ批判理論を主題として、今日におけるフランクフルト学派の理論の意味を問うていく。第1節では、アメリカにおける『啓蒙の弁証法』の受容、マルクーゼの登場、ハーバーマスによる批判理論の刷新という論点に即しながら、アメリカ批判理論の形成と展開を振り返る。そのうえで第2節・第3節では、とりわけ二一世紀における新自由主義・ポピュリズム・権威主義に対する批判という論点に焦点を当てながら、アメリカ批判理論の現在について概観する。そのうちハーバーマスの理論的影響の強い議論については第2節で、アドルノ、マルクーゼらの理論的な可能性を再評価しようとする議論については第3節で、それぞれ取り上げることになる。こうした一連の作業をつうじて、批判理論の遺産がアメリカでどのように活かされてきたのか、アメリカ批判理論の可能性はどこにあるのかについて、大きな見取り図を描き出すことにしたい。

1　アメリカにおける批判理論の受容

『啓蒙の弁証法』とアメリカ批判理論の形成

フランクフルト学派第一世代、マックス・ホルクハイマー、テオドール・W・アドルノらが、第二次大戦前にナチスを逃れドイツからアメリカに亡命し、戦後ドイツに帰国して社会研究所を再建したことは、よく知られている。[1] その間彼らは、ドイツ人亡命者のインナーサークルを形成し、アメリカの学会や公共圏に対してアウトサイダー・グループであり続けた。アドルノは、一九五〇年に出版された『権威主義的パーソナリティ』の表紙に記載された名前によってのみ知られるにとどまったといえよう。しかし逆に、そのような孤立状況は彼らにヨーロッパ近代の意味を根底的に問い返す独自の思索を深める自立性をもたらしたと言えよう。本書「まえがき」で述べているようにホルクハイマーとアドルノは、カリフォルニアで共同研究として『啓蒙の弁証法』を執筆した。しかしそれが英訳されてアメリカの読者の目に触れるのは、一九七二年のことであった。

では、フランクフルト学派の理論的影響はアメリカの学会・公共圏にいつ現われたと言えるのか。それは、ホルクハイマー、アドルノとは異なってアメリカに留まったヘルベルト・マルクーゼのアメリカの学生運動に対する大きな影響から始まったと言えよう。[2] マルクーゼは、『エロス的文明』（一九五五年）、『一次元的人間』（一九六四年）等で、フランクフルト学派第一世代の道具的理性批判、目的合理性批判、文化産業批判、官僚主義批判等をより平明に英語で展開し、アメリカの学生たちに大きな影響を与えていったのである。ホルクハイマー、アドルノ、ハーバーマスが学生運動に対して批判的であり、ドイツの運動が始祖に反抗する「エディプス的反乱」の様相を呈したのに対し、マルクーゼは学生たちのアイドル的存在であり続けた。マーティン・ジェイを始めとするアメリカ批判理論の研究者たちは、当時魅力あるものと映ったマルクーゼの思想の源流を遡る旅として第一世代の理論の研究を始めたという(3)。

こうして一九六八年のころ、マルクーゼの『否定』、アドルノの『プリズム』、ベンヤミンの『イルミネーションズ』などが相次いで英訳・出版される。さらに一九七二年に『啓蒙の弁証法』の英訳も出版され、一九七三年には、ジェイのハーバード大学への博士論文『弁証法的想像力――フランクフルト学派と社会研究所の歴史 1923–1950』が出版され、これによって英語圏におけるフランクフルト学派理解の基礎が作られることになったという(4)。一方、一九六八年にはニューヨーク州立大学と連携した学生グループが北アメリカの批判理論を中心とする雑誌『テロス』を発行し、一九七三年にはよ

(1) マーティン・ジェイ『永遠の亡命者たち』今村仁司・藤澤賢一郎・竹村喜一郎・笹田直人訳、新曜社、一九八九年、二〇九頁以下。
(2) Howard Prosser, *Dialectic of Enlightenment in the Anglosphere: Horkheimer and Adorno's Remnants of Freedom*, Singapore: Springer Nature Singapore, 2020, p. 52.
(3) マーティン・ジェイ「アメリカ批判理論の発展と今日の課題」、聞き手・訳日暮雅夫(『思想』二〇二〇年五月号)八八頁。
(4) Prosser, *Dialectic of Enlightenment in the Anglosphere*, p. 61.

りドイツ文化の影響が強い『ニュー・ジャーマン・クリティーク』が刊行された。この二つの雑誌には多くのアメリカ批判理論の研究者たちの翻訳、論考が掲載され、ポール・ピッコーネ、ポール・ブレインズ、スーザン・バック=モース、アンドリュー・アラート、ジェレミー・シャピロらからなるグループが現われた。(5) 彼らの諸論考は、ジェイ編集の二つの邦訳論集『アメリカ批判理論の現在』(6) と『ハーバーマスとアメリカ・フランクフルト学派』(7) によって知ることができる。

アメリカにおけるフランクフルト学派の理論の受容は、アメリカの左派が戦後関わった論争の一翼を担っていた。資本・政府・労働が協調する戦後のコーポラティズム体制によって高度経済成長が実現するとともに、再分配を要求するラディカリズムが停滞し、アメリカの左派の関心は繁栄する資本主義に内在する原理的な諸問題に次第に集中していった。より具体的には、高級文化《ハイカルチャー》とポピュラー文化との分断、産業によって統制された文化の不安定性、産業経済の官僚的・技術的合理性によってもたらされる抑圧などが問題視されてゆく。(8) ドイツの学生たちが学派第一世代の政治的隠棲主義から離反していったのに対して、アメリカではヴェトナム反戦運動等を通じて興隆した学生運動出身の研究者たちによって、フランクフルト学派の理論が大学内で紹介・受容・検討されていったのである。

アメリカ批判理論へのハーバーマスの影響

一九七〇年代後半のアメリカでは、マルクス主義の危機と左派の停滞があり、新保守主義の興隆と新自由主義的政策の開始、ポストモダニズムの流行等があった。(9) そこに登場し理論的に中心的位置を占めるようになったのが、学派第二世代ユルゲン・ハーバーマスである。ハーバーマスの登場は当時、社会批判の理論に幻滅気味であった六八年世代にもアピールした。ジェイのように第一世代の理論を中心に研究しそれをどう現状に適用するか模索してきた者にも、ハーバーマスの理論は浸透した。では、ハーバーマスの理論は、第一世代の理論に対してどのような位置に立つのか。アメリカで一九七七年に出版されたインタビュー集『自律と連帯』のなかで、ハーバーマスは語っている。

アドルノは哲学することのアフォリズム的な様式を極端にまで進めました。彼は、断片において考えるという思想をプログラムとし、一般的な学問的な企てから距離を──私の意見では過剰な距離を──取りました。このことは、三つの原理的な弱点をもたらしました。第一に、批判理論は社会科学と分析哲学の理論的貢献を決して真剣に受け取ることがなかったのです。自分自身の志向性を考慮に入れるとそうすべきだったにもかかわらず、批判理論はそれらと体系的に関わりませんでした。したがって第二に、批判理論は、道具的理性の抽象的批判に逃げ込み、私たちの社会の非常に複雑な現実を経験的に分析することに限定的な貢献をするに留まりました。そして

(5)　ジェイ「アメリカ批判理論の発展と今日の課題」八九頁。
(6)　マーティン・ジェイ編『アメリカ批判理論の現在』永井務監訳、こうち書房、二〇〇〇年。
(7)　マーティン・ジェイ編『ハーバーマスとアメリカ・フランクフルト学派』竹内真澄監訳、青木書店、一九九七年。
(8)　Prosser, *Dialectic of Enlightenment in the Anglosphere*, p. 60.
(9)　Prosser, *Dialectic of Enlightenment in the Anglosphere*, p. 92.

> 最後に〔第三に〕、批判理論は自分の規範的基礎づけ、自分の立場の明快な見解を与えることができませんでした。アドルノは、理性の概念の体系的基礎づけを与えることが可能だとつねに暗黙裡に訴えていたにもかかわらず、自分でその可能性を否定してしまったのです。ついでに言えば、このアポリアこそ私がコミュニケーション行為、つまり妥当性要求に志向する行為の理論を苦労して作り上げた理由の一つなのです。（*Autonomy & Solidarity*, 56）

ここでハーバーマスは、第一世代の理論の弱点を三点指摘し、それらを克服するものとして自分の『コミュニケーション的行為の理論』の構想を対置する。第一に、第一世代の理論には社会科学や分析哲学との体系的な連携が見られないのに対して、ハーバーマスは、G・H・ミードなどのプラグマティズムを取り込み、哲学的基盤と社会科学とを接合しようとする構想を示す。第二に、第一世代の理論が道具的理性の抽象的批判をなすのみであり、複合的な現実を分析できないのに対して、ハーバーマスは、道具的理性を目的合理性が展開するシステムのうちに見出し、コミュニケーション合理性に立脚する生活世界を対置する。ハーバーマスにとって現代社会の病理は、システムによる生活世界の植民地化として把握されることになる。第三に、批判理論が規範的基礎を持っていないということに対しては、ハーバーマスは、言語的コミュニケーションのなかには相互了解というテロスがあるというコミュニケーション合理性の立場を示す。ハーバーマスは、批判理論の以上のアポリアを克服するものとして『コミュニケーション的行為の理論』を一九八一年にドイツで出版し、トーマス・マッカーシーによって一九八四年に英訳された。

ハーバーマスの理論は、三つの領域（科学・道徳・芸術）の妥当性要求の自律化を肯定し、それらをコミュニケーション行為によって生活世界のなかに統合的に回収する「未完のプロジェクト」として、「近代」＝「啓蒙」を肯定しようとするものであった。ハーバーマスは、コーネル大学において、当時隆盛を誇っていたポストモダニズム、ポスト構造主義を題材に連続講義を行い、それらは一九八五年にドイツ語で『近代の哲学的ディスクルス』として出版され、一九八七年に英訳された。そのなかでハーバーマスは、ポストモダニズムの諸思想が相対主義的で、批判の足場を自ら掘り崩すものであり、根本的に保守的であるとして批判した。アメリカ批判理論のなかでは、ハーバーマスの批判の性急さに危惧を抱きながらもそれを支持する者、ポストモダニズムを第一世代に引き付けて擁護する者等が現われ、両者の間で激しい論争・対立が生じた。しかし、その後、アクセル・ホネット、リチャード・ローティ、リチャード・ウォーリンのように両者の問題意識をくみ取り高次に統合しようとする試みが行われ、次第に両派の争いは終息に向かっていった。二〇〇三年に、デリダとハーバーマスが共同宣言「欧州知識人の発言　われわれの戦後復興――ヨーロッパの再生[10]」を発表したときには、表面上は批判理論とポストモダニズムとの対立は収まっていくように見えた。

(10) ジャック・デリダ、ユルゲン・ハーバーマス「欧州知識人の発言　われわれの戦後復興――ヨーロッパの再生」瀬尾育生訳、『世界』二〇〇三年八月号、八六―九三頁。

2　ハーバーマスの理論の応用と展開

二一世紀に入るや否や、二〇〇一年に9・11同時多発テロが起こり、アメリカ批判理論内においても普遍主義と多文化主義をめぐる論争が生じた。ナンシー・フレイザーとアクセル・ホネットとの再分配と承認をめぐる論争もそれを一つのテーマにしていた。二一世紀に入り、新自由主義による暗黒状況が展開し、それが各国において権威主義的ポピュリズム等の反応を引き起こしていた。『アメリカ批判理論――新自由主義への応答』は、新自由主義から権威主義への展開とその批判を焦点として編まれたアンソロジーである。同書に所収された論考のなかには、ハーバーマスの影響を強く受けたものと、第一世代から強く影響を受けたものとがある。この節ではそのなかでも、ハーバーマスの影響が強い二つの論考を取り上げる[11]。

新自由主義に対抗するコミュニケーション合理性

マーティン・E・ジェイは論考「新自由主義的想像力と理由の空間」において、新自由主義を、保守主義とは異なり独自の合理性に立脚したものとして規定している。ハーバーマスが近代の社会の病理を、システムの目的合理性が生活世界におけるコミュニケーション合理性を侵食し機能停止に陥らせたと捉えたように、ジェイは新自由主義的合理性が政治的熟議を摩滅させていると捉えている。ただし、その新自由主義的合理性を三分して展開しているのがジェイの特徴である。

その第一は、M・ウェーバーが「道具的」と呼んだ手段‐目的合理性である。新自由主義的合理性は、個的主体が自分自身の信念体系から任意に選ばれた目的を実現するために効率的に手段を選ぶさい、その判断の基準となる合理性である。ここでは、合理性は手段の選択だけに関わっていて、その信念そのものは合理的基準によって判断されず、実は各人の恣意に任されている。

第二は、機能主義的な合理性である。効率を最大化する手段を選択する者として主体を捉えることは、規則によって動くシステムそれ自体に注目し、いかに素早くそれを稼働させるかという観点を持つ、機能主義に至る論理に通じている。これは、規則化されるシステムのレベルに焦点を合わせて、システム維持や均衡の論理を打ち立てることを目的としている。

第三は、統治性の合理性である。それはM・フーコーが一九七八年の講義録で示したものであり、政治的権威が、警察国家などの権威主義的統制を通じてではなくむしろ、教育等における、人々の振る舞い・態度への微妙な影響を通じて人々をコントロールすることを意味する。これは、人々をある一定の仕方で振る舞うように訓練する規格化の技術と実践を動員するものである。

ジェイによれば、新自由主義的合理性は以上の三つの総和によって成り立っている。それらは状況によって、他のものを排除したり相争ったりする。それに対してジェイが対置するのは、ハーバーマス的な「コミュニケーション合理性」である。それは、道具的合理性が独話的であるのに対して対話

(11) 以下は、『アメリカ批判理論』の「解題 新自由主義から権威主義の批判へ」(晃洋書房、二〇二一年、一九九頁以降)を大幅に書き改めたものである。

的で間主体的であり、機能主義的合理性が誰がコントロールするのでもない規則に従うものであるのに対して、言葉の意味が参加者にとって理解可能な発話のレベルにとどまるものである。統治的合理性が市場での成功を内面化した主体を形成しようとするものならば、コミュニケーション合理性における主体は価値を間主体的な熟議によって定立するものである。ジェイの試みは、ハーバーマスのコミュニケーション合理性を新自由主義的な合理性を克服するものとして展開した。コミュニケーション合理性を具現化した政治的熟議が民主主義の根幹であることからすれば、ジェイの試みは政治の再活性化、民主主義の再生の課題を目指すものだと言える。ただし、その場合、新自由主義は、合理性の観点とともに感情や感性の観点からも解明されるべきことは忘れられてはならないだろう。

進歩的新自由主義に対抗する進歩的ポピュリズム

ハーバーマスの影響を強く受けた極めて左派的なフェミニスト、ナンシー・フレイザーは、論考「進歩的新自由主義からトランプへ」においてアメリカの二〇〇〇年以降の政治的状況を分析し、今後の戦略を再検討している。そこで導きの糸となるのは、「進歩的ポピュリズム」である。フレイザーは、現在のヘゲモニー的陣営の解明を、分配と承認の二つの視点から行っていく。分配とは、財とりわけ所得を社会がいかに配分するかに関わる。承認とは、メンバーシップと所属の道徳的特徴である尊敬と価値評価とを社会がいかに割り当てるべきかに関わっている。

フレイザーによれば、トランプに先立ってアメリカを牛耳ってきたヘゲモニー的陣営は「進歩的新自由主義」であった。それは、フェミニズム、反人種差別主義、多文化主義、環境保護主義、ＬＧＢ

ＴＱに代表される性的マイノリティの権利擁護などの新しい社会運動における主流のリベラルな諸動向と、他方、ウォールストリート、シリコンバレー、ハリウッドといった、もっともダイナミックで「象徴的に」洗練されたアメリカ経済界における主要部門との連合体であった。これが犠牲にしたのが、衰退しつつある製造業、特にいわゆるラストベルトの白人労働者である。民衆の不満がついに爆発するのは、二〇一六年の政治危機においてであった。

民衆の不満は二つの形で現われた。一つは、トランプがその象徴となった「反動的ポピュリズム」であり、それは反動的な承認の政治とポピュリズム的な分配の政治が結びつくことで出現した。つまり、一部のエリートが富を独占することへの民衆の批判と、反移民的で保守的な白人労働者層の意識とを組み合わせたものだった。他方で、民主党のＢ・サンダースが代表したのは「進歩的ポピュリズム」であり、それは包摂的な承認の政治と労働者向けの分配の政治とを結びつけたものだった。つまり、経済的には平等主義的であり、承認の面では多様なマイノリティを包摂するものだった。トランプはその政権獲得後、悪質な反動的な承認の政治を選ぶにいたり、結果として「超反動的新自由主義」に転化したという。この間の状況は、トランプの反移民政策、人種差別政策として喧伝されているとおりであり、それはブラック・ライヴズ・マターなどの大規模な抗議デモを呼び起こした。

これに対して対案となりうる唯一の解決策は、フレイザーによれば、「進歩的ポピュリズム」である。それは、アメリカの労働者階級と中流階級の主要なセクターを含み、包摂的な承認の政治によって、女性、移民、有色人種、セクシュアル・マイノリティの人々の利害も代表し、対抗的なヘゲモニー的陣営を形成しうる。それは、かつてのトランプとサンダースの支持者双方に訴えうる。「進歩的ポピュリズム」は、金融資本主義における階級的・地位的な不正を是正しようとする。フレイザーによれば、「進歩的ポピュリズム」のみが、このような危機に対して抜本的な解決案を示しうるものである。

フレイザーはかねてから分配の観点と承認の観点とを結合させることでオルタナティヴとなる政治を構想していたが、ここではそれを「進歩的ポピュリズム」と明確に呼んでいる点が注目されよう。左派ポピュリズムについてはその一定の積極性を評価することができようが（例えば感情的側面を取り入れたこと、民衆の多様な層に訴えようとしていること等）、しかしこうした思想をより安定したフォーマルな政治的意志形成と結合することが必要となってくるのではないだろうか。

3　『啓蒙の弁証法』から新自由主義批判へ

この節では、現代アメリカの批判理論のなかで、ことにアドルノ、マルクーゼらフランクフルト学派第一世代の影響が強い二つの論文を取り上げる。そこでは、現在の世界を席巻している新自由主義が、第一世代の理論的考察をもとに解明される。ゴードンは、アドルノが権威主義という心理学的類型を批判したことを手がかりに新自由主義を分析しようとする。他方でブラウンは、現代の消費社会批判の観点から、ニーチェのルサンチマン論とマルクーゼの「脱昇華」論を結びつけることによって新自由主義を克服しようとする。

トランプ主義という権威主義の批判

ヨーロッパ精神史、ことにアドルノを専門とするピーター・E・ゴードンは、論考「権威主義的パーソナリティ再訪」において、トランプを支持するかどうかを測る統計学的に重要な唯一の変数が「権威主義」であるとする、マクウィリアムズの定義に批判的に言及する。「〔権威主義者たちは〕強い指導者を支持して集まり、それに従う。そして彼らは、特に脅威を感じるときに、よそ者に対して攻撃的に反応する」(『アメリカ批判理論』一〇一)。今日私たちは、この権威主義者たちの姿を、反移民的なポピュリズムの浸透において容易に見ることができるだろう。しかしゴードンは、統計的な数値で測定可能な現象としてのみ権威主義を捉える議論の構えについて疑問を投げかけ、「権威主義」という概念装置の可能性を改めて問い直す。

ゴードンは、この権威主義を論じるために、アドルノらによる画期的な研究『権威主義的パーソナリティ』(一九五〇年)に遡及し、そこに二つの系列の議論を見出す。その第一は、このプロジェクトが権威主義という新しい「心理学的類型」を認定したことである。第二は、権威主義的パーソナリティがたんなる類型を意味するだけでなく、現代社会の差し迫っている全般的な特徴をも意味することである。ゴードンはこの二つの議論を撚り合わせるように論述を進めている。

第一の心理学的類型を見出したことに関しては、アドルノたちフランクフルト学派とアメリカの社会科学者・心理学者たちとの間で緊張関係があったことが指摘される。彼らはともに、Fスケールと呼ばれる指標によってファシズム的パーソナリティである「反民主主義的なプロパガンダを受容する多少とも持続的な構造」を特徴づけようとした。しかし、『権威主義的パーソナリティ』に収録されなかったアドルノのコメントは、このような心理学的研究の方向に対する批判的内容を示していた。彼によれば、「真の個人」というカテゴリーがすでに社会的に解体して人々が「反射の束」となり、まさにそのことが類型的な人格を作り出すがゆえに、「権威主義的パーソナリティ」という概念が心理学的類型として探求されるのである。

　であるがゆえに、第二の議論である、新しい人間学的類型を説明するための社会的・歴史的状況、私たちの社会の全構造を探求することは、アドルノにとって当然のことである。こうした観点から見れば、トランプ主義はある特殊なパーソナリティに固定されたものではなく、アメリカの政治的文化に全般的に見られる病理の実例となるだろう。ゴードンは、こうしたアメリカの現在の政治文化を解明するために、さまざまな批判理論の先行者の理論を参照する。例えば、ハーバーマスの「社会の再封建化」論を手がかりにして、公共性がたんなる著名人のパフォーマンスと化した実態が指摘される。アドルノらの「文化産業」論の観点からは、公共圏においてスローガンが横行し、マスメディアを通じた規格化の現象によって批判的意識そのものが解体することが示される。「トランプ主義自体はまさに文化産業の別名として議論できるかもしれない」(『アメリカ批判理論』二二四)。そこではメディア化された公共圏において、すべての政治的問題はゆっくりと消耗されて、政治家たちはブランドと同じように評価されることになる。

　アドルノによれば、心理主義は脱政治化という重大な難点を伴うがゆえに、心理学がパーソナリティのカテゴリーに訴えることはファシズムの克服法の誤った説明をもたらすことになる。アドルノのラディカルな洞察とは、心理学的分析そのものが、歴史的に変異した社会的・文化的な諸形式を条件としていることである。したがって、心理主義の根底にある、脱政治化する政治的・社会的・文化的条件の総体を批判的に究明しなければならないのである。ゴードンは、トランプ自身が選挙で敗北を被ったとしても、彼の台頭を可能とした社会現象は将来強力になるであろうという、粛然とした予想でこの論を閉じている。目指すべきは、真なる個人による政治的意志形成ということになろうが、そうした理想像を安直に語ることを許さない厳しい状況に私たちはいると考えるべきであろう。

新自由主義に対抗する民主主義

ウェンディ・ブラウンは、ポストモダン・フェミニズムの立場から批判理論を構築しようとしている。前著『いかにして民主主義は失われていくのか』に続く論考「新自由主義のフランケンシュタイン——二一世紀「民主主義」における権威主義的自由」は、新自由主義的理性がその後、「二一世紀の権威主義」へと展開する様を記述している。ブラウンはその際、ハイエク、ニーチェ、マルクーゼを参照し、新自由主義的理性の末路を描き出す。それは、ハイエクの市場原理主義、ニーチェのルサンチマンとニヒリズム、マルクーゼの抑圧的「脱昇華」を複合することによる人造人間「フランケンシュタイン」の誕生だとされる。

第一に、ハイエクの新自由主義的理性について、ブラウンはハイエクが目指したものとその帰結との違いを明確に描いている。ハイエクが目指したのは、人々が、わずかな法の支配のなかで、行為の道徳的規則に導かれ、市場の競争によって訓練された個人となることであった。ハイエクは、正義を目指す社会契約に基づく社会モデルを、市場として組織された社会、市場へと方向づけられた国家へと置き換えようとした。ハイエクにとって自由とは、市場における自由であり、私的目的の制約なき追求である。そこでは、「社会的なもの」と「政治的なもの」は、道徳を伴う市場という自生的秩序を掘り崩すものとして批判されることになる。「社会的なもの」の解体を求めた結果、民主主義的国家における諸価値、つまり包摂、複数主義、寛容、平等性が掘り崩され、極右による移民、宗教的・エスニック・マイノリティ、セクシュアル・マイノリティ、女性への攻撃が現われる。これが新自由主義の悪夢となった帰結である。

一方、ニーチェのニヒリズムとルサンチマン論は、以上の新自由主義の夢とその悪夢となった帰結を結合させる右派の感情的エネルギーを説明する。一九八〇年代以降の新自由主義的政策は、ヨーロッパ・アメリカにおける白人中流階級・労働者階級に大きな影響を与えた。彼らは、経済的に打撃を受けただけではなく、政治的・社会的に再生産されてきた白人優位主義を喪失することになった。これは、もともとナルシシズムというべきものであったが、彼らはそれを失って屈辱・怨恨・嫉妬等のネガティヴな感情を抱くに至った。それを説明するのが、ルサンチマンから奴隷道徳が生まれるというニーチェの理論である。ルサンチマンを抱いた人間は、自分に屈辱の感情を与えた対象を攻撃することを正当化する奴隷道徳に陥り、ひいてはそれが群衆主義・いじめ・外国人排斥に至っていく。その結果として、自由は、否定的な感情をエネルギー源として、好きなことを好きなだけ言い行う自由となり、政治的自己決定のすべてを喪失し、祝祭的ですらあるものとなる。その実例を私たちは右派ナショナリストの政治集会で見ることができる。

他方、発達した資本主義における一次元的文明を批判したマルクーゼの議論からは、新自由主義的理性が、ニーチェ的なルサンチマンの感情を経て、現在の発達した文化産業が展開する大衆消費社会と結びつく経緯が見えてくる。マルクーゼの「抑圧的な脱昇華」は、テクノロジーによって欲望が、中産階級に享受される商品文化と結びつくときに生じる。こうした消費社会的な秩序は多くの快楽、セクシュアリティによって特徴づけられるが、本来的な解放は含まない。マルクーゼが言う脱昇華においては、人々は欲望を快楽において満たし、理性、道徳や政治には無関心となり、理解力や自律をも減退させていく。マルクーゼは脱昇華において主に戦後の発達した資本主義国における消費文化の展開下での人間のありかたを考察しているが、ブラウンはそれを市場原理主義、すなわち新自由主義と結びつけて再解釈したのである。

ブラウンはこの論考の末尾で、資本主義は、現実原則、命令、そして道徳的秩序を兼ね備えたものとなり、その明らかな荒廃にもかかわらず、「そこにはいかなるオルタナティヴもない」とする。権威主義化した新自由主義はすべての領域を覆いつくしており、一見反抗的に見える者たちもそのなかに含みこんでいるように見える。ブラウンの批判は徹底しており鋭敏である。しかし、その抵抗の立脚点を照らし出す光はどこに見出せるのか。ブラウンの見地からすれば、それについて私たちはまだ探求の途上にある、としか言えないだろう。

おわりに

ジェイは、ハーバーマスのコミュニケーション合理性を新自由主義批判へと拡張し、フレイザーは進歩的ポピュリズムとの連携を模索している。他方で、ゴードンは権威主義に対抗するアドルノの文化批判を再評価し、ブラウンはそれをニーチェ、マルクーゼと結合させる。アメリカ批判理論は今日の新自由主義と権威主義への批判においても、ハーバーマス的な潮流と第一世代の影響の強い潮流を含み、両者が触発し合うことによって発展しようとしている。時にはこのような対立に到る多様性が、アメリカ批判理論を前進させてきたと言えよう。今後、公共圏における総合的な討議のなかでその帰趨が決定していくものと思われる。

最近の社会の動向のなかにファシズムの再来を直接に見、フランクフルト学派がそれを予測していた、とするのは安直であろう[12]。しかし、フランクフルト学派が格闘した事象と、現代社会の新自由主義から権威主義に至る反民主主義的な傾向・諸特徴が、強い関連性を帯びていることは否定できない。ことに現在も、冷戦終結後、新自由主義の帰結として生じた権威主義国家は、東欧においても民主主義を脅かしているのである。『啓蒙の弁証法』に凝縮された第一世代の、現状を根本的に批判する思考はアメリカ批判理論のなかに受け継がれ、今日にまで照らし出すスペクトラムを放っているのではないだろうか。

［引用文献］

ジェイ、マーティン、日暮雅夫共編『アメリカ批判理論——新自由主義への応答』晃洋書房、二〇二一年

Habermas, Jürgen, edited and introduced by Peter Dews, *Autonomy & Solidarity: Interviews with Jürgen Habermas*, London, New York: Verso, 1986.

（12） 以下を参照。Alex Ross, "The Frankfurt School Knew Trump Was Coming," *The New Yorker*, December 5, 2016. https://www.newyorker.com/culture/cultural-comment/the-frankfurt-school-knew-trump-was-coming（最終閲覧日二〇二一年七月二四日）。

特別寄稿　ヴェーバーからアドルノへ——アメリカ体験をめぐって

徳永　恂

1　大きな物語り——二〇世紀初めの布置状況《コンステラチオン》

さる二〇二〇年は、第一次世界大戦後に亡くなったマックス・ヴェーバーの没後一〇〇年にあたるというので、各方面でいろいろな企画がなされてきたようだ。おそらくやがてさまざまの新発見も公開されるにちがいない。だが懸念されるのは、研究者の関心が専門化され、視線が細かなものだけに集中しがちな近頃の傾向である。一〇〇年の間に多くのものが見尽されて、もはや新発見の余地は、ミクロの世界にしか残されていない、とでもいうのだろうか。「専門的」とは、小さい事を調べることだといった思い込みが一部には通用しているようだ。自然科学は「法則定立」を目指すのに対して、文化科学は「個性記述」を任務とする、というリッケルトの区別は、今でも生きているだろうし、「神は細部に宿り給う」というベンヤミン好みの名句も想い出される。個別的事実の尊重は、歴史学の基本的格率であることに変りはない。だが、小さな事実のみを偏愛し、その発掘保存に自足する場合には、「樹を見て森を見ない」視野狭窄や、大きな認識への意志を衰弱させる「トリビアリズム」に陥る危険も増大するだろう。

他方「大きな物語り」というのも評判が悪い。歴史を神による創造と審判として捉える「救済史観」にしろ、人間理性の進歩の跡とする「進歩史観」にしろ、資本主義から社会主義への必然的移行を法則的に説明すると自称する「唯物史観」にしろ、何か一つの原理で、大きく歴史を包み込み、統一的に説明しようとする企ては、現代の繊細な科学的センスに耐えられるものではなく、時代遅れの「グランド・セオリー」の一種として斥けられる。

しかし、もともと歴史《ヒストリア》というものが、たんに客観的な事実探究だけでなく、主観的な物語りという性格を持ち、その都度の時点で新しい歴史像を更新しては、その意味を問い直す作業をも任務とするものであるかぎり、広い視野を持った「大きな物語り」の存在意義が失われることはない。それは、制度化されたアカデミズムの中では、実証的な事実研究としての歴史学と言うより、歴史の意味を尋ねる歴史哲学である、と言われるかも知れないが、この現代においてこそ、アクチュアルな課題として登場してきているのではなかろうか。

だが、そう堅苦しいことを言わなくてもいい。新しい窓を開けて外を見れば、ふだんとは別の風景が拡がっているように、これまでとは視点を変えて眺めれば、これまでとは異なる「アナザー・ヒストリー」を楽しむことができるだろう。そしてその風景の中に自分自身の姿を見出すとすれば、改めて自分の立ち位置や存在意義を考え直そうという意欲も湧いてくるだろう。「大きな物語り」の効用は、じつはそこにあると言っていいかも知れない。

マックス・ヴェーバーを起点にして、二〇世紀思想史を「大きな物語り」として構成しようとするユニークな試みを、われわれは、たとえばノルベルト・ボルツの『脱呪術化された世界からの脱出(Norbert Bolz, *Auszug aus der entzauberten Welt*, 1989)』のうちに見出すことができる。二〇世紀の思想史だから、一九〇四年に、代表作とされる「社会科学と社会政策にかかわる認識の「客観性」」(以下「客観性論」と略称)と「プロテスタンティズムの倫理と資本主義の精神」(以下「プロ倫」と略称)を、学術誌に発表したヴェーバーから叙述を始めるのに何の不思議もない、と思われるかも知れないが、ボルツの試みは、たんに年代的にヴェーバーから始めるというのではない。副題「両大戦間の哲学的ラディカリズム」が示すように、カール・シュミットからエルンスト・ユンガー、ルカーチからエルンスト・ブロッホ、はてはシュテファン・ゲオルゲに至るまで、同時代のユニークな思想家、芸術家たちが、専門や政治的立場の左右を問わず、ヴェーバーの時代認識を、等しく共通の前提として、そこからの脱出を模索していた、その意味で、皆、「ヴェーバーの蔭」に居るのでは？　そういう設問を支えている彼の視野の広さは、とにかく注目に価いすると言えるだろう。

むろんこれまでにも、ヴェーバーが価値の選択を、科学外の決断に委ねたことが、後のカール・シュミットらの「決断主義《デツィジオニスムス》」を生んだといった解釈がなかったわけではないし、一九六四年、ハイデルベルクのヴェーバー生誕一〇〇年記念シンポジウムでも、「ヴェーバーの正統の弟子はカール・シュミットだった」というハーバーマスの警告があったことは、よく知られているだろう。この路線はやがてヒトラーから初期ハイデガーへ通じていくが、他方左へ折れる曲折路はどうか。ルカーチやブロッホは、病気がちのヴェーバーが私宅で開いた知的会合、いわゆるマリアンネ・サロンの常連として知られている。ただヴェーバーは、若きルカーチの方は高く評価して、ユダヤ系だという抵抗を押し切って教授にしようと尽力したが、ブロッホの神秘主義的傾向に対しては反発を隠さなかったというから、ブロッホをも「ヴェーバーの蔭」に入れるボルツのやり方は、やや意外に思われるかも知れない。ブロッホの本にもヴェーバーの名は出てこないが、ボルツは『ユートピアの精神』における表現主義や新即物主義《ノイエ・ザッハリッヒカイト》評価に見られる「技術の冷たさ」感覚にヴェーバーの影響を見ているし、この方向を延長して行けば、さらにベンヤミンの「アウラの喪失」という時代診断や、ブロッホ自身の言う、ユートピア実現の否定的媒介として必要な「キリスト教の中の無神論」を、そこに見出すことができるかも知れない。興味深い問題かも知れないが、そういう詮索は細い脇道に、場合によっては袋小路に入り込む怖れがある。本道に戻ろう。

二大戦間、ヴァイマール共和国時代のドイツの思想的布置関係《コンステラチオン》を、広い視野の下で捉えようとするボルツの上述の試みは、二〇世紀思想史を、「ヴェーバーの蔭の下」に画き出そうとする普遍史的考察、「大きな物語り」の方法的序章として、たしかに注目に価いしよう。ただ、この本の邦訳名は『批判理論の系譜学』となっているが、必ずしも内容に即していない。日本語版に寄せた序文で触れられている著者の研究意図を汲んで、そういう表題になっているが、扱われているのは、前記思想家たちだけで、フランクフルト学派の面々は、直接には取り上げられていないからである。ヴェーバーからアドルノへという流れを跡づける作業は、いわば読者に委ねられている。

二〇一九年秋に甲南大学で開かれた社会思想史学会では、戦後日本における外来思想の受け入れ方を再検討する自由セッションの部会で、フランクフルト学派とサルトルが取り上げられた。その際の初見基氏の報告は、政治へのアンガージュマンを強調するサルトルと対比すれば、フランクフルト学派の「批判理論」は、日本では、どちらかと言えば「静観的な理論《テオーリア》」と受け取られたようだが、アドルノらが帰国後に行なった、戦後ドイツ国民のナチス観についての意識調査、「グループ・エクスペリメント」等を見れば、アメリカ社会学の調査法の批判的受容という面だけでなく、けっこう実践的意図も強かった、という主旨だったと思う。その主張の方向には私も賛成なのだが、しかし理論と実践とを二項対立として捉える伝統的考え方（たとえば、哲学は変革が問題なのに解釈だけを事としてきたと非難する実践的マルクスと、価値判断を社会科学から排除する理論的ヴェーバーという対比図式）を、そのまま前提して、批判理論の実践性を弁護する、というのでは、問題の焦点を逸する恐れがある。とりわけアドルノにとっては、理論と実践との関係は二項対立ではなく、弁証法的に捉えられており、理論そのものの実践性、実践的理論の可能性を探ることが目指されていたのではなかったか。そういう疑念が、ボルツの物語りでは空白になっていたヴェーバーからアドルノへの連なりを、改めて考えるきっかけを与えてくれた。二〇一九年一二月の『思想』に寄稿した拙稿「ヴェーバーとハイデガー」では、両者は横に置いて対照されたのに対して、ヴェーバーとアドルノは、絡み合いながらも、一本の筋として縦に跡づけることができようか。本稿の表題が、「ヴェーバーとアドルノ」ではなく、「ヴェーバーからアドルノへ」とされた所以である。一種の三角関係が背景にある。

ただ多面的な両者を全面的に比較するといった大仕事は、もとよりこの小論のよくするところではない。共通の時代体験としてアメリカ旅行を選び、理論以前の実体験のレベルで、彼らがどういう実践的価値関心を持って行動していたかを跡づけるとともに、他方共通の思想的背景として、ユダヤ教に由来する「偶像否定」の意味変化の歴史を検討することで、ヴェーバーをめぐる「大きな物語り」を小さく語ることにしたい。

2　ヴェーバーのアメリカ旅行——移民問題をめぐって

マックス・ヴェーバーがアメリカに旅したのは、一九〇四年の盛夏から暮まで、四カ月ほどの間である。今はアメリカの大学に居るかつての同僚に招かれて、セントルイスの万国博覧会の一環として開かれた国際学術講演会に、講師として出席するために、出かけたのだった。長年の宿痾だった神経症のため、大学も辞めて、各地に転地療養を繰り返したりしていた彼も、世紀が変ってから、ようやく健康も恢復し、マリアンネの言う「新局面」を迎える。彼はゾンバルトとともに新しく創刊された『社会科学および社会政策年報《アルヒーフ》』の編集者となり、創刊号には、代表作とされる「客観性論」を、続く第二号と第三号には「プロ倫」を、二年に分けて発表している。彼のアメリカ旅行は、この論文「プロ倫」の前半と後半の間に行なわれたことになる。

旅は人を変える。故郷を出て、人は他者を発見し、それと対比して、あらためて自分を捉え直す。ヴェーバーはアメリカ旅行で何を得、何が変ったのか。「プロ倫」論文を字面を追って見るかぎり、旅行以前に書かれた前半と、帰国後に書かれた後半の間には、一貫性が保たれているし、後年、『宗教社会学論集』に「世界宗教の経済倫理」の一部としてまとめられたバージョンにも、多くの異同が見られるとはいえ、内容的に大きな訂正はないとされている。しかしそれは、ヴェーバーのアメリカ旅行体験が持った画期的意義を否定するものではないだろう。

視点を変えて見てみよう。病み上りの身を押し、ヴェーバーが欣然としてアメリカ旅行に参加した時、彼の基本的関心は、どこにあったろうか。彼がセントルイスの万博にあたって依頼された学術講演の題目は、「ドイツ農業の今昔」だった。つまり彼は『古代ローマ農業史』から『東エルベ地方の農業調査』に至るまで、そのキャリアからして、ヨーロッパにおける農業経済史の専門家として注目され、その期待に応えることを主要目的として出かけたのだった。その時、ドイツとアメリカとを地域的に対比しつつ、彼の念頭にあった問題とは、端的に言えば「移民問題」だった、と言えよう。現在もグローバルな課題となっている移民問題は、当時どういう形で、時代の焦点になっていたか。歴史地理的に視野を拡げ、時間的にも少し遡って考えてみたい。

かつてヨーロッパが、地理的に地中海圏、せいぜいライン・ドナウ以南のローマ帝国領に限られていた頃、そこで収穫される農産物はオリーブやブドウが主で、主食となる麦類は、エジプトや黒海域から輸入しなければならなかった。つまり伝統的に、ヨーロッパは食糧の自給はできなかったのだ。しかし近世になり、コロンブスがアメリカからもたらしたジャガイモや牧草用のクローバーなどの普及もあって、開拓前線は、アルプスの北・中欧の平地を、フランドル地方などの西欧から、ポーランドなど東欧へと拡がり、それに伴って移民の波も、西から東へと大きく動いていく。そういう経済的な動きに、さらに宗教的動因が拍車をかける。コロンブスが西へ向けて出航した年は、ユダヤ人たちがスペインから追放された年でもあった。一六世紀以降、西欧キリスト教国から追放されたユダヤ人たちも、開拓前線の先頭に立っていた「辺境侯」に招かれたりしながら、東欧の「シュテートル」に移り住み、一九世紀になると、世界ユダヤ人口の大半は、その地域に定住、文化的・経済的に同化レベルに達しないのを蔑まれながらも、独自のイディッシュ文化を育むことになる。

だが、この中部ヨーロッパにおける西から東への移民の流れは、世紀の進行とともに逆転する。イギリスに始まる産業革命の衝撃は、増大する工業労働力の需要から、ドイツの農業労働人口を西へ引きつける。ドイツ東部のユンカー経営の農園にいた農民たちも、西へ移動を始め、その後には、さらに東に居たポーランドなどの、前近代的な農民が移住してくる。「エルベ河以東の農業問題」としてヴェーバーが注目したのは外でもない。産業革命の進展に伴う労働力需要の変化という経済的要因に基づく東から西への人口移動が、文化的には、レベルの低い後進地域からの移民の流入によって先進西欧地域の近代化を阻害するのではないか、そういう事態であり、それに対する危機感であった。

東から西へ逆流する移民の波は、ヨーロッパ内部に留まりはしない。大西洋を越えて新大陸へと向かっていく。一五世紀末のコロンブスの到達以来、各国の植民地化時代を経て一八世紀末のアメリカ合衆国の成立から一九世紀後半の南北戦争に至るまで、移民の波が東海岸から西海岸に進んでいく。その経緯については、ここで辿るまでもないだろう。その中心にあったのは、何と言っても、ニュー・イングランド地方に住みついたアングロ・サクソン系の人々だった。彼らは後来移民に対して先住者としての優越感を持ち、大統領選抜にあたっても、後々まで正統性を誇示している。一九世紀後半以降、ヨーロッパから改めて移民の波が打ち寄せ、ポーランド、ロシア、ハプスブルク領オーストリア、イタリアなどから、大量の移民が大西洋を渡る。一九世紀末から二〇世紀初頭にかけてイタリアからアメリカへの移民は四〇〇〇万を超えたと言われているし、現在六〇〇〇万を超えるアメリカでのユダヤ人口は、この時代の東欧からの移民の結果だという。

こういう近代の移民の流れを画く歴史地図に宗教分布地図を重ねて見るとどうなるか。産業革命後の西欧にしろ、アメリカ東海岸にしろ、資本主義的な経済・文化によって繁栄し始めた地域は、いずれもプロテスタント系信者の居住区域だったのだ。とすればプロテスタンティズムの信仰と資本主義の間には、何らかの親和関係があるのではなかろうか。一九〇四年、アメリカ旅行に発つ前に論文「プロ倫」を書き始めた時、そういう発想が執筆動機として働いていたことは疑いをえない。だがセントルイスでの学術講演では、その発想は、精神史的に深化されるよりは、もっと現実的な地面に移され、そこで開花したように思われる。以下その論旨を単純化して言うなら、封建的遺制などに制約されない新天地アメリカで、理想型どおりに資本主義的経済・文化を創ろうとしたのは、アングロ・サクソン系のプロテスタントの人たちだった。ところが一九世紀半ばから大量に流入してきたイタリア系移民はカトリック、ポーランド系は、カトリックかユダヤ教と、いずれも非プロテスタントの人たちだった。彼らは文化的にも経済的にもレベルが低く、ためにプロテスタント先住移民たちが築いた経済的繁栄や近代的心性が、停滞しおびやかされるのではないか。ちょうど一九世紀半ばのドイツで、東からの前近代的移民の流入によって文化的レベルの低下が懸念されたのと同じように。セントルイスの学術講演会でヴェーバーが主張したのは、こういう危機の共通性であり、しかし東欧やイタリアからの非プロテスタント系の移民はいざ知らず、ドイツのプロテスタント系移民は、アングロ・サクソンに近く、心配するに及ばない、という結論であった。

この講演、偏見を含んだとまでは言わないにしても、いささか自己弁護的な主張は、聞いていた妻マリアンネやトレルチら同僚にもヴェーバーらしくない、という意外感を与えたようだが、新世界の繁栄を誇示する万国博に招待され、その一環としての記念講演であってみれば、スポンサーへの気兼ねもあり、余所《よそ》ゆきの御挨拶であったかも知れない。

この講演原稿は、現在英文のものしか残されていないが、アメリカに出発する以前に書かれたのは確からしい。とすれば、少なくともアメリカを見る前には、アメリカに対して、無条件ではないにしても、トクヴィル以来の「新世界」というイメージを持ち、プロテスタンティズムの倫理と資本主義の結びつきを――たんに事実としてだけでなく価値的にも――肯定的に考えていたことは明らかだろう。

講演会を無事済ませた後、ヴェーバー夫妻は、なお数カ月、クリスマス前までアメリカに留まり、以後は私費でプライベートな旅に出た。それは母親に頼まれた用件、何年か前にアメリカ中部に移住した彼女の親戚が、どうしているか見てきてくれ、という依頼を果すことだった。公的にも私的にも、移民問題が、彼のアメリカ旅行のテーマだったのだ。セントルイスから親戚の住むヴァージニアの田舎、オクラホマ・シティからニュー・オーリンズを経て、再び北上。フィラデルフィア、ワシントン、ボストンなど、各地の大学、教会を訪ねて、「キリスト教信仰と市民生活の関係」を考察。その間、白人移民と先住インディアン、解放後の黒人との軋轢、伝統的教会と自由なセクトとの差等々、アクチュアルな問題に目を向け、最後に再び上陸地ニューヨークに戻った時には、最初から念願だった「イディッシュ劇場」に通いつめている。そこでは、東欧ユダヤ人たち内部での先行移民と次世代との差異、葛藤をテーマとするゴルディンのイディッシュ劇が上演されており、出発前夜まで、作者ゴルディンと夕食を共にするなど、深い関心を示しているのが印象的である。

このアメリカ旅行の体験は、マックスの母親への手紙、マリアンネの回想記などで生き生きと語られているのだが、ヴェーバー自身の学問的仕事には、どういう影響を与えただろうか。帰国後マリアンネが各地に招かれて、アメリカにおける婦人の地位などについて講演して廻るのに対して、マックス自身は書斎にこもり、「プロ倫」論文の後半の執筆に専念する。その結果はどうだったか。

差異を際立たせるためにやや強調して言うなら、旅行前に書かれた前半では、資本主義の成立に関してプロテスタンティズムの職業倫理が促進的に作用したとされていたのに対して、旅行後に書かれた後半では、資本主義は、その成立期にはそうだったかもしれないが、今は宗教的基礎を失って、利潤追求を目指す自動機械のように、自立した発展を続けている。資本主義の成立をめぐる歴史解釈ではなく、そういう現状を直視する現実認識と、それに伴う危機感が吹き出していると言えよう。「プロ倫」末尾の彼自身の文章を引用しよう。「勝利をとげた資本主義は、機械の基礎の上に立って以来、この支柱をもう必要としない。――営利のもっとも自由な地域であるアメリカ合衆国では、営利活動は宗教的・倫理的意味を取り去られていて、今では純粋な競争の感情に結びつく傾向がある――。将来この鉄の檻の中に住むものは誰なのか。――それはわからない。だがこうした文化発展の最後に現われる「末人たち（letzte Menschen）」にとっては、次の言葉が真理となるのではなかろうか。「精神なき専門人、心情なき享楽人、こういう無《ニヒツ》に等しい者は、人間性のかつて達したことのない段階にまで登りつめた、と自惚れることになるだろう」」（『プロテスタンティズムの倫理と資本主義の精神』大塚久雄訳、岩波文庫、一九八九年、三六五―三六六)。言うまでもなく、「末人」とはニーチェの言葉であり、ここでヴェーバーは、「神は死んだ。現代は神なき時代である」という時代体験と認識をニーチェと共有しているのは明らかだろう。そしてそれはまたアドルノのものでもあったのだ。

3　アドルノのアメリカ体験――マルクスよりニーチェ

アドルノは、一九〇三年、ヴェーバーのアメリカ旅行の前年に生まれた。ヴェーバーより四〇年遅れて始まった彼の前半生は、ナチスの蔭に隠れている。ウィーンのシェーンベルクの下での作曲家修行に見切りをつけてフランクフルト大学へ帰ってきたアドルノは、ティーリッヒの下で教授資格論文《ハビリタチオン》「キルケゴールにおける美的なものの構成」を書くのだが、それが出版されたのは、一九三三年一月、ヒトラーの政権掌握の当日だった。早くも数カ月後には、国会放火を口実に「全権委任法」や「公務員再生法」を通し、左翼やユダヤ人への弾圧が始まる。それに対する反応はさまざまで、ティーリッヒやノルデのように、さしあたりナチス寄りの自己弁護をして弾圧を逃れようとあがく者も居たが、かねてこの事あるを予期していたホルクハイマーは、ナチスのやり方をカント以来の光輝ある伝統に背くものとして抗議し、国外に脱出する。研究所の蔵書類も、あらかじめジュネーヴなどに疎開してあった。だが、まだ駆け出しだったアドルノは、講義資格こそ取り消されたものの、片親だけがユダヤ系、つまり当時の人種法では、「二分の一ユダヤ人」だった（その故で彼はユダヤ人の地域共同体組織にも入会を断られている）故もあり、さしあたり、それ以上の弾圧を加えられることはなかった。だから彼がイギリスでの教授資格をとるために、同年ロンドンに留学した後でも、休暇ごとにドイツに帰ってくることもできた。じっさい、当時アドルノは「社会研究所」の正式メンバーではなく、ホルクハイマーら研究所の主要メンバーが国外に脱出・亡命する際にも、事前には、それを知らされていなかったらしい。

アドルノが研究所との繋がりを強くするのは、有力メンバーがアメリカに亡命した後、いわば研究所のヨーロッパ支部長格として、機関誌の原稿を本部に取り次ぐ窓口のような役割りを果すようになってからだろうか。機関誌『社会研究』は、海外でドイツ語で発行される数少ない学術・思想誌として、多くのドイツ語執筆者の期待を集めた。ベンヤミンの「ボードレール論」やエーリアスの「文明化の過程」など、同誌への掲載を切望してくる依頼者に対して、アドルノは、あるいは左翼的論調への過剰適応をいましめたり、逆にその不足を忠告したり、編集部への紹介者として、自分独自の対応を示している。

しかしベンヤミンと同じように、「守るべきものはヨーロッパにある」として、アメリカに行く気のなかったアドルノに、その方向に舵を切らせるのには二つのきっかけがあったと考えられる。一つは婚約者グレテルとの結婚である。それまで二分の一ユダヤ人として迫害の枠のゆるかったアドルノも一〇〇パーセントユダヤ人の妻と結婚することで、人種法上の正式迫害の対象者となるからである。二つめは、その結婚式にわざわざやってきてくれたホルクハイマーが、もしアメリカに来るなら、ウィーンからの亡命学者ラザースフェルトの主宰する「ラジオ・リサーチ・プロジェクト」に加わることで、収入の道も保証されると請負ってくれたからである。これにはさすがのアドルノも腰を上げざるをえず、慎重に一度下見に出かけた後、一九三八年秋には、大西洋航路の船に乗ることにしたのだった。

アメリカ到着後、アドルノ夫妻はニューヨークに居を構え、研究所の正式メンバーとして機関誌の責任編集者となり、個人的にもそれまでの音楽中心から、哲学一般、さらに社会学へと関心の幅を拡げていく。しかし本来社会統計学を専門とするラザースフェルトの下での「ラジオ・リサーチ・プロジェクト」は、アドルノの肌に合うものではなかった。たんに聴取率調査などが慣れない手仕事だったというだけではない。作品の価値を聴取者の受容の仕方とその量的処理によって判断し、それに従うというやり方は、到底納得できるものではなかった。シェーンベルクの弟子として不協和音の必然性に繊細な耳を持つアドルノにとって、ラジオから流れるジャズ風の変奏は、「楽隊音楽」の残存物のように響いた。ドヴォルザークのように、黒人霊歌などに、「新世界」の息吹を感じる寛容さは、アドルノにはない。

一九四〇年、学問的意見の対立もあって、彼はラザースフェルトの下を去り、翌四一年には、ホルクハイマーの後を追って、ロス・アンジェルスに移り住む。そこでも『権威主義的性格』など、バークレー・グループに加わった仕事もしたが、何といっても本来の哲学に帰り、ホルクハイマーとともに、弁証法の根本的再検討に打ち込むのが、目標だった。

『啓蒙の弁証法』は、一九三九年から四四年にかけて、つまり第二次大戦中に、執筆され、一九四七年に出版された。この成立事情等については、岩波版の訳者後記で詳しく触れておいたので、ここでは立ち入らない。ここで注目したいのは、この本がアメリカで書かれたということ、それが本の内容にどういう影響を与えたか、という問題である。

『啓蒙の弁証法』は、第一章「啓蒙の概念」、第二章「オデュッセイア論」、第三章「サド論」が、いずれもヨーロッパ史に題材を得ているのに対して、第四章「文化産業論」、第五章「反ユダヤ主義論」は、アメリカでの体験を基にしていると考えられる。この二つのテーマは、研究所の機関誌が、発行所をアメリカに移し、『社会科学及び哲学研究』と名を変えて、英語で出版されるようになった時、それぞれ特集テーマにされたものだが、そこで取り扱われている「反ユダヤ主義」とは、場所的にドイツのそれではないか、と思われるかもしれない。しかしそうではないのだ。この執筆が始められた時点、「ヴァンゼー会議」以前では、まだホロコーストの全貌は、あらわになっていない。後にレーヴェンタールを加えて加筆された部分は別としても、アドルノにとって時代区分の決定的境界となった「アウシュヴィッツ以後」という指標は、まだここには現れておらず、アメリカにおける「潜在的反ユダヤ主義」が『権威主義的性格』との関連で論じられているのが、深刻な刻印という意味では、物足りない印象を与えるかも知れない。

それに対して、「大衆欺瞞としての啓蒙」という副題を付された「文化産業」の章は、「ラジオ・リサーチ・プロジェクト」への参加という、自分の苦々しい実体験に裏打ちされていることもあって、アドルノの批判の刃を鋭くしている。「啓蒙《アウフクレールング》」とは、本来、光がさし始める、晴れる、といった自然現象をさすaufklärenから来ているが、社会現象としては、迷信や狂信に捉われている無知な民衆を啓発し、理性によって自立する力を与えてやる、そういう目的を持つものだった。ところがここアメリカの現実を見ると、民衆はマス・コミをつうじて操作され、画一化され、自主性を奪われている。民衆啓発の手段が、今や民衆欺瞞の道具になっている。こういう啓蒙の逆転は、「反対物への転化」という弁証法の三対構造《トリアーデ》の最初にくる局面ではないか。この否定を否定することで肯定を、本来の啓蒙の救出を実現することができるのか。著者達が、年来の課題だった弁証法の再検討を、学説史の内部でなく、「啓蒙」の弁証法として現実に即して発想した根底には、こういうアメリカでの体験があったにちがいない。しかし事が、文化産業の欺瞞性の摘発に尽きるならば、それは戦後日本において、「一億総白痴化」を旗印に、清水幾太郎らの行なったジャーナリズム舞台の「マス・コミ批判」にも見られたものだ。じっさいアドルノを日本に最初に紹介したのは、清水による『テレビジョンの功罪』の翻訳(一九六一年、紀伊國屋書店)だったろう。しかし『啓蒙の弁証法』は、そういうアクチュアルな反応に尽きるものではない。はるかに深い歴史的背景、大きな物語りを背後に持っている。

そういう『啓蒙の弁証法』の背後にある知的奥行きを窺わせる格好のものとして、同時期、ホルクハイマーとアドルノが研究所のメンバー以外のドイツ系亡命知識人たちも交えて、しばしば行なっていた研究会を取り上げてみたい。カリフォルニアに移って以来、彼らはハリウッドの社交界にも溶け込んで、けっこう楽しんでもいたようだが、知的な交際は、ドイツからの亡命人サークルに限られていた。その中心にあったのが前記ホルクハイマーが主催する定期的研究会だった。その記録はそこでの報告とディスカッションが別々の全集に分けて収録されている故もあり、これまで取り上げられることも少なかったが、通観してみれば、『啓蒙の弁証法』成立の裏面の消息、それも他の研究所メンバーと微妙に異なるアドルノの個性的関心の所在を教えてくれる点で、興味深い。その焦点を、あえて単純化して言えば、「マルクスよりもニーチェ」というキャッチフレーズによって示すことができよう。

一九四一年、ホルクハイマー司会の下に続けられていた討論集会の共通テーマは、「欲求(Bedürfnis)」だった。「欲求」と訳すしかない言葉だが、そこで考えられているのは、フロイト的な欲望論ではなくて、「人はパンのみにて生くるものにあらず」と聖書に言われているが、はたしてそうか。そうだとすれば、それ以上に人は何を欲するのか、生きていく上でなお必要なものは何なのか。そういう意味での「欲求」を満足させる必要条件。それを、物質的次元と精神的次元の絡み合いを解きながら、さまざまの角度から分析することが課題だった。欲求を満足させる状態が、望ましい理想状態であるとすれば、一種のユートピア論とも言えるだろう。ある時は、「逆ユートピア」を画き出したオルダス・ハックスレーの『すばらしき新世界』をテキストにしながら、またある時は、フランス革命、ロシア革命、ニュー・ディール政策など、現実の政治をテーマに、自由の実現が新しい不平等を生み、平等の達成が新しい不自由を生みだす矛盾を見据えながら、さまざまの議論が交わされている。

一九四二年六月一四日の集会では、研究所の外からこの議論グループに加わっていたルードヴィッヒ・マルクーゼが登壇し、「ニーチェにおける欲求と文化の関係」について報告を行なった。彼はまずニーチェが、当代ドイツの文化的俗物たちの自己満足した(欲求を充足した)顔付きに、吐気をもよおしたことを指摘する。かつて猛獣であった人間は、今や家畜になってしまった。彼らの文化は家畜文化であり、彼らは「末人(letzte Menschen)」と呼ばれる。この蔑称が、マックス・ヴェーバーの「プロ倫」の最後に出てきたことを、われわれは覚えているだろう。L・マルクーゼは続いて言う。この家畜文化に対抗するものとして、ニーチェは三つの対照像を提示した。それらは、それぞれ「神は死んだ」という共通地盤に基づいて、(1)「芸術家的天才」、(2)「自由精神」もしくは「ブロンドの野獣」、(3)「超人」と名付けられる。そして「超人」の抱くさらなる「欲求」を憧憬《ゼーンズフト》と呼び、そこに閉じた現状を打破する方向を見出そうとしたのだった。

こういう報告をめぐって活発な議論が展開されたが、出席者の多くは左翼系の人だったから、ニーチェの目指した方向には、物質的欲求の充足を目指す社会的革命への実践的志向や勇気が欠けている、というマルクス主義寄りの批判が大勢を占めた。それに対して、一人年少のアドルノは、ニーチェ擁護の論陣を張り、ニーチェの文化批判には、政治経済学批判とは別の社会批判が隠されており、たとえば、市民《ビュルガー》に対するより鋭い嗅覚を持っていた点など、ある面ではマルクスより先に進んでいたのではないか、と主張したのだった。さらに続けて彼は言う。

「ニーチェの理論の正しさを示している主な例をあげるなら、民主主義ばかりか社会主義も一個のイデオロギーになってしまったことを、彼は見抜いていました。今日では社会主義も、そのイデオロギー的性格をなくすような形で定式づけられねばならないでしょう」。

ここでイデオロギーという言葉は、政治的行動の指導的理念といった積極的意味でないのはもちろん、マンハイムが考えたような、出身階層ごとに制約された視野狭窄といった消極的意味をも越えて、政治的利害を代弁する宣伝手段という、強い否定的意味で使われている。アドルノの念頭にあったのは、市民→民衆→大衆というコースを辿るアメリカ社会の現実であり、ルカーチが考えたような階級意識に燃えたプロレタリアートによる社会体制の全面的改革などは、幻想であり、一種の偶像崇拝にあたる、という認識であり、体験であったろう。

アメリカに亡命するにあたって、ホルクハイマーは、研究所のスポンサーだった「アメリカユダヤ人協会」の意向や、戦後アメリカの世論を気にして、マルクス主義的用語を使うなと、神経質に所員に口止めし、『啓蒙の弁証法』の初稿も、そのため何度も改訂させられたらしいが、この亡命ドイツ知識人グループの内部集会では、そういう懸念をする必要はなかったから、「マルクスよりニーチェが先を進んでいる」というアドルノの発言は、彼の本音を示しているだろう。

彼はさらに「実践」概念を取り上げて、「一挙に社会の全面的改変を目指す革命的実践行動は、野蛮に代えるに別の野蛮を以てする」だけであり、そこにはまた別の「支配」関係が支配する、と「全体的実践主義」を批判している。

だが、そうだとすると、この会合の主題だった「神なき時代の末人文化への対抗策」は、どこに求められるのだろうか。L・マルクーゼは、それを、ニーチェが言う「超人」の「憧憬《ゼーンズフト》」に求めた。しかし憧憬《あこがれ》とは、いかにもロマン主義風の香りがする言葉で、「力への意志」に燃えた「ディオニュソス的超人」のパトスには相応しくない。司会者ホルクハイマーは、それに代るものとして「啓蒙の救済」という目標を呈示している。

アメリカに居た頃のアドルノにとって、ニーチェがいかに身近な存在であったかは、東部に呼び寄せた両親への手紙の中にたびたび登場することでも知られるし、トマス・マン邸の会談でも、有名なベートーヴェン解釈をめぐってだけでなく、ニーチェについて語り明かしたこともあったらしい。ニーチェと啓蒙とを直接結びつけるには説明が必要かも知れないが、ここでは、ヴェーバーとアドルノと、二人のアメリカ体験に共通して、ニーチェの時代認識のアクチュアリティが浮んでくるという事実を確認し、その知的背景を、さらに遡って尋ねることにしたい。

4 ヴェーバーからアドルノへ――偽の救済への拒否

ヴェーバーとアドルノの間には、さまざまの線を引くことが可能だろう。だが二つの固有名詞は、読み方に応じてさまざまな顔を持っていて、どの面とどの面を結びつけるかによって、その線はあらぬ方向に逸脱することになる。ヴェーバーの価値自由《ヴェルトフライ》の要請を、現実の価値問題からの撤退と受け取り、非実践性を共通項にして、それをアドルノの「芸術への退却」に結びつけるなども、その一例だろう。アドルノ自身は、ヴェーバーのどこに注目し、どういう線を、自分との間に引いていたのだろうか。

アドルノがヴェーバーについて、直接名をあげて論じたことはあまりない。二カ所だけ取り上げるとすれば、まず『否定弁証法』の、歴史認識の基本形式としての「布置(Konstellation)」について論じた所と、次に、『批判的モデルII』に、未刊の付録として収録された「理論と実践に関する傍注」ぐらいだろうか。前者でアドルノは言っている。ヴェーバーは新カント派の主観主義的認識論に従っているように見えるが、体系や形式論理による定義を避けて「布置」を導入し、理想型概念の構成にしても、通例のKonstitution(構成)ではなく、Komposition(作曲)という言葉を使うなど、主観主義的論理学の枠に留まるものではない。そこでは、交換価値の支配による階級関係の再生産を説くマルクスほど徹底していないにしても、「客観的なものとの関連が重視されており、――実証主義か観念論かという二者択一を超えた第三の思考が示されている」云々。

第二の資料「理論と実践に関する傍注」ではどうだろうか。これはアドルノ最晩年の執筆と推定されるが、彼がたんにヴェーバー初期の科学論だけでなく、第一次大戦後の晩年の著作、私の言う「合理化の歴史哲学」に接していたこと、そして「合理性と非合理との関係の逆転」がその中心問題であることを――完全ではないにしても――充分に認識していたことを示している。

しかしヴェーバーの名こそ自明のこととして挙げられていないが、強い結びつきを感じさせられるのは、『啓蒙の弁証法』の冒頭、「啓蒙のプログラムは、世界を呪術から解放すること(Entzauberung der Welt)である」という本質規定である。書き出しの部分を引用すれば、「古来、進歩的思想という、もっとも広い意味での啓蒙が追求してきた目標は、人間から恐怖を除き、人間を支配者の地位につけるということであった。しかるに、あます所なく啓蒙された地表は、今、勝ち誇った凶徴に輝いている。啓蒙のプログラムは、世界を呪術から解放することであった。神話を解体し、知識によって空想の権威を失墜させることこそ、啓蒙の意図したことであった。――」。

ここで「啓蒙」という概念は、単一の定義を与えられてはいない。前述したように、類概念と種差による形式論理の「定義」は、歴史事象に対する暴力だ、として斥けるアドルノは、ここでもさまざまの特徴や動機を列挙しているだけだ。進歩思想と一括されるかと思えば、神話からの解放、恐怖からの解放、さらにそこには、無知や迷信、狂信、アニミズム、運命などからの解放をつけ加えることができるし、Entzauberungも、脱魔術と訳されたり、呪術からの解放と訳されたりする。啓蒙的という形容詞には、一般向けの、通俗的な、といった意味さえあるだろう。したがって言葉としてアドルノの「啓蒙」とヴェーバーの「合理化」とを、そのまま同一化することはできないが、それを普遍史的視点から見られた歴史的布置状況《コンステラチオン》の動態と考えれば、われわれはそこに、二人の時代認識とそれに根ざした問題意識の共通性を見ることができるだろう。以下われわれは、二人の直接の関係ではなく、二人が立っていた歴史的地平の背後に、どういう知的系譜が続いていたか、それを尋ねてみることにしよう。

　アドルノは、啓蒙の知的源泉として、モーセの十戒の中の偶像否定の戒律をあげ、またニーチェを、「ヘーゲル以後、啓蒙の弁証法を理解していた数少ない一人」と言っている。モーセからニーチェへと流れてくる水脈、正しくは、ニーチェを介してモーセへ遡ることのできる伝統が、ヴェーバーとアドルノに共通する知的背景だということになろうか。しかし海の上を歩いて渡ったりする魔術師という一面さえあるモーセを「脱魔術化」の祖と聞けば、意外感を持つ人もいるのではないか。モーセの十戒とは、出典によって差があるとはいえ、「あなたは、わたしをおいて、ほかに神があってはならない」を第一戒、「あなたは（神の）いかなる像も造ってはならない」を第二戒とすれば、前者が、「排他的唯一神の自己主張」であり、後者が「神の図像化禁止」規定であり、両者が一つになって「偶像崇拝」を戒めていることは明らかだろう。だが、その解釈と現実への適用に問題がないわけではない。たとえば、モーセが神と交した約束を「旧約」とし、イエスとの約束を「新約」として、ユダヤ教を再組織したパウロ以後のキリスト教は、「三位一体」の教説や、「聖像画論争」など、その取り扱いに苦慮しなければならなかったし、「経典の民」としてモーセ五書を共有するユダヤ教とイスラム教にとって、真の神はヤーヴェなのかアラーなのか、その対立は、現在の中東紛争にまで影を落している。「我が仏貴し」という自己中心の民族守護神を、唯一神として絶対化する場合には、偶像否定は、啓蒙よりも、ドグマになりかねないからである。

したがってアドルノが啓蒙を「ユダヤ的一神教の世俗化された形態」と規定する時、偶像崇拝禁止は、もはや他神＝偽神ではなく、特定の神を前提としない「偽の救済への徹底的否定」という人間の態度に求められることになる。これが批判的理論の基本的な共通動機と言えようか。

同じようにニーチェについても、ある種の固定イメージを払拭しておかなければならない。たとえば彼の「超人」を、超人的能力を備えた人間の神格化とし、「力への意志」を、カリスマ的権威による他者支配という文脈で受け取るなら、ニーチェは、ヒトラーがそうしたように、全体主義・独裁主義のイデオロギーにもなりかねない。だがアドルノから見れば、「超人」とは、他者と比べて人並すぐれた超能力の持ち主ではなく、絶えず自己の限界を超えて行く自己超越・自己克服能力の持ち主のことである。

ユダヤ神学からニーチェを介して流れる偶像否定の流れを、「偽の救済への拒否」として、脱構築しつつ、捉えることができるとすれば、そこにヴェーバーとアドルノが生きた共通の地平が開けてくる。それはアドルノが「西洋的思考の真の転回点をなす」と考える「ニーチェの解放作業」の延長線上にあるものであろう。

「神は死んだ」（＝最高価値の没落）というニーチェの歴史認識が、ヴェーバーとアドルノ二人の共通の大前提となっていることは明らかだろう。だが、神亡き後、救済約束はどうなったのだろうか。その後に現出した「価値の多神教」「神々の永遠の争い」という現象認識を共有しながらも、ヴェーバーは、その中から特定の神（実質的価値）を正当化して選ぶ権利を、科学には認めなかった。しかし彼の価値自由《ヴェルトフライ》の要求を、価値判断を科学の外に押しやり、科学は価値問題から手を引くべきだという実証主義的格率としてではなく、科学が提供する救済理想が真の救済ではないのではないか、そういう価値問題の唯中にあっての理性の自己反省として、受けとめることができるとすれば、また主体による価値付与のアナーキー状態（ヨーロッパのニヒリズム）を、その外に脱出して、そこから批判するのではなく、あくまでそこに踏み止まりつつ、自らがもたらした「意図せざる結果」として、「責任の倫理」をもって引き受け、内在的批判に徹しようとする態度をそこに見ることができるとすれば、そこには、「主体がもたらしたフィクションを主体によって批判する」、というアドルノの批判理論の基本姿勢そのものを見ることができるのではないだろうか。

　時代の矛盾の唯中に生きて、現場を離れることなく、セルフ・アイデンティティを犠牲にしてでも、「どこ迄矛盾に耐えられるかを試そう」。そういうヴェーバーの生き方を、ヤスパースは、実存的と呼んで追悼した。アドルノはそれに対して、ヴェーバーの問題意識とそれに取り組む姿勢を共有しつつも、理論的に、もう一歩前に踏み出そうとする。彼の晩年の努力、たとえば『否定弁証法』や『美の理論』は、その延長線上にあると考えられる。

　否定弁証法《ネガティーフェディアレクティク》とは、否定の否定をつうじた肯定という形で、二律背反《アンチノミー》の解決を目指すヘーゲルを肯定的《ポジティーフェ》弁証法とし、それに対比して名付けられているが、早まった綜合や宥和を拒否して、あくまで否定作業に止まろうとする。その否定主義を支えているのは、一つは、真理は同一性判断という形では定式化できないという非同一性の立場であり、そこには、神は姿・形を持たず、これは真の神ではないという形でしか表現できないという否定神学、ユダヤ神学の故知が働いているだろう。もう一つは、彼の否定はヘーゲルの言う抽象的否定ではなく、「限定的否定(bestimmte Negation)」である、とする限定である。否定判断は、真理の同定を先送りするだけで結局は無限判断であり懐疑主義に陥る。そういう抽象的否定は、詠嘆的なペシミズムに終るだけだろう。それに対して限定的否定は、現実のアクチュアルな具体的課題への対応として、理論主体を実践の場へ引き出す。第1節で触れた批判理論の実践性とは、こういう形で発想されていたと言えよう。

遺稿『美の理論』についても同じ事が言える。人によっては、そこに、アドルノがカント流の構成にならって、美学によって自分の哲学体系を完成しようとしたのだと、アカデミックな意図を見る者もいるようだが、むしろここには、「哲学を芸術へ、芸術を生へ」奉仕させよう、とするニーチェのエステティズムに連なる動きが見られるのではなかろうか。つまり「美の理論」という邦訳名ではボカされているが、少なくともここには、専門学科としての美学の理論ではなく、理論そのものに芸術の持つ力を与えようとする「美的な理論」への志向が働いている。アドルノへのニーチェの影響は、何よりも、論証形式による体系化を捨て、全体の認識を、断片的なアフォリズムに解体する、その文体論に現れていると言えようが、そこには、じつは矛盾に充ちた現実を、形式論理に逆らって表現する力を芸術が持っている、という期待と信頼感がひそんでいる。芸術は、アレゴリーやイロニー、反語や逆説を駆使して、哲学の言えないことを言う事ができる。たとえば、ユーモアを使って絶望を語ることもあるし、ベンヤミンは、万博に展示されたロボットを「歴史の天使」として人類史の運命をそこに透視することができた。この意味でアドルノの「美的理論」は、観照的な美学理論ではなく、――ヴェーバーと同じように――矛盾に充ちた現実に踏み止まりつつ、――ヴェーバーを超えて――それを表現することを目指したものと言うことができよう。

アドルノは、一九〇三年に生まれた。ライト兄弟がはじめて飛行機を飛ばせたのは、その年のことだった。それから百十数年、その間の科学・技術の発達は、サイエンス・フィクションの想像力も及ばぬほどめざましく、他方「合理化の逆転」「啓蒙の自己崩壊」も進展して、二一世紀の現在では、原爆や環境破壊など、人類は自滅の危機にさらされることになった。こういう状況の下では、価値多神教というヴェーバーの時代認識は、アクチュアリティを失うように見えるかもしれない。人類の自己保存という共通目的が、最優先課題であることが自明だとすれば、個々人の価値判断や目的設定は、その影に隠れてしまうからである。だが初期の価値判断論はともかく、第一次大戦以後の「合理化の歴史哲学」の認識姿勢がその光を失うことはない。「合理化の逆転」の線上に、現在の普遍的危機が展開しているとすれば、それへの対応は、かえってアクチュアリティを増してくるのではなかろうか。「合理化の逆転」が「意図せざる結果」であったとしても、それをもたらした理性主体は、「責任の倫理」をもって、それを引き受け、自己批判という形で、危機の克服に向かわなければならない。ヴェーバーからアドルノへと連なる、こういう対決姿勢は、今日でもその光を失うことはない。

世界観やイデオロギーの対立、政治的には「冷戦」状態を背景にしたアドルノの時代認識には、時代遅れという不信の目が向けられることもないではない。「文化的多元主義」の上に立つ「コミュニケーション行為の理論」や「承認のための闘争」が、フランクフルト学派の第二・第三世代に属するハーバーマスやホネットからも提起されている。しかしこれもまた、自己保存を支える自己批判の一環として、たんなる応急措置の効果という目先の観点を越えて、その存在意義を問われねばならないだろう。

始めに帰ろう。ボルツはヴェーバーを共通の起点として、ルカーチ、ブロッホら左派とユンガー、シュミットら右派を対照させつつ、ヴァイマールドイツの「布置状況《コンステラチオン》」を、「大きな物語り」として画いた。私は、『思想』二〇一九年一二月の「ヴェーバーとハイデガー」と今回の論文でさらにその枠を拡大し、ニーチェを共通の起点として、ハイデガーと対照させつつ、ヴェーバーからアドルノへ通底する一線を発掘することで、「より大きな物語り」を画くことを試みた。だがこの二つの流れは、必ずしも二者択一《エントヴェーダーオーダー》を迫るものではないだろうが、真の救済とは何か、という問いにわれわれを直面させる。批判理論もまた、テクノロジーの進展に面して、理性主体としての人間の自己批判が、自然存在としての人類の自己保存を支えうるか、という問いによって試されることになるだろう。未来はなお空白で図像化されることはできない。だが「救済の光以外にはいかなる光もない」という『ミニマ・モラリア』におけるアドルノの独白は、大きな物語りの大きさだけでなく、奥行きの深さを、あらためてわれわれに知らせてくれるだろう。

（本稿は『思想』二〇二〇年六月号の同名の論文を微少な字句の訂正の上、転載したものである。）

訳者として今思うこと
――アドルノの語り口のむずかしさと魅力をめぐって

徳永恂

異なった言語間の翻訳には、単語一つ取ってみても、厳密な一対一対応が成り立たない以上、いつも何がしかの違和感が残るのは、やむをえないことだろう。『啓蒙の弁証法』とは „Dialektik der Aufklärung" の翻訳であるが、このアウフクレールングを「啓蒙」と訳すのにも、何がしかのこだわりがなかったわけではない。もともとこの言葉は英語の enlightenment のドイツ語訳として導入されたもので、思想としては、理性万能主義としてロマン派から非難されることもあるし、通俗的な現代語法では、性教育をさすこともあるが、本来は、他動詞として「光をともす」ことを意味し、歴史的時期をさす名詞としては、近代化の光がさし始めた一八世紀への讃辞として捧げられたものである。しかし日本語では、啓蒙とは、童蒙状態にある無知な民衆の目を啓く、という教化的意味が本旨で、形容詞で啓蒙的と言えば、専門学術的でない「通俗的」というマイナスイメージさえ付着していることもある。いずれにせよ、そこには英語、ドイツ語にあるような、明るい光という輝きが欠けている。だからそれを生かすために、一時はこの本の表題を、明という字を含む「文明化、の弁証法」ないし「進歩の弁証法」と意訳して出そうと思ったこともある。この本に歴史学的な「大きな物語り」を読もうとする発想からすれば、その方がよかったかも知れないが、あえて「啓蒙」という訳語に固執したのは何故か。

それは一つには、シュペングラーの『西欧の没落』、ルカーチの『理性の崩壊』といった同時代の類書と区別するという思惑があった故もあるが、何よりも本書には、ホメロスからサドを貫く西欧精神史の壮大な歴史哲学的構図があるとともに、潜在的反ユダヤ主義や文化産業など、現代アメリカの大衆文化批判というアドルノの亡命体験に密着したアクチュアリティが生きているからである。

こういう双面性は、一つの訳語の中で統一することはできないが、しかし事は単に訳語の問題ではない。アドルノはそこに認識の基本構図を見出そうとする。たとえば「啓蒙」の反対語は何なのか。啓蒙が離脱すべき童蒙状態とは、無知か、カントが言うような未成年状態か、呪術か、神話か、狂信か迷信か、野蛮か自然状態か、どれと対照されるかによって、同じ啓蒙という主語は、その都度微妙に変わった別の顔を見せるだろう。ふつう論理学の教科書では避けよと言われている「同一言語の異使用」さえ、彼は積極的に活用しようとする。定義や推論といった論理的暴力を避けて、アドルノは、多角的な角度から、連想的《アオシアシーフ》に、多面体の裏表を見届けようとする。読者もまた、その都度、それが何と対照されているか、その視線を追尾しなければならない。

こういう認識態度を、アドルノは――ベンヤミンに由来する――Konstellation《コンステラチオン》と言い表している。これまた訳しにくい言葉で、ふつう布置とか配列とか構図とか訳されているが、本来は星座の中での星々の位置関係を表している。個々の概念や理念、思想家たちは、星座の中の星のように、明滅‐反射し合っている。その場合の対象としてのそれら星々の相互関係だけでなく、それを見る主体の位置との対応関係が、同時に問われなければならない。読者そのものが星座の中にいるのだと言ってもいいかもしれない。そこに自分を置くことによって、批判は、内在的批判としての力と、自己言及性のジレンマを脱する自己批判の可能性を与えてくれるだろう。

アドルノにとって認識論の基本図式は、主観による一方向的な対象認識ではなくて、複数の要素の交錯し合う相互認識であり、それによって客体の優位と多面性が保持されることになる。文意を要約する形の解説ではかえってそれが蔽われてしまう。解説は本文を読む代わりにはならない。だがアドルノの本文を、メリハリの利いた文体に寄り添って読んでゆけば、違うと思っていたものの結びつきが、同じと思っていたものの対立が、逆説やアナロギーをつうじて意外な発見としてもたらされることもある。そういうアナザー・ストーリィを連想させる論理《ローギイク》ないし語り口《レトリイク》に、アドルノの文章のむずかしさと魅力がひそんでいると言えようか。

前に岩波文庫版『啓蒙の弁証法』の「あとがき」にも書いたことだが、共著者ホルクハイマーが晩年にはしだいにこの本から離れていったのに対し、アドルノは最後までこの本に愛着を持ち、一九六四年秋、私がアドルノのもとでの留学を終え、別れ際に、帰ったら何よりもまずこの本を翻訳したいと申し出た時に、彼がよろこんで見せた笑顔を未だに忘れることができない。訳者としての私もまた、これまで多くの翻訳を手がけてきたが、この本に一番の愛着を持っている。二〇世紀の四〇年代、第二次世界大戦末期、アメリカでの亡命体験に密着して書かれたにもかかわらず、今なお時代遅れになるどころか——その後の日本やドイツにおける「アメリカニゼーション」の潮流もあって——むしろ時代を先取りしている面もある。この解説書の出版を機縁にして、訳書そのものが——できれば原文ないし原語を、少なくとも訳注を参照しつつ——いっそう広くかつ深く読まれるようになることを期待したい。

（二〇二二年九月）

あとがき

本書は、マックス・ホルクハイマー(一八九五―一九七三)とテオドール・W・アドルノ(一九〇三―一九六九)の共著『啓蒙の弁証法――哲学的断想』(仮綴版一九四四年、書籍版一九四七年)を余すところなく読み解き、このテクストの全体像を立体的に解明しようとした本邦初の試みである。

『啓蒙の弁証法』といえば、二人の著者の代表作というばかりでなくフランクフルト学派を象徴する一冊として、また二〇世紀に拡がる理性批判の思潮の嚆矢ともなった古典として広く知られていよう。とはいえこの著作で展開される「理性の自己批判」の理路は複雑に入り組んでおり、これを精密に読み解くのは研究者にとっても一筋縄では行かない。おおかたの人にとってはおそらく読解のスタートラインに立つことさえ難しいのではないだろうか。しかし、テクストの錯綜した筋道を厭わず丹念に解きほぐさないかぎり、著者たちが展開している議論の内実を理解することは叶わないだろう。こうして本書では何よりもまず、『啓蒙の弁証法』に収められた論考を章立てに沿ってすべて俎上に載せ、テクスト全体を貫く太いラインと行論の骨格を浮かび上がらせることを目指した。

『啓蒙の弁証法』には六つの独立した論考が収められている。巻頭の第一論文「啓蒙の概念」は総論にあたる。続くオデュッセウス論とジュリエット論はホメロスとサドの文学テクストを手がかりにして第一論文を敷衍する役割が与えられているが、これに続く文化産業論が主に二〇世紀を対象としているので、これらの論考は人類史初期から近代を経て現代へという時間軸に沿って「啓蒙の自己崩壊」を跡づけるような構成ともなっている。そのうえで文明史の全体が反ユダヤ主義の観点から改めて総括され、最後の「手記と草案」で新たな「弁証法的人間学」の方向性が示唆されて終わる。こうしてみると六つの論考は緊密に絡み合って一体をなしており、一部だけ取り出して読んだところで『啓蒙の弁証法』という作品を理解したことにはならないだろう。本書の第Ⅰ部「テクストを読む」では、これらの論考それぞれのもつ複雑さを過度に単純化することなく、著者たちの思考の軌跡を丁寧に追跡することに眼目が置かれている。

一方、本書の第Ⅱ部「コンテクストを読む」では、『啓蒙の弁証法』を二〇世紀以降の思潮の大きな文脈のなかに置きなおし、このテクストのもつ射程を測定することが目指されている。もとより二〇世紀のドイツ思想がこの著作の奥行きを理解するうえで外せない要素であるのはいうまでもなかろう。一九三〇年代のフランクフルト社会研究所で著者たちがF・ポロック、E・フロム、H・マルクーゼらと取り組んだ共同研究プロジェクトや、先行者としてのG・ルカーチや著者たちの畏友でもあったW・ベンヤミンらの存在は、『啓蒙の弁証法』の前史を決定的にかたちづくっている。他方、後史としては第二次大戦後のアドルノの精力的な著作活動に加えて、何といってもJ・ハーバーマスによる批判理論の刷新の試みが重要となるだろう。ハーバーマスの影響は大西洋を越えてアメリカにも及んでいったが、近年のアメリカ批判理論にはホルクハイマー／アドルノの知的遺産を再評価する動きもあり、いずれにせよ『啓蒙の弁証法』と批判理論は構造主義・ポスト構造主義などと並んで、二〇世紀後半以降の近代批判の思潮のなかで大きな位置を占めつづけてきた。

もちろんフランス現代思想と『啓蒙の弁証法』とを「近代批判」の一言で同列に括るのは少々乱暴

に過ぎるだろうし、両者の異同などを少し踏み込んで考えようとすれば、それはただちに二〇世紀の思潮全体の見取り図をどのように描くのかという問題にまで及ぶことになる。本書の第Ⅱ部では二〇世紀のドイツ思想、フランス思想、アメリカ思想という三つの座標軸を設定し、『啓蒙の弁証法』のコンテクストを立体的に浮かび上がらせることに眼目が置かれているが、これはこの著作を結節点とするかたちで二〇世紀の思潮を俯瞰しようとする試みでもある。とりわけフランス思想やアメリカ思想の文脈のなかに『啓蒙の弁証法』を投錨するという試みは、二〇世紀後半の思想の展開を考えるうえで重要な意味をもつだろう。本書が第Ⅰ部「テクストを読む」と第Ⅱ部「コンテクストを読む」という二部構成で『啓蒙の弁証法』という著作にアプローチしようとした所以である。

本書は複数の研究者による共同作業の所産だが、発端は二〇〇三年に発足した「批判理論研究会」に遡る。これは北海道大学創成科学研究機構の「社会、科学・技術と文化理論の連関の批判的研究」プロジェクトの一環として、高幣秀知が麻生博之、上野成利、古賀徹、細見和之らに呼びかけて始めた研究会であった。『啓蒙の弁証法』訳者の徳永恂氏に毎夏の講演会で研究の深化の一端を披瀝していただく一方、龍村あや子氏(音楽学)らの参加も得ながら『啓蒙の弁証法』を解読する研究会が札幌・京都・東京で重ねられ、出版に向けた準備も少しずつ進められていたが、北海道大学の研究プロジェクト自体が残念ながら二〇〇五年をもって中断を余儀なくされる。出版計画も宙に浮いたまま十数年が流れる仕儀となったが、このまま立ち消えになるのは惜しいと考えた細見・高幣・上野が出版に向けた具体案について改めて検討し、こうして二〇二一年に本書の企画は再出発することになった。

仕切り直しにあたっては、『啓蒙の弁証法』の論考をすべてカヴァーするために竹峰義和、藤野寛、見附陽介が新たに執筆者に加わり、第Ⅱ部のフランス現代思想とアメリカ批判理論のパートについては宮﨑裕助、日暮雅夫が担当することになった。また、徳永恂「ヴェーバーからアドルノへ――アメリカ体験をめぐって」を特別寄稿として本書に収めた。ここには『啓蒙の弁証法』に長年向き合ってきた訳者ならではの知見が溢れ、この著作を掘り下げて考えるための手がかりがいくつも示唆されている。本書の第Ⅰ部では「テクストを読む」ことに主眼を置いたため思想史的な背景については禁欲的な記述とならざるをえなかったが、そうした本書の不足を埋め、第Ⅱ部「コンテクストを読む」を補完するものとして、この論考を読んでいただけるのではないかと思う。ただし結果として執筆者が男性ばかりとなったことは問題なしとはいえないだろうし、その点は銘記しておかねばならない。

いずれにせよ、『啓蒙の弁証法』をまるごと読み解くという本書のような試みは先例がほとんどなく、類書としては Gunnar Hindrichs (Hrsg.), *Max Horkheimer / Theodor W. Adorno: Dialektik der Aufklärung*, Berlin: Walter de Gruyter, 2017 があるくらいだろうか。ただし同書は『啓蒙の弁証法』にある程度馴染みのある読者向きのコメンタリーという趣がやや強いかもしれない。それにたいして本書の第Ⅰ部では、読者が訳書を手元に置いて読み進めることができるよう、岩波文庫版の対応頁を本文中にそのつど示したうえで、行論の流れに沿いながらテクストの筋道を丹念に解きほぐすことに注力した。第Ⅱ部も含めて参照文献等の注記はあえて控えめに抑えているが、それもひとえに原文テクストに向き合うことを最優先したからにほかならない。こうした編集方針についてご理解いただき、『啓蒙の弁証法』をじっくり読み進めるためのガイドとして本書を活用していただければと思う。

『啓蒙の弁証法』の邦訳が『現代思想』誌に連載された時点から数えれば半世紀近く、岩波文庫版が刊行されてからも十数年の歳月が流れたが、しかしこの間この著作は日本語読者に十分に読まれてきたとはいえないのではないか——本書を企画するにあたって編者らが抱いたのはそうした思いであった。この年月はあるいは、「様々なる意匠」が次々に登場するなかで『啓蒙の弁証法』が名著の玉座に祭り上げられたまま素通りされてゆく時間であったのかもしれない。この著作の文明論的な語り口が「大きな物語」であることは間違いないところであろうし、著者たちが「新たな野蛮」とみなしていたナチズムやスターリニズムのような全体主義体制も過去のものとなっている。全体主義という「権力の過剰」よりもリベラルな社会に内在する「権力の遍在」こそが二〇世紀後半以降の思想的な課題なのだとすれば、『啓蒙の弁証法』はともすると時代遅れのようにみえるかもしれない。

とはいえ「全体主義」を自称する体制などそもそも存在しない。『啓蒙の弁証法』が問題にしていたのは、「共和国」の看板を掲げるリベラルな社会がじつのところ全体主義と相同的ではないかということであった。著者たちは当時のアメリカ社会にその紛れもない徴候を見て取ったのであり、そうした視座は新自由主義を批判的に分析しようとする近年の批判理論の試みにも脈々と受け継がれている。一方、折しも本書を準備するなかで私たちは、ロシアによるウクライナ侵攻に端を発する「共和国」の戦争を目の当たりにすることになった。自立的・自律的な主体が理性の行使をつうじて理に適った社会を編成するという啓蒙のプロジェクトは、以前にもましてその逼塞を顕在化させつつある。二一世紀の現実はまさしく「啓蒙の自己崩壊」を私たちに突きつけているといわねばならない。

こうしたなかで『啓蒙の弁証法』をいま改めて読むことの意味はどこにあるのか。かつてハーバーマスは『啓蒙の弁証法』をニーチェ主義に毒された「黒い本」と呼んだことがあった。一面では的を射た指摘ではあるにせよ、しかしそれは事柄の半面でしかない。ホルクハイマー／アドルノは「啓蒙の自己崩壊」を仮借なく抉り出しながらも「啓蒙」のポテンシャルを救い出そうとしたのであって、いってみれば「未完のプロジェクトとしての啓蒙」を推し進めることに『啓蒙の弁証法』の眼目は置かれていた。この古典的著作をいま読むことに積極的な意味があるとすれば、そのような著者たちの思考の核心を摑んだうえでその理論的な射程を問い質すことにこそあるだろう。本書としても何よりテクストのそうした深層にまで届くような精度の読みを提示することを目指したが、その成否については読者諸賢の判断に委ねるほかない。

もとより本書のこうした試みも徳永恂訳『啓蒙の弁証法』なしにはありえなかったことは論を俟たない。心血が注がれた訳業に敬意と謝意を表するとともに、特別寄稿に加え「訳者として今思うこと」という一文を寄せてくださった大先達に改めて感謝を申し上げたい。また、岩波書店編集部の藤田紀子さんには本書の企画立案から刊行に至るまで一貫して支えていただいた。『啓蒙の弁証法』に関心をもつ読者に広く届くような書物にしたいという編集者としての熱意に本書が少しでも応えるものとなっていることを願いつつ、藤田さんのご尽力にこの場を借りて心より感謝を申し上げたい。

二〇二二年一一月

編　者

［執筆者］

細見和之（まえがき，第Ⅰ部Ⅰ，あとがき）
編者紹介参照．

麻生博之（あそう　ひろゆき・第Ⅰ部Ⅱ）
1965年生まれ．東京経済大学全学共通教育センター教授．哲学，倫理学．『悪と暴力の倫理学』（共編）ナカニシヤ出版，2006年ほか．

上野成利（まえがき，第Ⅰ部Ⅲ，あとがき）
編者紹介参照．

竹峰義和（たけみね　よしかず・第Ⅰ部Ⅳ）
1974年生まれ．東京大学大学院総合文化研究科教授．ドイツ文学，映像文化論．『〈救済〉のメーディウム――ベンヤミン，アドルノ，クルーゲ』東京大学出版会，2016年ほか．

藤野　寛（ふじの　ひろし・第Ⅰ部Ⅴ）
1956年生まれ．國學院大學文学部教授．哲学．『キルケゴール――美と倫理のはざまに立つ哲学』岩波書店，2014年ほか．

見附陽介（みつけ　ようすけ・第Ⅰ部Ⅵ）
1979年生まれ．北海商科大学商学部准教授．社会思想史．『象徴機能と物象化――人間と社会の時代診断に向けて』北海道大学出版会，2011年ほか．

古賀　徹（こが　とおる・第Ⅰ部Ⅵ）
1967年生まれ．九州大学芸術工学研究院教授．哲学，倫理学．『理性の暴力――日本社会の病理学』青灯社，2014年ほか．

高幣秀知（まえがき，第Ⅱ部Ⅰ，あとがき）
編者紹介参照．

宮﨑裕助（みやざき　ゆうすけ・第Ⅱ部Ⅱ）
1974年生まれ．専修大学文学部教授．哲学，現代思想．『ジャック・デリダ――死後の生を与える』岩波書店，2020年ほか．

日暮雅夫（ひぐらし　まさお・第Ⅱ部Ⅲ）
1958年生まれ．立命館大学産業社会学部教授．批判的社会理論．『アメリカ批判理論――新自由主義への応答』（共編）晃洋書房，2021年ほか．

徳永　恂（とくなが　まこと・特別寄稿，訳者として今思うこと）
1929年生まれ．大阪大学名誉教授．ドイツ思想．ホルクハイマー，アドルノ『啓蒙の弁証法』（翻訳）岩波文庫，2007年ほか．

［編　者］

上野成利

1963年生まれ．神戸大学大学院国際文化学研究科教授．政治思想，社会思想史．チャールズ・テイラー『近代　想像された社会の系譜』(翻訳)岩波書店，2011年，『暴力』岩波書店，2006年ほか．

高幣秀知

1948年生まれ．北海道大学名誉教授．社会思想史，哲学．「ルカーチ vs. アドルノ問題再考」(前・後)『思想』2022年4・6月号，『ルカーチ弁証法の探究』未来社，1998年ほか．

細見和之

1962年生まれ．京都大学大学院人間・環境学研究科教授．ドイツ思想．『「投壜通信」の詩人たち――〈詩の危機〉からホロコーストへ』岩波書店，2018年，『フランクフルト学派――ホルクハイマー，アドルノから21世紀の「批判理論」へ』中公新書，2014年ほか．

『啓蒙の弁証法』を読む

2023年1月17日　第1刷発行

編　者　上野《うえの》成利《なりとし》　高幣《たかへい》秀知《ひでとも》　細見《ほそみ》和之《かずゆき》

発行者　坂本政謙

発行所　株式会社　岩波書店
〒101-8002　東京都千代田区一ツ橋2-5-5
電話案内　03-5210-4000
https://www.iwanami.co.jp/

印刷・三陽社　カバー・半七印刷　製本・松岳社

ISBN 978-4-00-061578-5　　Printed in Japan